上海市哲学社会科学学术话语体系建设办公室

上海市哲学社会科学规划办公室

——

资助出版

上海市纪念改革开放40年
研究丛书

改革开放40年上海
科技创新制度环境之变迁

陈强 等著

上海人民出版社

总　序

2018 年，是我国改革开放 40 周年。40 年改革开放历程波澜壮阔，中国人民用双手书写了一部国家和民族发展的壮丽史诗，中华民族沿着改革开放的康庄大道，续写从站起来、富起来到强起来的历史新篇章。

回首 40 年光辉历程，我们对中国特色社会主义道路坚定不移，充满自信。我国从农村联产承包到城市经济体制改革，从深圳特区创建到中国加入世界贸易组织，从浦东开发开放到自由贸易试验区建设，从实行社会主义市场经济到全面推进依法治国，从沿海沿边开放到"一带一路"建设，改革开放一次次突破禁区，冲破禁锢，打破常规，革故鼎新。无数雄辩的事实和辉煌的发展成就充分证明，改革开放是党在新的历史条件下领导人民进行的新的伟大革命，是决定当代中国命运的关键一招，也是决定实现"两个一百年"奋斗目标、实现中华民族伟大复兴中国梦的关键一招。改革开放道路是完全正确的，完全符合中国的国情。改革开放 40 年伟大实践昭示世人，中国之所以能够快速发展，最根本的一条是坚持改革开放。

"改革开放是我们党的历史上一次伟大觉醒，正是这个伟大觉醒孕育

1

了新时期从理论到实践的伟大创造。"党的十八大以来，以习近平同志为核心的党中央继续高举改革开放伟大旗帜，以更大的政治勇气和政治智慧推进改革，用全局观念和系统思维谋划改革，以自我革命的精神重启全面深化改革的进程，推动形成新一轮改革大潮，改革全面发力、多点突破、纵深推进，系统性、整体性、协同性不断增强，重要领域和关键环节改革取得突破性进展，主要领域改革主体框架基本确立。

回首 40 年光辉历程，我们获得弥足珍贵的经验和启示。一个国家要发展、一个民族要振兴，就必须在历史前进的逻辑中前进、在时代发展的潮流中发展。中国的改革开放之所以能够成功、必然成功，根本的一条是顺应了中国人民要发展、要创新、要美好生活的历史要求，契合了世界各国人民要发展、要合作、要和平生活的时代潮流。纵观当今世界，变革创新是大势所趋、人心所向，是推动人类社会向前发展的根本动力。世界各国都在加快推进改革创新，新一轮科技革命和产业革命正在孕育兴起，谁更有智慧、更有勇气，敢于变革、敢于创新，谁就会抢占发展先机，谁就会居于主导地位。可以说，改革是对执政党生命力的考验，是国家发展能力和竞争力的根本保证。能否改革、能否持续改革，是对当今世界各国执政党政治潜力和执政能力的最大考验。什么样的执政党具有锐意改革的哲学、文化支撑，就具有延绵不绝的竞争力和生命力，就能在未来的世界发展格局中立于不败之地。

回首 40 年光辉历程，我们对于改革开放自身规律的认识更加深刻。中国共产党领导下的改革开放之所以能够成功，重要的一条是把改革提升到哲学的高度、方法论的层面，用辩证思维把准改革脉搏，妥善处理各方关系，在整体谋划、系统思考中把准改革开放脉搏，在统筹兼顾、综合平衡中把改革开放全面引向深入，这是中国共产党积累的一条基本的改革经验、执政经验。

一是妥善处理顶层设计与基层积累的关系。党的十八大以来，我们更加注重对一些必须取得突破，但一时还不那么有把握的改革，开展一系列先行先试的试点探索，投石问路，然后再把基层积累的可复制、可推广的成功经验，提升到国家顶层设计的层面。当然，决定在哪些领域改革、试点哪些举措、在哪些区域试点，这要从加强改革顶层设计和总体规划的角度去选择。党的十八大以来的发展历程一再明示，基层积累要在顶层设计的前提下进行，顶层设计也要在基层积累的基础上来谋划。

二是妥善处理系统推进和重点突破的关系。随着改革的全面深化，必须强调系统性、完整性、协调性，不可能再像改革初期在某个领域某个方面的单项改革那样，单兵突进，而是要把改革从以经济为主，延伸到经济社会、文化民生等各个领域。同时，改革又不能平均用力、齐头并进，搞一刀切、齐步走，而是要确立关键环节、重点领域，寻找到把改革推向纵深的着力点。整体推进和重点突破，这两者必须相辅相成，不可偏废。

三是妥善处理解放思想与实事求是，胆子要大与步子要稳的关系。搞改革肯定要打破现有的工作格局和体制机制，必然会有风险，不会四平八稳。触动利益的改革，不可能都是敲锣打鼓、欢欢喜喜、轻而易举。各级干部都要有胆量和魄力，必须解放思想，拿出勇气，认准的事就要甩开膀子大胆地干。还要坚持稳中求进工作总基调，推出改革的具体举措一定要充分研究、反复论证、科学评估，做到稳妥审慎，稳扎稳打，蹄疾步稳。

坚持和推进全面改革开放，最重要和最根本的一条，是坚持党的领导不动摇，落实人民中心思想不松劲。我们要始终坚持在中国共产党的领导下，尊重人民群众的主体地位，把改革开放伟大事业深深植根于人民群众之中，紧紧依靠人民的力量推动改革。我们要紧紧围绕人民所思所想所盼，深入开展社会化宣传教育活动，为改革开放事业凝聚力量人心，营造有利氛围。尤其要增强党员干部对改革开放事业的认同感和使命感，引导广大干部群众真心诚意接受改革、拥护改革，引领社会成员自觉地把个体的命运与改革开放事业的兴衰成败相联结，牢固树立以人民群众幸福感获得感和满意度，作为衡量改革发展成败的标尺的执政理念。

"一个时代有一个时代的问题，一代人有一代人的使命。"中国特色社会主义进入了新时代，改革开放又到了一个新的历史关头。我们已经处于"两个一百年"奋斗目标的交汇期，处于迈入实现第一个百年目标、向第二个百年目标进军的关键期，美好的目标就在眼前，更大风险和考验也摆在面前。潮平两岸阔，风正一帆悬。改革开放 40 年伟大历程告诉我们，始终高举改革开放的旗帜，坚定不移，坚韧不拔，不断把改革开放向全面、系统、纵深推进，是中国特色社会主义伟大事业从胜利走向新的胜利的唯一选择。我们要按照党的十九大和十九届一中、二中、三中全会的战略安排和部署，贯彻新发展理念，深化供给侧结构性改革，加快完善社会主义市场经济体制，推动形成全面开放新格局，深化机构和行政体制改革，改革生态环境监管体制，继续深化国防和军队改革，健全党和国家监督体系。

当好"改革开放排头兵、创新发展先行者"，是习近平总书记对上海一以贯之的要求。党的十八大以来，上海承担了一系列全面深化改革的先行先试任务。上海自贸试验区改革，是通过负面清单的方式解决政府管得太多、太全的问题，探索形成以简政放权、转变职能为核心，以创新方式、提高效能为重点，符合现代治理体系要求、对标国际高标准贸易规则的政府服务管理新模式；上海建设科创中心，是要让我国在从要素驱动、投资驱动发展为主，向以创新驱动发展为主的发展模式切换中，能够走到世界前列；上海为创新社会治理、加强基层建设推出"1＋6"文件，是要走出一条符合超大城市特点和规律的社会治理新路子；上海率先出台国资国企改革"20条"，是要实现从"管企业"向"管资本"的转变；上海积极探索司法体制改革，是要率先建立符合司法规律和职业特点的人员分类管理制度。此外，上海还承担了"营改增"税制改革、群团改革、高考综合改革和教育综合改革，等等。这一系列改革使得我们的各项制度、政策更加符合经济社会发展需要，这种勇于改革、善于改革的精神，也成为上海和国家保持发展活力、前进动力的重要支撑和思想驱动。在庆祝改革开放 40 年之际，总结上海经验，为深化我国改革开放事业源源不断提供上海的新思考和新方案，是我们责无旁贷的时代重托与使命担当。

广大社科理论工作者要以庆祝改革开放 40 年为契机，继承和发扬改革开放精神，把我国改革开放基本进程、主要成就、基本经验和内在规律系统总结好、深入挖掘好、广泛传播好，切实转化为学习思考能力、理论创新能力和学术原创能力，使之成为构建中国特色哲学社会科学的出发点和着力点。我们要更好地结合当代中国实际，立足各自学科领域，坚持问题导向、需求导向和价值导向，以中国理论解读中国实践，以中国实践丰富中国理论，在守正出新、博采众长中推进理论和学术创新，久久为功，善作善成，着力推进改革开放史和相关理论研究，为形成布局合理的学科体系、植根中国的学术体系、融通中外的话语体系，加快构建中国特色哲学社会科学作出贡献。

2017 年，在中共上海市委宣传部指导下，上海市哲学社会科学学术话语体系建设办公室、上海市哲学社会科学规划办公室启动实施了上海市"改革开放 40 周年"系列研究。复旦大学、华东师范大学、上海社会科学院等上海多所高校和社科研究机构的专家学者，历时一年辛勤工作，爬罗剔抉，刮垢磨光，探赜索隐，钩深致远，按照"论从史出""史论结合"的研究路径，在回顾中国和上海 40 年改革开放伟大实践的基础上，尊重学术规律，凝练理论思考，打造标识概念，构建话语体系，取得了"纪念改革开放 40 年"系列研究成果。现在选取其中的一部分，汇编成这套"上海市纪念改革开放 40 年研究丛书"。本丛书囊括经济、政治、社会、文化、哲学、法律、科技、教育、国际关系等多个学科领域，对中国改革开放 40 年的发展历程，进行全方位阐释和理论解读，对当下我国发展面临的众多问题，进行深入剖析，展开学理论证，谋划应对举策，为我国改革开放再出发提供学术性探索和学者版建议。本丛书能够代表上海学术界对于改革开放 40 周年的思考水准，呈现了上海社科理论界应当具有的历史责任，反映了社科理论界对我国改革开放未来发展和综合国力继续提高，最终实现中华民族伟大复兴中国梦的美好愿景。

是为序，以纪念改革开放 40 年！

燕　爽

中共上海市委宣传部副部长、上海市社联党组书记

目　录

前　言

　　新中国成立以来，国内外的政治、经济、社会和技术环境都发生了巨大变化，每一阶段，对国家和区域的科技创新制度体系产生了深刻影响。和平与发展逐渐成为当今国际社会的主流共识，在政治方面，正呈现多极化特征；在经济方面，区域一体化和经济全球化趋势日趋明显；在科技方面，信息技术和网络技术发展迅速，极大地推动了人类社会政治、经济、社会、文化领域的变革。自1978年改革开放以来，我国走过40年的光辉历程。40年风雨征程，改革开放创造出令世界赞叹的"中国奇迹"，映射出神州大地历史长河的华彩瞬间。从1978年到2017年，中国经济增长速度高达年均9.5%，经济总量占全世界的份额增至15%左右。中国由贫瘠而逐步富裕，从禁锢到开放，一路高歌猛进，实现了从赶上时代到引领时代的伟大跨越。

　　人类已步入知识经济时代，科技创新对人类社会发展的推动作用日益明显，并逐步成为经济增长的核心动力和决定生产力水平的首要因素。科技创新是科技发展和人类文明进步的永恒主题，许多国家都将科技创新作为经济社会发展的首要战略选择，以科技创新带动社会经济发展。

科技创新的制度环境是科技创新赖以存在和发展的基础性条件，是决定科技创新活动水平的重要因素，在激发科技创新活力、推动科技进步等方面发挥着至关重要的作用。科技创新的制度环境通过各行为主体的制度安排及相互作用，旨在创造、引入、改进和扩散新的知识和技术，使科技创新活动取得更好的绩效。制度环境是科技创新外部环境中的重要组成部分，良好的制度环境有利于各类环境要素的融合发展，是整个创新环境要素之间的纽带。制度环境通过向科技创新主体提供创新所需的各种资源要素，如资金支持、政策扶持、开放市场、专业人才、科研基础设施、法律约束等，提升科技创新活动的有效性和效率。科技创新如果受到既有制度的阻碍和束缚，就要进行制度变革，形成新的制度环境。科技创新活动和制度环境在矛盾中共存、互动和发展，推动科技进步和制度环境自身的不断完善。

上海科技创新制度环境的变迁与国家科技创新制度环境的历史变迁息息相关。1978 年，邓小平同志在全国科学大会上强调科学技术是第一生产力，开创了科技发展的崭新时代。上海也随之迈出科技创新制度改革的新步伐，提出了"在本世纪内把上海建设成为一个具有世界先进水平的科学技术基地"的奋斗目标，以新兴技术改造传统产业，努力解决国民经济中的重大科技问题。1985 年，我国着手科技体制改革，先后制定"星火计划"、"863 计划"、"火炬计划"、"攀登计划"等一系列重要科技计划，形成了新时期中国科技工作的大格局。在国家相关方针、政策、计划的引导下，上海进行了深入的实践探索。1992 年，中共上海市委、市政府作出《关于发展科学技术，依靠科技进步振兴上海经济的决定》，为上海 20 世纪 90 年代到 21 世纪到来前的科技工作明确了目标和方向。在 1999 年召开的全国技术创新大会上，江泽民同志提出要努力在科技进步与创新上取得突破性进展。上海积累了前期改革开放的经验，逐步建立起科学的、可持续的科技新体制，创造了上海科技创新发展欣欣向荣的局面，成为上海科技创新制度发展史的重要阶段。2006 年，胡锦涛同志对上海提出实现"四个率先"的要求，明确了上海发展的战略目标，即"创新驱动、转型发展"。按照这一要求，上海积极稳健地探索科技创新、转型发展之路，将科技创新作为改革发展的重要支柱。习近平总书记于 2014 年 5 月在上海调研时，要求上海加快有效实施创新驱动战略，向具有全球影响力的科技创新中心进军。习近平总书记的讲话为上海创新驱动发展指明了行动方向，提供了强有力的思想和实践引导。创新驱动发展是促进上海转型升级的新指向，是建设全球城市的新路径，建设具有全球影响力的科技创新中心是中央赋予上海的新使命。

作为我国的科技中心城市之一，上海已基本建成较为完善的科技创新体系，形成了良好的制度基础。《2015 中国区域科技进步评价报告》显示，2015 年，上海地区综合科技进步水平指数为 84.57%，位居全国第 1 位，"科技进步环境"指数排在第 2 位。《2015 中国区域创新能力报告》显示，2015 年，上海市创新能力综合排名连续 7 年位居全国第 4 名，创新环境位居第 5 名。和世界主要科技创新中心城市相比，上海的创新制度环境仍然有较大的改善空间，创新体系和创新制度还有许多不足。政府管理和服务能力还有待提升，企业尚未成为科技创新的真正主体，市场配置科技创新资源的作用还没有充分发挥，科技金融市场发展还不够活跃，技术转移服务体系仍然不够健全，科技成果转化的力度不够，创新合作的开放程度有待提高，传统的产学研协作方式已不能满足建设具有全球影响力的科创中心的现实需要，这些都成为了制约上海科技创新的关键短板。如何发挥制度环境对科技创新的正向推动作用，是目前需要解决的突出问题。研究上海市科技创新环境的现状及历史变迁，汲取其他国家和地区科技创新制度环境的优点，有利于不断优化上海科技创新的制度环境，赋予上海创新驱动发展的强大内生动力，推动上海"五个中心"建设，具有重要的现实意义。本书共分为八章，由陈强、敦帅、徐凯统稿。第一章主要是国内外与上海科技创新制度环境变迁相关的背景分析，由敦帅、徐凯完成。第二章对科技金融、财政科技投入、税收制度变迁的历程及影响因素进行了梳理和分析，由陈强、陈玉洁完成。第三章则着重针对产学研合作和科技成果转移转化的制度变迁进行了研究，由陈强、肖雨桐完成。第四章聚焦于产权及知识产权制度的变迁研究，主要由杨舒博完成。第五章对科技创新教育制度和科普工作变迁的历程及影响因素进行探究，由陈强、尚玮完成。第六章主要围绕科技创新法律制度以及科技信用体系变迁的历程及影响因素展开研究，由陈强、唐佩佩完成。第七章重点研究了科技创新资源开发利用和科技奖励制度变迁的历程和影响因素，由陈强、敦帅完成。第八章对改革开放40年来国家和上海科技创新制度环境的整体变迁历程进行了反思和展望，主要由陈强、徐凯完成。

本书研究涉及上海科技创新制度环境的多个侧面，包括科技金融、财政科技投入、税收、产学研合作、科技成果转移转化、产权及知识产权、教育和科普、法律制度和科技信用体系、科技创新资源开发利用、科技奖励制度等领域，而这些领域相互关联，内容多有交叉。另外，在与之相关的背景分析中，也有不少相关和重叠之处，可能会给读者阅读带来一些困扰。在本书的写作过程中，参考了来自多个方面的文献资料和研究成果，在此向各位列出和可能遗漏的各位作者，以及对本书研究做出贡献的各位师友表达由衷的谢意。

同济大学经济与管理学院　陈强教授课题组

2018 年 8 月 26 日

第一章　新中国成立以来国内外环境变迁背景

新中国成立以来，国际、国内环境均发生了诸多深刻变化，这些变化对国家政治、经济、社会、科技发展等产生全方位影响。在此，有必要对与国家和上海科技创新制度环境变迁的相关背景进行回顾和分析。

第一节　国际环境变迁回顾

从1945年第二次世界大战结束，和平与发展逐渐成为当今时代的主题，国际环境发生了巨大的变化：政治上，由两极格局向世界多极化转变；经济上，区域一体化和经济全球化趋势加强；科技上，随着第三次科技革命的到来，信息网络得到了高速发展，极大地推动了人类社会政治、经济、社会、文化领域的变革。然而，霸权主义、强权政治和恐怖主义的出现，成为新时期威胁世界和平与发展的最主要因素。

一、两极格局形成时期的世界（1945—1955 年）

二战后，世界大国开始按照二战后期以雅尔塔会议为代表的系列国际会议所确立的基本原则，重新划分世界版图和势力范围，建立起新的国际关系格局即雅尔塔体系，初步形成美苏争霸的世界两极格局。北约和华约组织的建立、两大军事政治集团对峙局面的形成，标志着美苏两极格局最终形成。①

（一）两极格局形成时期的世界政治

二战极大地改变了世界各国政治力量的对比：欧洲国家实力大为削弱；战后美国的政治、经济、军事实力空前膨胀，成为资本主义世界头号强国，并一度操纵联合国，苏联成为唯一能够与之抗衡的政治军事大国。雅尔塔体系取代了凡尔赛—华盛顿体系，意味着以欧洲为中心的传统的国际格局被美苏两极格局所取代。社会主义越出一国范围，成为世界体系。社会主义和资本主义两大阵营尖锐对立和激烈斗争，成为当时国际关系最突出的特点。美国推行称霸世界的霸权主义政策，对苏联和东欧社会主义国家发动"冷战"，在亚洲推行扶蒋反共政策，发动朝鲜战争。苏联、中国等社会主义国家与之作了针锋相对的斗争。1955 年华约组织的成立，标志着世界两极格局的正式形成。民族解放运动出现新高潮，许多亚非拉国家纷纷摆脱殖民统治，实现国家独立，1955 年召开的

---

① 王拥军、张新强：《冷战下国际政治力量的重组与较量——两极格局下的世界》，载《历史学习》，2006（12）：8—13。

万隆会议反映了亚非国家联合反殖、反帝的要求。①

（二）两极格局形成时期的世界经济

第二次世界大战结束后，第三次科技革命迅猛发展，人类进入信息时代；资本主义国家纷纷加强对经济的干预，普遍实行社会福利政策，由私人垄断资本主义阶段过渡到国家垄断资本主义阶段。二战后，美国建立了美国主导下资本主义世界经济体系（包括以美元为中心的资本主义世界货币体系和以关贸总协定为组织形式的资本主义世界贸易体系）。美国经济进入快速增长时期。西欧、日本纷纷推行社会改革，经济得以恢复和发展；西欧国家间的联系日益密切，开始了一体化的进程。新中国迅速恢复和发展国民经济，并向社会主义过渡；苏联开始针对斯大林模式进行改革。

（三）两极格局形成时期的世界科技与文化

计算机的发明奠定了现代信息技术的基础。凯恩斯主义成为这一时期资本主义各国恢复和发展经济的指导思想。现代主义文学、艺术得到进一步发展。

（四）重大事件

1. 第三次科技革命

从 20 世纪 40—50 年代开始的新科学技术革命，以原子能技术、航天技术、电子计算机技术的应用为代表，还包括人工合成材料、分子生物学和遗传工程等高新技术。这次科技革命被称为"第三次科技革命"。

---

① 徐蓝：《试论冷战的爆发与两极格局的形成》，载《首都师范大学学报（社会科学版）》，2002（2）：87—95。

第三次科技革命的出现，既是由于科学理论出现重大突破，一定的物质、技术基础的形成，也是由于社会发展的需要，特别是第二次世界大战期间和第二次世界大战结束以后，各国对高科技迫切需要的结果。空间技术的利用和发展是这次科技革命的一大成果，第三次科技革命的成果还表现为原子能技术的利用和发展，电子计算机技术的利用和发展是另一重大突破。

第三次科技革命推动了社会生产力的极大发展。在第三次科技革命的推动下，生产技术不断进步、劳动者的素质和技能不断提高、劳动手段不断改进，劳动生产率得以提升。第三次科技革命，促进了社会经济结构和社会生活结构的重大变化。第三次科技革命导致第一产业、第二产业在国民经济中的比重下降，第三产业的比重上升。第三次科技革命对国际关系也产生了深刻的影响，一方面加剧了资本主义各国发展的不平衡，使资本主义各国的国际地位发生了新变化；另一方面使社会主义国家在与西方资本主义国家抗衡的斗争中具有强大的动力。同时，第三次科技革命扩大了世界范围的贫富差距，促进了世界范围内社会生产关系的变化。①

2. 苏联对新中国成立初期的援助

苏联对我国的援助主要集中在新中国成立初期，1949 年苏联以设备、机器以及各种材料的实物形式向我国提供 3 亿美元贷款，利息 1%，为期 5 年。苏联的 3 亿美元贷款按 1950 年汇率折算人民币约合 9 亿元，在三年恢复时期中央政府 62.99 亿元总投资中，占比高达 14.3%。另外，苏联政府帮助援建恢复经济急需的煤炭、电力、钢铁、有色金属、化工、

---

① 杰里米·里夫金：《第三次工业革命》，中信出版社 2012 年版。

机械和军工部门的 50 个重点项目。在执行过程中，因情况变化，撤销了 1 个项目，合并了 2 个项目，实际建设项目为 47 个。这些建设项目涵盖了能源工业、原材料工业、民用机械加工、国防军工和造纸工业，根据国家统计局 1953 年 3 月 11 日的统计报告，3 年累计实际进口 46 974 万卢布，完成合同68.7％。①新中国成立初期苏联专家对我国现代工业体系建设的作用是不可忽略的，他们在我国最困难的时候送来了资金和技术，改变了我国一穷二白的局面，初步建立了国家工业化的基础，并为我国培养了大批技术人才。为新中国的崛起做出不朽的贡献。②

3. 苏联援建中国的 156 个项目

苏联援建的 156 个项目是指中华人民共和国"一五"计划（1953—1957 年）期间苏联对新中国工业领域的 156 个援助项目。其主要涵盖了发电厂、机床厂、煤矿、电缆厂、飞机制造、电器装备、汽车制造、钢铁生产和工业学院等工业基础设施和人才培养领域，布局主要集中在我国东北和西北地区。③

在新中国刚刚成立以后，苏联援助了我国 156 个重点项目，帮助我国建立了自己的重工业基础体系。这些项目奠定了我国重工业发展的基础，培养了一大批的技术人员，使得我国在被西方国家全面封锁的环境下能够建立一个相对比较完整的国民经济体系。④

---

① 杨慧、衣保中：《建国初期苏联对我国东北地区农业技术援助的研究》，载《农业考古》，2010（4）：72—76。
② 宋微：《建国初期苏联对华援助研究（1949—1953）》，黑龙江大学，2016 年。
③ 田伟：《建国初期苏联对华经济援助的再认识》，《国史学术年会》，2005 年。
④ 胡瑞涛：《对"一五"计划期间苏联经济援华的历史考察——兼对苏联经济援华行为的结构主义解释》，西北师范大学，2005 年。

表 1.1　大事记年表

年　份	重要事件	意义/影响
1945 年	联合国成立	联合国在维护世界和平，缓和国际紧张局势，解决地区冲突方面，在协调国际经济关系，促进世界各国经济、科学、文化的合作与交流方面，都发挥着相当积极的作用。
1947 年	杜鲁门主义的提出	标志着美苏在二战中的同盟关系的结束及冷战的开始，也标志着美国作为战后第一大国的世界霸主地位的确立。
1947 年	马歇尔计划的实施	对欧洲国家的发展和世界政治格局产生了深远的影响。
1948 年	第一次中东战争	阿拉伯国家军队阵亡 1.5 万人，以色列军队阵亡约 6 000 人。以色列占领了巴勒斯坦总面积的 80%，这场战争中有 96 万巴勒斯坦人被赶出家园，沦为难民。
1949 年	经互会成立	经互会从成立到其解散之前，是世界上贸易额仅次于欧共体的区域性经济组织。对经互会各国之间的经济交流也起到较大的促进作用。但是，经互会在客观上加强了苏联对其他成员国的经济控制，削弱了各成员国的经济独立性。
1949 年	北约成立	北约拥有大量核武器和常规部队，是西方的重要军事力量。这是二战后西方阵营军事上实现战略同盟的标志，是马歇尔计划在军事领域的延伸和发展，使美国得以控制以德国和法国为首的欧盟防务体系，是美国确立其世界超级大国领导地位的标志性事件。
1949 年	德国分裂	德国的分裂是第二次世界大战后的重大国际事件，是雅尔塔体系的重要组成部分，也是苏美两个超级大国及其各自所领导的国家集团对峙的直接后果。
1949 年	社会主义阵营形成	巩固了社会主义成果，支援了民族独立斗争，反对了帝国主义侵略，成为维护世界和平的重要力量。
1950 年	朝鲜战争	战前的北南分裂局面，通过战争不仅没有解决，还进一步恶化，朝鲜半岛作为世界军事舞台上的一个热点持续至今。朝鲜战争的结果使中华人民共和国获得空前的国际声望，中国人的自信心大大增强。由于朝鲜战争，苏联打消了中华人民共和国会变成第二个南斯拉夫的顾虑，从 1952 年起开始大规模援助中国建设全面的工业基础。美国公开保护台湾当局，使中国人民解放军暂时失去了攻占台湾的机会；也间接让日本经济重新崛起，使日本免于二战的惩罚。

续表

年　份	重要事件	意义/影响
1954 年	日内瓦会议	日内瓦会议是中国首次以五大国之一的地位和身份参加讨论重大国际问题的会议，以周恩来为首的中国代表团团结一切可以团结的国际力量，为会议达成协议做出了重大贡献。这次会议实现了印度支那的和平，确保了中国南部边境地区的相对稳定，明显改善了中英关系，架起中美沟通的桥梁。日内瓦会议对中国与西方国家的关系、中国与印度支那的关系、中国的对外政策都产生了深远影响。
1955 年	华约成立	标志着以冷战为主要形式的军事对抗正式开始。
1955 年	万隆会议	万隆会议的成功召开是亚非人民团结合作、求同存异、协商一致的成果。会议提出处理国际关系的十项原则，形成了以"团结、友谊、合作、和平共处、求同存异"等为核心的万隆精神，为亚非国家建立和发展友好关系提供了指导原则，为和平解决国家间历史遗留问题和国际争端指明了有效路径，成为国际社会普遍承认并遵循的国际关系和国际法基本准则。
1945 年	国际货币经济组织成立	监察货币汇率和各国贸易情况，提供技术和资金协助，确保全球金融制度运作正常。
1945 年	世界银行成立	向成员国提供贷款和投资，推进国际贸易均衡发展。
1947 年	关贸总协定签订	为各成员方设计了一套处理相互间贸易关系的原则及规章，为解决各成员方在相互间贸易关系中所产生的矛盾和纠纷提供了场所和规则，为成员方举行关税减让谈判提供了可能和方针，为发展中国家争取了贸易优惠条件，为各方提供了经贸资料，并培训了经贸人才。
1950 年	"舒曼计划"的提出	促进了法德和解，保证煤、钢资源不再用于军国主义目的，从而为西欧的政治与经济实现进一步融合做好了准备。
1951 年	欧洲煤钢共同体成立	欧洲煤钢共同体，是西欧国家联合道路上的一次创造性实践，一次质的飞跃，它开始了一体化合作形式的零的突破。
1946 年	计算机发明	网络推动了社会生产力快速发展，人类的生产方式和生产能力也得到极大的发展，开辟了电子化管理的时代，对人类的生活方式改变也产生诸多深刻影响。计算机网络的发展引发社会生产方式和生活方式的激烈变革，推动人类文明向更高阶段发展。
20 世纪 40—50 年代	凯恩斯主义盛行	为资本主义国家经济发展提供了新的调节机制，有效地延缓了战后危机，促进了经济的恢复和发展，为巩固资产阶级民主制度，防止英、法、美等国的法西斯主义上台起了一定作用，并对之后相当长的一个时期内垄断资本主义的发展，产生了重要影响。

资料来源：根据人民网改革开放 30 周年大型专题报道整理汇编。

二、从美苏争霸到多极化趋势出现（1955—1991 年）

两极格局形成以后，美苏争霸互有攻守，经历了三个阶段。苏联搞霸权主义，导致中苏关系破裂；西欧、日本试图摆脱美国的控制，推行相对独立的外交政策；两大阵营趋于瓦解。1961 年不结盟运动兴起，标志着第三世界的崛起，全球范围开始联合反殖、反帝、反霸斗争，在国际政治经济舞台发挥越来越重要的作用，加速了帝国主义殖民体系的崩溃。20 世纪 70 年代初，中国恢复在联合国的一切合法权利。两极格局受到重大冲击，多极化趋势出现。①

（一）美苏争霸激烈对抗下的世界政治

美国于 20 世纪 60 年代兴起黑人民权运动。苏联的赫鲁晓夫和勃列日涅夫分别就批判斯大林的个人崇拜和加强党的集体领导作出努力；戈尔巴乔夫改革放弃党的领导，实行多党制，加剧了政局动荡。中国的十年"文革"严重破坏了社会主义法制秩序；新时期大力完善民主制度，健全法律制度。②

（二）美苏争霸时期的世界经济

20 世纪 50—60 年代，日本、联邦德国经济发展迅速，一跃成为资本主义世界第二经济大国和欧洲头号资本主义国家。1967 年，欧共体成立，并在诸多经济领域赶上和超过美国。20 世纪 70 年代初，美国经济出

---

① 徐炳山：《美苏激烈争夺又一年》，载《思想政治课教学》，1984（12）：25—26。
② 张也白：《评八十年代美苏关系的发展》，载《美国研究》，1987（1）：69—78。

现滞胀局面，布雷顿森林体系崩溃，美国的世界经济霸主地位动摇，形成了美欧日三足鼎立的局面，世界经济出现多极化。20世纪80年代，里根政府减少对经济的干预，美国经济得以复苏。社会主义国家开始普遍认识到斯大林模式的弊端，并相继实行改革，但由于没有从根本上突破斯大林模式，改革成效不大，并且严重制约了经济的快速发展和人民生活水平的改善，最终导致了东欧剧变和苏联解体。而中国的改革开放则取得了巨大的成就。

（三）美苏争霸激烈对抗下的世界科技与文化

1969年，互联网的诞生使得人类从此进入信息时代。20世纪70年代以后，新自由主义逐步取代凯恩斯主义，成为资本主义各国复苏和发展经济的指导思想。戈尔巴乔夫提出"人道的民主的社会主义"。现代主义成为西方文学艺术的主流（摇滚乐成为流行音乐的主流），文学艺术呈现出多元化的特点。

（四）重大事件

1. 苏联解体

1985年，戈尔巴乔夫当选为苏共中央总书记，其推行的经济改革和政治改革均以失败告终；1990年，立陶宛率先宣布脱离苏联，接着，俄罗斯率先发表"主权宣言"，其他9个加盟共和国也相继发表"主权宣言"，宣布本国是主权国家；1991年8月，《苏维埃主权共和国联盟条约》公布，条约将苏联改名为苏维埃主权共和国联盟，并将其变成一个松散的邦联；1991年8月19日，苏联副总统亚纳耶夫宣布，鉴于总统戈尔巴乔夫健康状况欠佳，即日起由他本人履行总统职务，同时宣布成立国家紧急状态委员会，实行紧急状态，"八一九"事件爆发；1991年12月8

日，俄罗斯、乌克兰、白俄罗斯三国领导人在明斯克签署协定，宣布成立独立国家联合体，此后，俄罗斯等 11 国领导人在哈萨克斯坦首都阿拉木图签署《阿拉木图宣言》，独立国家联合体扩大到苏联绝大部分的加盟共和国，"独联体"是国家的联合组织，而不是一个国家，苏联就此完全解体；1991 年 12 月 25 日，戈尔巴乔夫发表电视演说，宣布辞去苏联总统和武装力量最高统帅职务，并将核武器控制权交给叶利钦；1991 年 12 月 26 日，苏联最高苏维埃举行最后一次会议，正式宣布苏联停止存在。

苏联解体，一方面是因为，苏联历史上的诸多体制弊端和政策错误长期得不到纠正，积累起大量问题和矛盾；另一方面是因为，戈尔巴乔夫上台后推行了一系列错误的路线、方针和政策。此外，西方敌对势力长期以来通过各种途径对苏联进行意识形态领域的渗透，并采取种种手段施加压力和影响，搅乱群众和干部的思想；同时，诱惑并迫使苏联领导人改变内外政策，从而最终终结了苏联的社会主义制度。

苏联解体彻底改变了世界格局，由两强争霸变为一超独强。苏联解体后，中东欧国家成为以美国为首的北约竭力争取的对象，美国从各方面进一步打压俄罗斯的生存空间，同时美国两面下注，制约中国发展，结日韩，联菲越，将中国封锁在第一岛链。世界反霸权各国抱团取暖，形成各种各样的松散型国际组织。随着时代的发展，各发展中国家经济恢复，形成了优势互补集团，对世界经济政治产生重大影响，西欧各国出于同样考虑结成欧盟，和以前形成的非盟、阿盟、东盟等地区组织一样，对美国霸权形成一定制约，世界由单极世界向多极世界发展。①苏联解体对中国同样

---

① 马特洛克，J. F.：《苏联解体亲历记·上卷》，世界知识出版社 1996 年版。

产生了深刻的影响。一是为中国敲响了警钟。苏联解体后，中国进一步增强了忧患意识，并着力从思想、组织、作风以及形象等各方面加强党的建设。二是给中国带来了新的压力。苏联解体后，中国成为最大的社会主义国家，成为西方国家防范和打击的重点国家，"中国威胁论"由此甚嚣尘上。三是为中国的发展提供了机遇。苏联解体使得冷战就此结束，持续多年的两极格局也最终消失，世界呈现多极化发展趋势，中国的国际地位不断上升，在世界格局中，影响最大的则是美中俄三角关系，在这之间，虽然美国实力占优，但是中俄关系密切。四是改善了我国的外部发展环境。冷战时期，随着国力的增强，苏联侵略扩张意识愈来愈强，给中国发展带来巨大压力。苏联解体后，俄罗斯面临与中国相似的振兴国家的历史使命，且经受多重外部压力，与中国建立了良好的合作伙伴关系。[1]

2. 东欧剧变

自 1989 年起，东欧局势发生激烈的动荡，东欧各国的共产党和工人党在很短的时间内相继失去政权，社会制度也随之发生颠覆性变化。1989 年，在大选中，波兰团结工会获胜，并组织政府。团结工会上台，标志着波兰政治经济制度的剧变；1990 年春，称为"德国联盟"的三个反对党联盟在大选中获胜，10 月，以民主德国并入联邦德国的方式，完成两德的统一；1989 年 12 月，罗马尼亚爆发全国范围的骚乱，仓皇外逃的罗马尼亚党和国家领导人齐奥塞斯库被捕，并被迅速秘密处决，救国阵线委员会取代罗马尼亚共产党的执政地位；1989 年下半年，捷克爆发

---

① 俞邃：《苏联解体对中国的四点影响》，载《决策与信息》，2012（2）：46。

"天鹅绒革命"，捷共失去执政党地位，国名也随之更改为捷克和斯洛伐克联邦共和国，捷克和斯洛伐克两个共和国也取消了其国名中的"社会主义"字样；1990 年年底，阿尔巴尼亚宣布开始实行多党制，国家走上"政治多元化"和"议会民主"的道路，放弃"社会主义专政"，军队、公安、司法、外交等重要部门实行非政治化和非党化；1990 年 1 月 30 日至 2 月 2 日，保加利亚共产党召开第十四次（特别）代表大会，提出"取消党的领导地位"，放弃"保共是工人阶级先锋队"的提法，放弃民主集中制，在政治上主张实行"多党制和议会民主"及"民主社会主义"，在经济上主张实行所有制多元化和市场经济；1992 年南联邦议会联邦院通过了由塞尔维亚和黑山两个共和国组成南斯拉夫联邦共和国的宪法，宣告南斯拉夫社会主义联邦共和国彻底解体。

东欧剧变有多方面的原因。一是执政的共产党和工人党由于内部和外部的原因，在经济上和政治上面临着严重的困难，党内出现反对派，并与党外的反对派相呼应。二是执政党在国内外的各种压力下，不断对反对派妥协退让，甚至放弃社会主义原则，实行政治多元化、多党制，反对派得以迅速扩大势力。三是反对派公开向执政党夺权，通过不断制造动乱，施加压力，使执政党陷入困境，然后取得政权，个别国家甚至通过武装冲突，实现政权更迭。

东欧剧变，一方面，导致冷战结束，华沙条约组织解散，以东西方"冷战"为基本特征的两极体制解体，雅尔塔体系完全崩解，世界政治格局呈现出向多极化发展趋势，美国一家独大，并开始直接插手非洲事务，多党制在非洲形成潮流；另一方面，共产主义运动遭受重创，东欧国家纷纷从非洲一些奉行"科学社会主义"的国家撤出，使得这些国家面临投资、贸易、援助减少的困难局面，从而导致这些国家进一步实行市场经济，向西方敞开了大门。此外，东欧剧变后，社会主义的影响力显著减弱，西方国家的共产党受到了极大的冲击，少数小党自动解散，一些政党实行社会民主党化，改变党名，申请加入社会党国际，世界范围内共产党的数量由 20 世纪 80 年代鼎盛时期的 270 多个，减少到 147 个，直接导致北约的三次东扩。同时，东欧国家过快的体制转型导致国内出现了失业率、通货膨胀率居高不下，民众对新政策的反抗情绪高涨，有些国家出现了罢工浪潮，市场化改革又大大加剧了东欧各国的社会分化，出现了政府频繁更迭的不稳定现象。

　　一方面，西方资本主义国家的和平演变策略，是苏东欧剧变的外部条件之一。因此，在社会主义建设过程中，中国要时刻警惕和谨防外国敌对势力推进的"和平演变"策略，是否能够谨防这种"和平演变"策略，进行反"西化"和反"分化"的斗争，关系着我国社会主义政权的生死存亡，关系着我国的领土和主权完整，关系着中国社会主义建设的成败和世界社会主义的发展。另一方面，东欧许多社会主义国家的垮台，其中一个很重要的原因就是不顾自身国情，盲目照抄苏联社会主义的发展道路，反而阻碍了自身发展。因此，建设社会主义必须从本国国情出发，独立自主地探索具有本国特色的社会主义建设模式，照抄别国模式最终会落得失败的结局。[1]

　　3. 互联网诞生

　　互联网始于 1969 年美国的阿帕网，是网络与网络之间所串连成的庞

---

[1]　刘祖熙：《东欧剧变的根源与教训》，东方出版社 1995 年版。

大网络，这些网络以一组通用的协议相连，形成逻辑上的单一巨大国际网络。这种将计算机网络互相联接在一起的方法可称作"网络互联"，在这基础上发展出覆盖全世界的全球性互联网络称为互联网，即是互相连接一起的网络结构。

互联网具有传播范围最广、保留时间长、信息数据庞大、开放性强、操作方便简单、交互性沟通强、成本低、效率高、强烈的感官效果、全效应的品牌形象等优势；同时，又存在不受现实约束、随意性很强、信息庞杂、低俗信息较多、监控力度不完善、虚拟性强脱离现实、诱惑性大、对青少年的成长造成潜在威胁等问题。

互联网的诞生给世界带来了广泛而深刻的影响。一是网络打破了信息垄断，瓦解了统一舆论。遍布全球的互联网络根据统一的协议，为用户提供普遍、可靠、方便的进入途径，体现了自由开放的理念和打不烂、堵不住的设计原则。因此，政客没有办法控制这个网络。在这样的数字化的空间中，难以控制的信息传播打开了言论自由的"魔盒"。二是网络使公民的民族国家意识日渐淡薄。与网络的个人自由主义取向相比，在更大程度上弱化政治控制。网络不但经由虚拟现实把"天涯若比邻"的电子幻觉发展到了逼真的地步，它还真切地推动了全球一体化进程。在很多可见的层面上，身处全球化时期的政府都愈发无法来去自如地运作。三是网络冲破了节制政治参与的阀门。互联网在很大程度上摆脱了政治控制的全新的政治参与方式，使人们在感知与介入世界方面获得了前所未有的畅快淋漓的感觉，它甚至提高了人们参与政治的兴趣。其后果是，一方面政治活动"变得如此轻而易举，以致再没有什么规模太小、或太涣散的事业"；另一方面，传统意义上的政治整合则变得十分困难，甚至常常不可以实现了。

互联网的出现，最大的变革是信息传递的极速和廉价化，对中国产生了巨大的影响。一是网络的出现，使得中国经济活跃程度大增，极大地促进了经济的发展，改变了经营模式。二是通过网络渠道，可以免费获取大量国际优质资源，促进中国教育事业的前进。三是互联网的快捷使得文化交流越来越频繁，文化的发展远远快过以往任何一个时期。另外，国外文化也逐渐对中国文化产生影响。而文化会内化为一个民族的思维方式，进而影响整个国家的未来。四是网络可以起到一定的监管作用，网络信息公开使得管理者不得不重视群众的意见，并规范自己的行为，从而优化社会管理。[1]

表 1.2　大事记年表

年　份	大 事 记	意义/影响
1955 年	苏联签订对奥合约	和约的签订，不仅使奥地利恢复了自由和独立，而且为和平协商解决其他悬而未决的国际问题开辟了新的途径。它对于加强欧洲安全和世界和平有着重大的意义。
1956 年	第二次中东战争	在整个战争过程中，英法对埃及的轰炸持续 6 天，地面战斗 40 余小时，伤亡 300—400 人，损失飞机 50 余架；以色列伤亡约 1 000 人。埃及方面阵亡 1 000 多人，伤 2 万多人，损失飞机 200 架，五大城市遭到严重破坏，1.2 万幢住宅毁于战火。
1959 年	赫鲁晓夫访美	美苏之间新的交流渠道就此打开，美苏关系的发展出现了希望，美苏之间也出现了真实的善意。
1961 年	苏联修筑"柏林墙"	其是美苏争霸激烈冲突的表现，标志着民主德国和联邦德国的彻底分裂。

---

[1]　《中国防伪报道》编辑部：《互联网的起源与影响》，载《中国防伪报道》，2016（12）。

续表

年　份	大　事　记	意义/影响
1962 年	古巴导弹危机	这是冷战期间美苏两大国之间最激烈的一次对抗。美苏更深刻地认识到双方在避免核对抗、维持核垄断方面有着相互吻合的利益。
1964 年	第三次中东战争	以色列又将战略纵深扩大了 6.5 万平方公里，数十万巴勒斯坦阿拉伯人失去家园，沦为难民。
1969 年	尼克松主义	其是美国战后对外政策的一次重大调整，标志着从杜鲁门主义开始的冷战、遏制政策的结束，成为以后几届政府外交政策的出发点。
	美国从越南撤军	战争期间，美国经济出现大幅度滑坡，美元霸主地位遭到沉重打击，并出现了巨额财政赤字。越战彻底改变了美苏两霸争夺的格局：整个 20 世纪 70 年代，美国转为战略守势，而苏联则处于战略攻势地位。
1973 年	第四次中东战争	大规模电子对抗的展开使战场情况更为复杂，作战损耗加大。双方飞机损失的约 60%、舰艇损失的 80% 以上，大部被毁坦克均为各种导弹所击毁。在战略指导与作战上，广泛利用电子技术和使用各种战术导弹，是这次战争的突出特点。战争结束后以色列国内强硬派再次抬头，对阿拉伯国家的戒心大大加强。
1979 年	苏联入侵阿富汗	苏联入侵阿富汗旷日持久，历时九年多，给阿、苏两国人民带来深重灾难。阿富汗有 130 多万人丧生，500 多万人流亡国外沦为难民；苏联先后有 150 多万名官兵在阿富汗作战，累计伤亡 5 万余人，耗资 450 亿卢布，削弱了国力，苏联从而被迫改变其全球战略。
1981 年	"星球大战"计划	"星球大战"计划绝非单纯的军事战略防御计划。从历史上看，美国的几项国防战略计划，除了具有加强国防的重要作用外，还具有促进经济的职能。通过这一计划实施，来带动一大批高技术群的发展，以保持美国在经济、军事、科学技术等方面的领先地位。
1982 年	第五次中东战争	在这场战争中，巴解组织伤亡 3 000 余人，被击毁坦克 100 余辆，火炮 500 门，400 多座秘密仓库被占领。叙利亚军队伤亡 1 000 余人，损失坦克 400 余辆，飞机 58 架。

年　份	大 事 记	意义/影响
1985 年	戈尔巴乔夫上台执政	苏联开始放弃争夺军事优势的做法，转为裁减军备，从对外扩张转为全面收缩。
1991 年	海湾战争	海湾战争加速了苏联的解体和两极格局的终结，客观上有利于多极化趋势的发展。海湾战争显示出高技术武器的巨大威力，标志着高技术局部战争已经作为现代战争的基本形式登上了世界军事舞台。由于高技术武器的使用，使现代战争的作战思想、作战样式、作战方法、指挥方式、作战部队组织结构以及战争进程与结局等方面都出现了重大变化，对第二次世界大战以来形成的传统战争观念产生强烈震撼，促使在全世界范围内掀起了研究未来新型战争的热潮，从而引发了一场以机械化战争向信息战争转变为基本特征的世界性新军事革命。

资料来源：根据人民网改革开放 30 周年大型专题报道整理汇编。

三、新旧格局交替下的世界（1991 年至今）

（一）新旧格局交替下的世界政治

20 世纪 80 年代末至 90 年代初，相继发生东欧剧变和苏联解体事件，苏东各国的执政党纷纷丧失政权，社会制度发生根本性变化，国际共产主义运动遭受重大挫折。同时，国际力量对比也发生了根本性变化，导致两极格局的结束，世界格局呈现出"一超多强"的局面，多极化趋势加强。欧盟加强内部合作，以提高国际地位；日本加快谋求政治大国地位的步伐；俄罗斯国内经济形势好转，国际地位也有了很大改善；中国改革开放推进到建立社会主义市场经济体制阶段，国际地位与影响日益提高。世界格局朝着多极化方向进一步发展。和平、合作与发展成为时代的主流，但局部战争和地区冲突仍时有发生。总体看来，其表现为：两极格局瓦解，多极化趋势增强；和平与发展成为世界主题；世界形势总体趋于缓和，但明显呈现出缓和与紧张、和平与动荡并存的局面。①

（二）新旧格局交替下的世界经济

20 世纪 90 年代，世界经济发展呈现两大趋势：经济全球化和经济区域化。1995 年世贸组织正式运作，标志着规范化和法制化的世界贸易体系建立起来。亚太经合组织、欧盟和北美自由贸易区成为对世界经济影响最大的区域集团。经济全球化是一把"双刃剑"，既加速了世界经济的发展和繁荣，也加剧了全球竞争中的利益失衡。新经济首先在美国出现，克林顿政府倡导介于自由放任和国家干预之间的第三条道路，实行经济改革，美国经济出现持续增长。21 世纪初，美国经济再次陷入衰退。2007 年爆发次贷危机，并在全球蔓延。②

（三）新旧格局交替下的世界科技与文化

新旧格局交替下的世界科技与文化，呈现出第三次科技革命发展更为迅猛，思想和文学艺术更趋多元化的整体特征。这一时期，相对论、量子理论、生物工程技术和基因技术、现代信息技术以及航空航天等技术得到充分发展，深刻影响并改变了人类的生产和生活方式。

（四）重大事件

1. 恐怖主义势力抬头

恐怖主义，是指通过暴力、破坏、恐吓等手段，制造社会恐慌、危

---

① 杜攻：《转换中的世界格局》，世界知识出版社 1992 年版。
② 范新宇：《新旧格局交替中的世界经济》，载《世界经济文汇》，1991（6）：1—6。

害公共安全、侵犯人身财产，或者胁迫国家机关、国际组织，以实现其政治、意识形态等目的的主张和行为。

2001年9月11日上午（美国东部时间），两架被恐怖分子劫持的民航客机分别撞向美国纽约世界贸易中心一号楼和二号楼，两座建筑在遭到攻击后相继倒塌，世界贸易中心其余5座建筑物也受震而坍塌损毁；同日9时许，另一架被劫持的客机撞向位于美国华盛顿的美国国防部五角大楼，五角大楼局部结构损坏并坍塌。"9·11"事件是发生在美国本土的最为严重的恐怖攻击行动，遇难者总数高达2 996人。对于此次事件的财产损失各方统计不一，联合国发表报告称此次恐怖袭击造成美国经济损失达2 000亿美元，相当于当年生产总值的2％。此次事件对全球经济所造成的损失甚至达到1万亿美元左右。此次事件对美国民众造成的心理影响极为深远，美国民众经济及政治上的安全感被严重削弱。作为对这次袭击的回应，美国发动了"反恐战争"，入侵阿富汗，以消灭藏匿"基地"组织恐怖分子的塔利班，并通过了美国爱国者法案。2001年10月7日，美国总统布什宣布开始对阿富汗发动军事进攻。2011年5月1日，美国海豹突击队的一支小分队乘坐直升机突袭并击毙本·拉登。

恐怖主义对当代世界的和平与安全形势形成极大挑战，成为全世界的共同敌人，是各国重点打击的对象。恐怖主义势力抬头在一定程度上促使全球各国联系在一起，加强了反恐怖主义合作。美国迅速与中国、欧洲、日本、俄罗斯达成一致，共同应对恐怖主义泛滥的问题。美国将注意力转移到防范和打击恐怖主义后，暂时忽略或放松了与某些国家的博弈和争斗，这些国家也由此获得发展自己的良好机会。恐怖主义在一定程度上加深了"一超多强"的政治格局,并影响了各国间的力量对比。

恐怖主义对世界经济的格局也产生了巨大的影响。恐怖主义活动主要针对美欧等发达国家,加剧了美欧的国际贸易规模萎缩和国际资本外流,并抬高了这些国家进出口贸易的运输和保险成本,影响了这些国家的国际贸易和对外开放。大量资本开始流入发展中国家,促使了其经济的发展,加深了世界经济格局的多级化趋势。美国、西欧、日本成为西方经济的三大支柱,中国 GDP 总量超过日本位居世界第二,俄罗斯的经济开始崛起,广大的发展中国家在世界经济格局中也占据了不可忽略的地位。[1]一方面,国际恐怖主义活动已成为影响我国边疆地区稳定与发展的一个重要的不稳定因素。民族分裂活动、非法宗教活动与恐怖活动相联系的趋势,使得我国边疆地区的安全和社会治安形势面临严峻挑战。另一方面,国际恐怖主义组织针对欧美等国家开展的系列恐怖活动,分散了欧美遏制中国的注意力,为中国的发展提供了相对宽松自由的环境,客观上有利于中国的进一步发展。[2]

2. 次贷危机

在 2006 年 6 月之前的两年时间里,美国联邦储备委员会连续 17 次提息,将联邦基准利率从 1% 提升到 5.25%。利率大幅攀升加重了购房者的还贷负担。另外,自从 2005 年第二季度以后,美国住房市场开始大幅降温。随着住房价格下跌,购房者难以将房屋出售或者通过抵押获得融

---

① 陈新明、Hsin-Ming Chen:《911 事件后中亚地区恐怖主义发展与反恐之研究》,中兴大学国际政治研究所学位论文,2008 年。

② 刘建华:《恐怖主义对中国安全的影响》,中国人民大学,2004 年。

资。受此影响，很多次级抵押贷款市场的借款人无法按期偿还借款，次级抵押贷款市场危机呈现愈演愈烈之势。2007年8月，次贷危机全面爆发，席卷美国、欧盟和日本等世界主要金融市场。

次贷危机对国际金融秩序造成极大的冲击和破坏，使金融市场产生了强烈的信贷紧缩效应，国际金融体系长期积累的系统性金融风险得以暴露。次贷危机引发的金融危机是美国20世纪30年代"大萧条"以来最为严重的一次金融危机。起源于美国的次贷危机对全球金融体系造成了重大影响，对实体经济形成巨大的冲击。[1]次贷危机同样波及我国。首先，次贷危机导致美国及全球经济增长的放缓，由于美国和欧洲的进口需求疲软，对我国出口造成了很大的影响，并导致我国经济增长一度放缓，同时，由于我国经济增长放缓，对劳动力的需求萎缩，使得整个社会的就业压力增加。其次，我国面临经济增长趋缓和严峻就业形势的双重压力。实体经济尤其是工业面临巨大压力，而大批中小型加工企业的倒闭，也加剧了失业的严峻形势。最后，次贷危机加大我国的汇率风险和资本市场风险。为应对次贷危机造成的负面影响，美国采取宽松的货币政策和弱势美元的汇率政策。美元大幅贬值给我国带来了巨大的汇率风险。在发达国家经济放缓、中国经济持续增长、美元持续贬值和人民

---

① 雷良海、魏遥：《美国次贷危机的传导机制》，载《世界经济研究》，2009（1）：24—31。

黄小军、陆晓明、吴晓晖：《对美国次贷危机的深层思考》，载《国际金融研究》，2008（5）：14—21。

陈雨露、庞红、蒲延杰：《美国次贷危机对全球经济的影响》，载《中国金融》，2008（7）：67—69。

币升值预期不变的情况下，国际资本加速流向我国寻找避风港，加剧了我国资本市场的风险。①

3. 哥本哈根协议

《哥本哈根协议》主要是就各国二氧化碳的排放量问题签署协议，根据各国的 GDP 数值约定减少二氧化碳的排放量。《哥本哈根协议》目的是商讨《京都议定书》一期承诺到期后的后续方案，就未来应对气候变化的全球行动签署新的协议。北京时间 2009 年 12 月 19 日下午五时半左右，联合国气候变化大会主席丹麦首相拉斯穆森宣布，《哥本哈根协议》草案未获通过。但各国在部分问题上达成初步共识，各国一致同意对哥本哈根协议"进行记录"。

哥本哈根协议虽然没有达成一份具有法律约束力的协议，但会议仍然推动了全球减排进程，整体还是值得肯定的。首先，维护了《联合国气候变化框架公约》和《京都议定书》确立的"共同但有区别的责任"原则，坚持了"巴厘路线图"的授权，坚持并维护了《联合国气候变化框架公约》和《京都议定书》"双轨制"的谈判进程，反映了各方自"巴厘路线图"谈判进程启动以来取得的共识，包含了各方的积极努力。其次，在"共同但有区别的责任"原则下，最大范围地将各国纳入了应对气候变化的合作行动框架，在发达国家实行强制减排和发展中国家采取

---

① 甄炳禧：《透视美国次贷危机及对我国的启示》，载《经济与管理研究》，2007（11）：9—16。

张明旭：《美国次贷危机对中国的影响及启示》，载《农业发展与金融》，2008（11）：54—56。

刘正山：《如何看待美国次贷危机对中国的影响》，载《学习月刊》，2008（9）：34—35。

自主减缓行动方面迈出了新的步伐。第三，在发达国家提供应对气候变化的资金和技术支持方面取得了积极的进展。第四，在减缓行动的测量、报告和核实方面，维护了发展中国家的权益。第五，根据政府间气候变化专门委员会（IPCC）第四次评估报告的观点，提出将全球平均温升控制在工业革命以前 2 摄氏度的长期行动目标。[①]

表 1.3　大事记年表

年　份	大 事 记	意义/影响
1992 年	欧洲 12 国正式签署欧洲联盟条约	为欧共体建立政治联盟和经济与货币联盟确立了目标与步骤，是欧洲联盟成立的基础。
1993 年	提出人类基因组研究计划	"人类基因组计划"在研究人类过程中建立起来的策略、思想与技术，构成了生命科学领域新的学科——基因组学，可以用于研究微生物、植物及其他动物。它是人类自然科学史上最伟大的创举之一。
	东盟自由贸易区开始实施	一方面，有利于巩固和加强成员国之间的友好合作关系，有利于发展中国家、周边国家的团结合作，也有利于东盟在国际事务上提高地位、发挥作用。另一方面，有利于进一步促进各自的经济发展，扩大双边贸易和投资规模，促进区域内各国之间的物流、资金流和信息流，促进区域市场的发展，创造更多的财富，提高该地区的整体竞争能力，为区域内各国人民谋求福利。
1994 年	北美自由贸易区成立	世界自贸区联盟有利于提升世界各自由贸易区的整体自由化水平，积极推动世界范围内建立自由贸易区，促进世界各国对外贸易额的大幅度提升，辐射五大洲国家的全球自由贸易区网络，使大部分对外贸易、双向投资实现自由化和便利化。

---

① 郑国光：《解读〈哥本哈根协议〉：凝聚共识　构筑新的起点》，载《中国应急管理》，2010（1）：9—10。

李威：《责任转型与软法回归：〈哥本哈根协议〉与气候变化的国际法治理》，载《太平洋学报》，2011，19（1）：33—42。

续表

年　份	大　事　记	意义/影响
1995 年	世界贸易组织成立	在处理该组织成员之间的贸易和经济事业的关系方面，以提高生活水平、保证充分就业、保障实际收入和有效需求的巨大持续增长，扩大世界资源的充分利用以及发展商品生产与交换为目的，努力达成互惠互利协议，大幅度削减关税及其他贸易障碍和政治国际贸易中的歧视待遇。
	奥姆真理教制造东京地铁"沙林"神经毒气事件	东京地铁沙林事件造成 13 人死亡，约 5 500 人中毒，1 036 人住院治疗。事件发生的当天，日本政府所在地及国会周围的几条地铁主干线被迫关闭，26 个地铁站受影响，东京交通陷入一片混乱。
1996 年	黑客侵入美国司法部专用电脑网络	黑客将美国司法部主页上"美国司法部"的字样改成了"美国不公正部"，提醒各国要高度重视计算机网络安全问题。
1997 年	克隆羊多利诞生	多利的诞生为"克隆"这项生物技术奠定了进一步发展的基础，同时也引发了公众对于克隆人的想象，所以其在受到赞誉的同时也引起了争议。
	京都议定书	目标是"将大气中的温室气体含量稳定在一个适当的水平，进而防止剧烈的气候改变对人类造成伤害"。
	亚洲金融风暴	暴露了一些亚洲国家经济高速发展的背后的一些深层次问题，为推动亚洲发展中国家深化改革，调整产业结构，健全宏观管理提供了契机。
1999 年	科索沃战争	战争造成了 1 800 人死亡，6 000 人受伤，12 条铁路被毁，50 架桥梁被炸，20 所医院被毁，40％油库和 30％的广播电视台受到破坏，经济损失高达 2 000 亿美元。科索沃战争是一场背景深刻、影响广泛的现代局部战争，对世纪之交的国际战略格局和军事理论的发展均产生了重要的影响，俄罗斯彻底被挤出了东欧原有势力圈。
	中国驻南斯拉夫大使馆被炸	这次轰炸使原本由于中美两国元首互访而正处于上升阶段的两国关系骤然恶化。
2000 年	普京当选为俄罗斯总统	保障了俄罗斯经济的恢复和持续繁荣，提升了俄罗斯的国际地位，推动了世界多极化发展。

续表

年　份	大 事 记	意义/影响
2001 年	人类基因组图谱公布	人类基因组蕴涵着人类生老病死的遗传信息，破译它将为疾病的诊断、新药物的研制和新疗法的探索带来革命性的进步。
	日本首相小泉纯一郎参拜靖国神社	这是对国际正义、人类良知和道德底线的践踏，是对战后国际秩序的否定，是对国际社会的挑战。
	美国成功克隆人体胚胎	此类干细胞克隆技术在研究顽固疾病和测试药物方面的价值无法估量。
2002 年	欧元正式流通	欧元代表了欧洲一体化的思维，加强了欧洲人的共同意识，在促进欧洲一体化方面具有重要的政治和经济意义。
	美国对伊拉克动武	美国对伊拉克动武的合法性受到挑战；美欧关系出现裂痕；导致伊拉克成为恐怖主义滋生的温床；提高了伊朗在中东的地位；降低了美国对世界的领导力，影响了美国在全球的霸权地位。
2003 年	美国占领巴格达，萨达姆政权被推翻	伊拉克战争不仅改变了伊拉克本国的政治生态，也直接导致了海湾乃至中东地区的地缘政治环境恶化，海湾阿拉伯国家与伊朗间的均势被打破。伊朗获得对伊拉克内政的空前影响力。极端主义和恐怖主义趁乱坐大。
2004 年	印度洋巨大海啸	海啸造成了 8 万多人死亡，上百万人丧失家园，许多基础设施被冲毁，其中斯里兰卡、泰国、印度和印度尼西亚等亚洲国家受到的打击最为严重，经济增长放缓。
2005 年	空中客车面世	座位面积大，降低了噪音和废气排放，降低了对环境的危害，标志着人类航空历史进入新阶段。
2006 年	萨达姆被执行绞刑	伊拉克萨达姆政权被彻底推翻，美国在伊拉克培植了新政权，同时也使伊拉克陷入长期的混乱不安。
2008 年	奥巴马当选美国历史上首位黑人总统	提高了美国黑人的政治地位，缓和了美国的种族歧视和种族矛盾。
	索马里海盗猖獗	海盗的经常性活动严重威胁到亚丁湾海上生命线的安全，而且扼守红海的亚丁湾是国际上重要的航线之一，由于海盗的猖獗而使许多商船绕行好望角，将大大增加航运时间和成本；政治上，各国纷纷利用海盗事件大做文章，先后有多个国家派出军舰前往亚丁湾海域，使得国际社会紧张局势加剧。

续表

年　份	大 事 记	意义/影响
2009 年	甲流感疫情蔓延	动摇了人们对全球经济本已脆弱的信心,从而使经济活动的各个方面出现继续萎缩的不利局面;流感疫情将对一些国家旅游、食品和交通运输业等形成冲击;流感疫情的暴发对国际贸易和投资带来了不利影响。
2010 年	欧洲债务危机爆发	影响了欧元币值的稳定,拖累了欧元区的经济发展,威胁了全球经济金融的稳定。
2011 年	东日本大地震、海啸引发福岛核电站危机	放射性核素的扩散,使得福岛周边的环境受到了污染;福岛核事故对人类健康造成了长期潜在的威胁;事故引发了世界范围内的社会恐慌,世界各国纷纷对核电站开展进一步的安全检查和防范措施,并调整核电发展规划。
	利比亚前统治者卡扎菲被捕后惨死	利比亚国内支持卡扎菲的势力依然活跃,他们不会因为卡扎菲身亡而改变立场,卡扎菲身亡也有可能激化矛盾,重建后的利比亚仍然会面临着暴力冲突、社会不稳定的威胁。
2012 年	黄岩岛事件	彰显了中国领土主权不受侵犯的强硬态度;中国和菲律宾关系开始恶化,双边贸易受损,菲方损失严重。
	美日韩联合军演	其实质是以朝鲜核试验为借口,直接遏制中方。
	日本实施钓鱼岛"国有化"	一方面,导致中国爆发反日游行和抵制日货运动,一定程度影响了日本经济;中国政府开始巡航钓鱼岛,打破了原有的格局,这也成为民主党丢失政权、自民党重新上台的重要原因之一。另一方面,使中国有机会通过巡航钓鱼岛的方式打破了原本完全被动的局面。
2013 年	斯诺登事件	美国自由价值观的形象受损;令美国对中国的无理指责苍白无力;令美帝拒绝将根服务器交给联合国管理的做法失去合法性。
	曼德拉逝世	曼德拉终结了南非的种族隔离制度,并建立多种族和谐共存的民主制度。在 1993 年被授予诺贝尔和平奖。
2014 年	埃博拉事件爆发	为阻断病毒的进一步传播,实行民航禁飞;埃博拉疫情导致 427 名医务人员感染,236 人丧生,非洲西部地区经济遭受巨大的损失;因埃博拉肆虐导致劳工短缺及影响贸易,西非地区面临了粮食短缺及价格暴涨的人道危机;并对社会的方方面面造成了不同程度的影响。
	极端组织攻占伊拉克北部	导致当地约 20 万人流离失所,加剧了伊拉克局势的动荡。
	克里米亚独立并加入俄罗斯	俄罗斯遭到了美国为首的西方国家的多轮经济制裁,俄美关系进入冷战结束后的第一轮正面对峙。

续表

年　份	大 事 记	意义/影响
2015 年	李光耀逝世	李光耀为新加坡的独立及崛起做出卓越贡献，领导新加坡实现了政治独立和经济繁荣，将一个地域狭小、自然资源匮乏的城市国家变成全球贸易和金融中心。
	美国航天局发现类地行星	发现地球外生命的希望增加。
	气候峰会达成巴黎协定	《巴黎协定》的最大贡献在于明确了全球共同追求的"硬指标"。协定指出，各方将加强对气候变化威胁的全球应对，把全球平均气温较工业化前水平升高控制在 2 摄氏度之内，并为把升温控制在 1.5 摄氏度之内努力。
2016 年	英国脱欧	英国退出欧盟，在短期内对英国无疑是有利的；失去欧盟成员国的资格，英国难以依托欧盟在欧洲和世界事务中发挥重要作用，其国际地位和影响将大打折扣。
	朴槿惠遭弹劾停职	标志着韩国政治动荡期的开始，韩国党派纷争和意识形态的对抗加剧。
	特朗普当选美国总统	特朗普当选美国总统后，政治与经济方面的不确定性提高。
	马克龙当选法国总统	承诺将对劳动和税务方面进行重大改革，提升国家的经济增长前景，并推出 500 亿欧元（合 547 亿美元）的经济刺激方案。然而，他对欧盟和货币等基本问题的立场仍倾向于维持现状。
	默克尔赢得德国大选	上任以来，德国历经国际金融危机、欧债危机和难民危机的冲击，但却没有乱了方寸。相反，德国驶入经济增长快车道，在国际事务中的影响力也大幅提升。
	萨德在韩国部署	增加韩国国内及周边地区的不稳定因素，地缘政治上韩国陷于孤立；中国北方地区的空军训练、导弹发射、空中调度等都将在萨德的监视下，导致中国对美国的核威慑强度降低。
2017 年	WannaCry 网络病毒席卷全球	英国、意大利、俄罗斯等多个国家于 5 月 12 日受到勒索病毒攻击，电脑文件被病毒加密，只有支付赎金才能恢复；同时，我国大批高校也出现感染情况，随后扩散至企事业单位。网络安全问题再次成为全球关注的焦点。
2018 年	中美贸易战开启	对我国高端制造发展及经济增长将产生不利影响，但同时也将势必增加美国民众生活成本，推升美国通胀，制约消费，给全球经济复苏带来阴影。

资料来源：根据人民网改革开放 30 周年大型专题报道和新华网、凤凰资讯、中国社会科学网和相关文献整理汇编。

四、上海科技创新制度环境变迁的国际环境分析

(一) 政治环境

政治环境是科技创新制度变迁的重要影响因素。近年来,国际政治格局和大国之间的力量对比发生了明显变化。冷战刚刚结束时,美国唯一超级大国的地位得以稳固,欧洲各国联合势头加速,日本成为亚洲经济发展领头羊,发达国家掌控国际运行机制的制订和执行。但是,进入 21 世纪后,西方国家的整体实力出现相对削弱的迹象。美国 2003 年发动的伊拉克战争,以及其他一系列对外行为,损害了自身的国际形象,软实力有所削弱。之后,美国经济又受到次贷危机的冲击,"硬实力"也受到伤害。欧盟和日本经济发展后劲不足的问题逐渐暴露出来,人口的老龄化、数量增长缓慢甚至减少,制约了经济增长。目前,国际金融动荡对欧洲的打击甚于美国。就整体而言,发达国家信心下降,正面临越来越多的困难和压力。相比之下,中国、印度、俄罗斯、巴西、南非等诸多新兴国家,抓住了全球化的发展机遇,迅速增强国力,在国际事务中发挥着越来越大的作用。

(二) 经济环境

经济环境是科技创新制度变迁的基本推动因素。当前国际经济格局的总体特点是,美国保持其领先地位,欧盟在国际经济事务中的作用呈现增强趋势,日本及东亚经济合作加强,多极化的世界经济格局正在形成过程中。第二次世界大战结束以后,饱受战争创伤的欧洲资本主义国家百废待兴,美国成为影响世界经济的主要力量,世界经济出现单极格

局。20 世纪 60 年代以后，苏联为首的社会主义阵营经济实力增长迅速，美苏两大势力相互抗衡的两极格局逐渐形成。冷战结束以后，美国"一极独大"的格局一度恢复。欧盟东扩使其在国际经济事务中的作用呈现上升趋势。日本经济复苏，东亚经济合作加强，世界经济格局呈现由多个力量（国家）或力量中心（国家集团）不同程度地影响和决定的趋势。近年来，部分发展中国家经济发展势头强劲，引起国际社会的关注。以中国为代表的发展中国家经济实力持续增强，在国际经济格局中的地位和影响不断上升，加快了世界经济多极化进程，有助于促进国际经济秩序趋于合理。

（三）社会环境

社会环境是科技创新制度环境变迁的重要保障因素。当前世界范围内的社会环境整体上呈现平稳发展的态势，但仍存在着诸多全球性问题，这些问题包括：（1）人口数量增长过快和人口老龄化，对世界可持续安全与可持续发展均产生巨大影响；（2）环境污染和生态破坏严重制约了经济社会的可持续发展；（3）全球性资源问题日益凸显；（4）越来越严重和越来越频繁的金融危机让全世界苦不堪言；（5）国际秩序不平等严重威胁政治稳定和人类发展；（6）恐怖主义成为全球公敌；（7）"核安全"和"核安保"问题凸显；（8）能源安全已成为影响各国可持续发展及世界和平稳定的战略性问题；（9）网络安全问题已成为各国普遍面临的综合性安全挑战；（10）粮食安全对人类发展的威胁越来越大；（11）世界毒品形势严峻；（12）地区性冲突不断和自然灾害频发，导致移民、难民人数急剧增加；（13）全球公共卫生问题凸显；（14）全球贫困人数庞大，贫困问题严峻。这些问题对科技创新的发展形成诸多新的冲击，深刻影响了科技创新制度环境的变迁。①

（四）技术环境

技术环境是科技创新制度环境变迁的直接推动因素。当前，科学技术全面发展和科学理性充分发展，世界科技革命开始向更高的阶段迈进，新科技浪潮蓄势待发。新的科学发现和技术发明，特别是高技术的不断创新及其产业化，对全球化的竞争和综合国力的提高、对世界的发展和人类文明的进步产生了更加巨大而深刻的影响。社会产业结构、生产工具、劳动者素质等生产力要素和人们的生产方式、生活方式、思想观念都发生了新的革命性变化。其具体表现为：现代信息技术成为率先渗透到经济社会生活各领域的先导技术，世界进入了以信息产业为主导的新经济时代；基因技术、蛋白质工程、空间利用、海洋开发以及新材料、新能源的发展产生了一系列重大创新成果；科学技术一体化以及自然科学与社会科学日益交融成为科技发展主流；科学技术活动日趋社会化、规模化和全球化；科技经济一体化成为技术进步和社会分工发展的必然趋势；科技发展将带动相当部分国家和地区或先或后地进入知识经济社会；科技、经济、社会发展的协调关系进一步加强；科学技术将向经济、社会的各个领域广泛渗透，对社会、经济的发展产生了深刻影响；高新技术在社会生产力中的地位越来越重要，成为现代生产力中最活跃、最重要的因素；科学技术发展带来工作方式和生活方式的重大变化。这些发展直接推动了科技创新和科技创新制度环境的变迁。②

---

① 林建华：《世纪更替之际的社会变革与社会主义》，载《当代世界与社会主义》，1996 (S1)：14—18。

② 张海宁：《国际技术环境与中国的技术发展战略》，载《未来与发展》，1985 (1)：25—27。

第二节　改革开放以来国内环境变迁回顾

　　自 1978 年改革开放以来，我国已经走过 40 年的光辉历程。改革开放是当代中国发展进步和实现中国梦的必由之路。40 年前所开启的改革开放伟大革命，使得中国的面貌焕然一新，世界格局也为之改变。回首过去的 40 年，从农村到城市，从东部到西部，从经济领域到其他各个领域，谱写了中华民族自强不息、顽强奋进的壮丽史诗。40 年风雨征程，改革开放创造了令世界赞叹的"中国奇迹"。如今，中国已经成为世界第二大经济体、第一大工业国、第一大货物贸易国、第一大外汇储备国，连续多年对世界经济增长贡献率超过 30％，成为世界经济增长的主要稳定器和动力源。①回顾这 40 年的历程，中国由贫瘠到逐步富裕，从禁锢到开放，一路高歌猛进。闯出了一条新路、好路，实现了从赶上时代到引领时代的伟大跨越。从 1978 年到 2017 年，中国经济增长速度平均每年达 9.5％，经济总量占世界的份额增至 15％左右。即便近年来中国经济增速有所放缓，对世界经济增长贡献率依然超过 30％。在人类历史上，还不曾有那个国家或地区保持这么长时间、高速的经济增长。改革开放顺应了中国人民要发展、要创新、要美好生活的历史要求，符合世界各国人民对于发展、合作、和平生活的企盼。改革开放不仅深刻改变了中国，也深刻影响了世界。

---

　　①　简新：《全面增强党的建设　巩固党的执政地位》，载《现代企业》，2017（9）：20—21。

一、政治体制改革

（一）政治体制改革的提出和启动（1978—1989 年）

在总结新中国成立以来经验教训的基础上，党的第二代中央领导集体提出以党政分开为首要任务的政治体制改革，揭开改革序幕。1978 年召开的党的十一届三中全会为我国的政治体制改革开辟了新的道路。党的十一届三中全会完成了全面的拨乱反正，党的工作重心转移到经济建设上来，实现了向全面现代化的转变，社会主义现代化进程重新开始起步。[①]1980 年，邓小平同志发表《党和国家领导制度的改革》，这是指导我国政治体制改革的纲领性文献，发出改革党和国家领导制度的号召。邓小平同志明确提出改革党和国家领导制度的要求：党中央不设主席，而设总书记和书记处；改革国家领导干部职务终身制问题，领导干部要按照规定的年龄退休、离休；进行机构改革，克服官僚主义。

1982 年 1 月 13 日，邓小平同志在中央政治局讨论中央机构精简问题的会议上，发表了《精简机构是一场革命》的讲话，指出了精简机构的重大意义、原则和应注意的问题。邓小平同志在党的十二大上，总结了我国革命和建设经验，提出"建设有中国特色社会主义"的科学论断和现代化的基本方向。党的十二大明确了党在新的历史时期的总任务：团结全国各族人民，自力更生，艰苦奋斗，逐步实现工业、农业、国防和科学技术现代化，把我国建设成为高度文明、高度民主的社会主义国家。

---

① 章猷才：《新中国成立以来重大历史事件》，中共中央党校出版社 2012 年版。

当时，已把社会主义精神文明和社会主义物质文明当作社会主义两个密不可分的重要特征，并且进行了详细阐述。1982年12月4日，第五届全国人民代表大会第五次会议通过了宪法修正案。修改后的宪法，汲取了新中国成立以来的发展经验，特别是"文化大革命"的沉痛教训，保留了1954年宪法的长处，扩大了人民民主，对公民的自由和权利作了充分和明确的规定。

1984年10月，邓小平同志强调了"革命和建设都要走自己的路"，现在中国搞建设，也要把马克思列宁主义同中国实际相结合，走自己的路。1986年9月至11月，邓小平同志在一系列讲话中形成了关于我国政治体制改革的较系统的整体构想。面对改革在经济领域所取得的成就，邓小平同志谈到了政治体制改革的必要性和紧迫性。

1987年，党的十三大报告正式将政治体制改革确定为一项重要任务，确立政治体制改革的长远目标是建立高度民主、法制完备、富有效率、充满活力的社会主义政治体制。党的十三大正式提出了社会主义初级阶段理论，确立了我国经济建设"三步走"的发展战略，实现了我国国内社会稳定、政治稳定和经济发展，保证了改革开放和现代化建设的继续进行。邓小平同志特别强调指出，党的十三大阐述的中国社会主义是初级阶段的社会主义。

（二）政治体制改革的进一步发展（1989—2002年）

20世纪80年代末，国际国内发生一系列重大事件，苏联解体、东欧剧变等严峻的国内外形势对我国的政治体制改革造成了很大冲击，在一定程度上中断了我国政治体制改革的进程。党的第三代中央领导集体根据当时的形势，提出了依法治国的基本方略，积极稳妥地推进政治体制改革的发展，着力加强意识形态教育和经济调整。

1989 年 12 月，江泽民同志重申政治体制改革要坚定地继续进行下去。1991 年，江泽民同志提出建立中国特色社会主义政治的构想。1992 年，党的十四大报告明确确定了政治体制改革在整个社会主义现代化建设中的地位，必须按照民主化和法制化紧密结合的要求，积极推进政治体制改革。政治体制改革的目标，是以完善人民代表大会制度、共产党领导的多党合作与政治协商制度为主要内容，发展社会主义民主政治。从 1992 年党的十四大开始，在"以加快改革开放和现代化建设步伐，夺取中国特色社会主义事业的更大胜利"思想的指导下，不仅使现代化建设步伐进一步加快，而且在思想上还突破了姓"资"姓"社"的束缚，提出了建立社会主义市场经济体制的构想。从此，社会主义物质文明和精神文明建设得以加快推进，国内生产总值持续增长。

1997 年，党的十五大召开，在总结我国民主法制建设经验的基础上，进一步提出了依法治国的基本方略，民主法制建设的步伐明显加快。江泽民同志在党的十五大报告中指出政治体制改革要继续深入。实施"依法治国"，加强法制建设；健全民主制度，扩大基层民主选举；"发挥舆论监督的作用"，完善民主监督制度。党的十五大确立了党的社会主义初级阶段的基本纲领，总结了近 20 年改革开放和现代化建设取得成功的根本原因，全面规划了迈向 21 世纪的战略目标，提出要实现工业化和经济的社会化、市场化、现代化的伟大构想。2000 年 10 月，在《中共中央关于制定国民经济和社会发展的第十个五年计划的建议》中，第一次提出扩大公民有序的政治参与，为扩大社会主义民主明确了努力的方向。

（三）政治体制改革的深化和继续发展（2002—2012年）

以胡锦涛同志为总书记的党中央，在之前改革的基础上、在科学发展观的指导下进一步突出民主执政，将政治体制改革推向深入。在这个过程中，积累了丰富的经验，成为今后建设中国特色政治文明的宝贵财富。

2002年11月，党的十六大从社会主义现代化建设的战略全局，对政治建设和政治体制改革进行了部署。党的十六大报告提出了政治文明的概念，将发展社会主义民主政治，建设社会主义政治文明，同建设社会主义物质文明和精神文明一起，作为全面建设小康社会，实现社会主义现代化的三大基本目标之一，非常鲜明地提了出来，并且比较集中地论述政治体制改革。党的十六大对政治体制改革又作了进一步的阐述，提出"要继续积极稳妥地推进政治体制改革"。

2004年，党中央作出《中共中央关于加强党的执政能力建设的决定》的决议，这是深化政治体制改革的一个重大战略部署。2007年，胡锦涛同志在党的十七大报告中强调政治体制改革作为我国全面改革的重要组成部分，将随着经济社会发展而不断深化，深化政治体制改革必须坚持正确政治方向，发展社会主义政治文明。2009年，党的十七届四中全会提出我国将继续深化政治体制改革，全面推进社会主义经济建设、政治建设、文化建设、社会建设以及生态文明建设，全面推进党的建设新的伟大工程。

（四）政治体制改革的全面深化阶段（2012年至今）

2013年10月，党的十八届三中全会提出实行全面深化改革。2014年是全面深化改革的"开局之年"，我国的政治体制改革由此进入新的阶段。

党的十八大以来，以习近平同志为核心的党中央在全面深化改革进程中，积极稳妥推进政治体制改革，以保证人民当家作主为根本，以增强党和国家活力、调动人民积极性为目标，深入推进社会主义政治文明建设，开辟了中国特色社会主义政治发展新境界。党中央科学把握当今世界和当代中国的发展大势，顺应实践要求和人民愿望，推出一系列重大的战略举措，出台一系列重大方针政策，推进一系列重大工作，解决了许多长期想解决而没有解决的难题，办成了许多过去想办而没有办成的大事。[①] 坚定不移走中国特色社会主义政治发展道路，国家治理体系和治理能力进一步提升。党中央在形成和协调推进"四个全面"战略布局中，不断加强和改善党的领导，注重改进党的领导方式和执政方式，大力推进国家治理体系和治理能力现代化。注重加强党对各类组织单位、各级地方政权的领导，制定出台了一系列加强和改进党的建设的制度和举措，党的领导核心作用得到更好发挥。党中央始终坚持和完善根本政治制度和基本政治制度，以保证人民当家作主为根本，坚持和完善人民代表大会制度、中国共产党领导的多党合作和政治协商制度、民族区域自治制度以及基层群众自治制度，不断健全民主制度、丰富民主形式。

二、经济体制改革

（一）经济体制的改革和探索（1978—1991 年）

1978 年我国改革开放之初，对于如何启动国内经济体制改革并没有明确的认识，邓小平同志当时的讲话很形象地反映了当时的状况：摸着

---

① 程国花：《十八大以来党治国理政的新理念、新实践与新方向》，载《社会主义研究》，2016（06）：31—39。

石头过河。传统的经济体制已经不再适合生产力发展的要求，但是当时也不知道什么样的体制适合社会主义经济的发展。

1984 年，党的十二届三中全会通过的《中共中央关于经济体制改革的决定》确定了中国改革要从以农村为重点向以城市为重点的战略转移，同时明确了建设"社会主义有计划的商品经济"或"社会主义商品经济"这一改革目标。1985 年，《关于制定第七个五年计划（1986—1990）的建议》提出，要通过使企业成为自主经营自负盈亏的商品经营者、完善市场体系和建立以间接手段为主的宏观调控体系三方面互相联系的改革，"力争在今后五年或者更长一些的时间内，基本上奠定有中国特色的、充满生机和活力的社会主义经济体制的基础"。1987 年，党的十三大提出，"社会主义有计划商品经济"的"运行机制"总体上来说应当是"国家调节市场，市场引导企业"的机制。国家运用经济手段、法律手段和必要的行政手段，调节市场供求关系，创造适宜的经济和社会环境，以此引导企业正确地进行经营决策。这一时期的体制设计提出要发展商品经济，但同时又强调政府的计划和控制。

经过不断反复的实践，我国政府提出了有计划的商品经济、计划与市场内在统一等政策，中国经济改革思路逐步明确，极大地刺激了经济的发展，我国的农业和轻工业得以快速的增长，GDP 年增长率开始达到了 9.7％的水平。①

（二）探索并确立社会主义市场经济体制（1992—1996 年）

1992 年 6 月 9 日，江泽民同志在讲话中提出改革所要建立的经济体

_____

① 贺耀敏、武力：《六十年国事纪要》，湖南人民出版社 2009 年版。

制，包括"计划与市场相结合的社会主义商品经济体制"、"社会主义有计划的市场经济体制"、"社会主义的市场经济体制"等。1992 年，党的十四大正式确立社会主义市场经济体制的改革目标。1993 年 11 月召开的党的十四届三中全会根据十四大的决定，制订了建设社会主义市场经济的行动纲领——《关于建立社会主义市场经济若干问题的决定》，要求在 20 世纪末形成"统一、开放、竞争、有序的大市场"。

1994 年以后，我国经济体制改革向纵深发展，21 世纪初初步完成了建立社会主义市场经济体制的目标。民营经济所占份额提高，多种所有制经济共同发展的格局逐步形成，商品市场和要素市场形成，宏观经济管理体系建立。[①]

在这个时期内，我国的经济体制改革开始全面推进，包括按照建立现代企业制度的方向，深化国有企业改革，推进国有经济布局和结构的战略性调整；取消生产资料价格"双轨制"，进一步放开竞争性商品和服务价格，培育市场体系；国家计划管理总体上实现了从指令性计划向指导性计划的转变，构建了新型宏观调控体系，取得了重要进展。政治制度改革的同时，我国的经济快速增长，GDP 年均增长率高达 11%。

（三）社会主义市场经济的深化（1997—2012 年）

经过了长期的粗放型经济增长，增长模式固化、收入差距拉大等问题越来越突出，这些问题在 1997 年后表现得更加明显。靠地方政府的投资拉动经济已经不能适应社会的发展，"三驾马车"必须要协调拉动经

---

① 张琼妮、张明龙：《新中国经济与科技政策演变研究》，中国社会科学出版社 2017 年版。

济。我国政府根据新的发展形势，提出了全面建设小康社会、走新型工业化道路、经济结构转型、和谐社会建设等新思路。在这个阶段，我国的经济保持了9.7%的高速增长，但是资源、环境、社会等方面积累的矛盾也逐渐加剧，并引起中央重视。

从党的十六大到2020年建成比较完善的社会主义市场经济体制，这一阶段的改革日趋完善。这段时间里，我国经济经受住了国内自然灾害的重大考验，也成功应对了国际金融危机造成的不利影响，经济总量跃居到世界第二，综合国力不断增强，人民生活水平和社会保障水平大幅提高，再次证明了中国特色社会主义市场经济体制的先进性和旺盛活力。

（四）"经济新常态"（2012年至今）

党的十八大和十八届三中全会对"中国向何处去"的问题给出了正确的回答。党的十八大提出，"必须以更大的政治勇气和智慧，不失时机地深化重要领域的改革"，在政治改革方面"要加快推进社会主义民主政治的制度化"，"实现国家各项工作的法治化"。党的十八届三中全会提出，经济体制改革的"核心问题是处理好政府和市场的关系，使市场在资源配置中起决定性作用和更好地发挥政府的作用"。为了达到这个目的，就必须"大幅度减少政府对资源的直接配置，推动资源配置依据市场规则、市场价格、市场竞争，实现效益最大化和效率最优化"。"建设统一开放、竞争有序的市场体系，是使市场在资源配置中起决定性作用的基础"，必须按照上述要求加快形成"企业自主经营、公平竞争，消费者自由选择、自主消费，商品要素自由流动、平等交换的现代市场体系"。党的十八届三中全会部署的336项改革，就是围绕这些要求提出的。

"经济新常态"的核心问题是提高增长质量。现在面临的问题是，如何在确立"经济新常态"的过程中贯彻党的十八大决定。"经济新常态"有两个特征：一是"由高速增长转向中高速甚至是中速增长"；二是"由粗放发展方式转向质量效益型的集约发展方式"。①这两个基本特征都用了"转向"的说法，但是"转"的进度有明显的差别：其中前一个特征GDP 增速下降已经是既成事实，而后一个即发展模式转变，或结构改善、效率提高，还需要经过艰苦努力才能实现。

三、社会管理体制改革

（一）历史性转折中的社会关系调整（1976—1982 年）

1976 年，党中央一举粉碎"四人帮"，宣告"文化大革命"结束，也标志着一个历史转折时期的开始。从 1976 年到 1982 年，我国用了 6 年的时间逐步走出"文革"阴影，纠正了一系列"左"倾错误，总结了历史经验，开起了改革开放的新征程。在这段时间里，全国范围内开展了大规模的思想解放运动，重新确立了实事求是的思想路线。党和国家着力平反"文革"所造成的冤假错案，落实党的各项政策，有步骤地处理新中国成立以来的大量历史遗留问题，调整和落实民族宗教政策、知识分子政策、文艺界政策、侨务政策和台胞、台属政策、民主党派政策，全面调整社会关系。②

---

① 李明彧、张辉：《新常态、新机遇、新挑战：重构经济增长新动力——北京大学经济学院第四届"北大经济国富论坛"综述》，载《经济科学》，2014（06）：5—12。

② 顾亚奇、常仕本、章晓宇：《伟大的历程——中国改革开放 30 年》，中信出版社 2008年版。

1977 年恢复高考，对于当代中国教育公平的实现、社会流动的促成、个人命运的转折都是影响深远的。①1980 年 10 月，党中央原则同意下乡的知识青年可以回到故乡的城市去。次年，国务院知青工作领导小组在《二十五年来知青工作的回顾与总结》中，对知青上山下乡运动所涉及的若干重大问题给出了基本结论。

党中央停止了"以阶级斗争为纲"的口号，并把工作重心转移到社会主义现代化建设上来。作为实施工作重心转移的重大战略部署，同时决定实行对内改革和对外开放。从此，改革开放成为了我国发展的主题。同时，社会关系得到了全面调整，有效的社会政策得到恢复，农村率先启动改革，经济和社会的结构由一元转向多元，社会思潮也异常活跃。随着休养生息政策的推行和经济结构的不断调整，人民的物质生活逐步得到改善。这一阶段是党和国家具有深远意义的伟大转折的关键时期，是改革开放酝酿和起步的关键时期，奠定了我国现代化事业加速发展的基础。

（二）全面改革背景下的社会管理变革（1982—1991 年）

1982 年，党的十二大提出了我国要走自己的道路，建设中国特色的社会主义，全面开创社会主义现代化建设的新局面。此后十年最重要的特点就是对内改革、对外开放，不断探索具有中国特色的社会主义道路。

随着农村和城市改革的深入，中国自 1982 年以来的社会结构剧烈变动，农村实行政社分开与村民自治，户籍制和单位体制松动，打破"铁

---

① 《经济观察报》：《开放中国：改革的 30 年记忆》，中信出版社 2008 年版。

饭碗"和"大锅饭",社会主义新阶层出现。农村劳动力大幅流动,基层治理体系建设成绩斐然。计划生育和环境保护成为基本国策,社会综合治理体系形成。社会思潮涌动,温饱问题初步解决。大力加强社会主义精神文明建设,提倡"五讲四美三热爱",做社会主义四有新人,坚持四项基本原则,反对资本主义自由化,进行扫黄打非,坚持"两手抓,两手都要硬"。这些对我国新时期的社会建设和社会发展产生了积极深远的影响。

(三)社会主义市场经济转轨中的社会变革(1992—2002 年)

1992 年,党的十四大确立了建立社会主义市场经济体制的改革目标,我国的改革开放和社会主义现代化建设从此进入了新的阶段。这个阶段是经济高速发展的时期,是一个市场转轨的时期,也是我国的改革开放事业进一步推向前进的时期。[①]

我国经济的迅速发展,实现了人民从温饱到小康的转变。这一时期的改革发展引发了整体性的社会变迁,从个人生活方式到家庭、社区和社会组织,整个社会结构都发生了深刻的变革。人口结构和婚姻家庭类型发生变化,新阶层成长和大规模的社会流动,城镇化加速发展,社会组织得到发展。建立了多层次的社会保障制度,构建了与社会主义市场经济相适应的社会保障体系。[②]

(四)新世纪新形势下的社会建设(2002 年至今)

改革开放以来,随着工业化、城市化、信息化和市场化的推进,社

[①] 总政治部宣传部:《改革开放三十年》,解放军出版社 2008 年版。

[②] 李文:《中华人民共和国社会史(1949—2012)》,当代中国出版社 2016 年版。

会分化愈演愈烈，社会矛盾凸显，利益冲突加剧，我国进入社会建设的关键时期。中国共产党顺应民意，提出构建社会主义和谐社会的重要任务，将社会建设摆到与经济、政治、文化同等重要的位置。在科学发展观的统领下，以保障和改善民生为重点，着力解决人民最关心、最直接、最现实的利益问题。

21 世纪初，就业矛盾加剧，中共中央、国务院出台了一系列政策保障劳动就业，加大政策扶持力度，建立起覆盖城乡的公共就业体系。党的十六大以来，我国深入实施科教兴国战略和人才强国战略，教育事业取得历史性成就。①2009 年出台了新医改方案，基本医疗保障制度基本建立，实现"病有所医"迈出了关键性一步。初步建成了社会保障体系框架，形成了集行业、区域和社会政策于一体的大扶贫格局。

四、科技体制改革

（一）科学的春天（1977—1984 年）

1978 年 3 月，全国科学大会在北京隆重召开。邓小平同志作了重要讲话，明确指出"现代化的关键是科学技术现代化"，"知识分子是工人阶级的一部分"，重申了"科学技术是生产力"这一马克思主义基本观点，从而澄清了长期束缚科学技术发展的重大理论是非问题，打开了"文化大革命"以来长期禁锢知识分子的桎梏，迎来了科学的春天。中国

---

① 中共教育部党组：《人民教育奠基中国——新中国 60 年教育事业发展与改革的伟大成就》，载《求是》，2009（19）：37—39。

科学院院长郭沫若发表了《科学的春天——在全国科学大会闭幕式上的讲话》。这是在粉碎"四人帮"后百废待兴的形势下召开的一次重要会议,预示着中国的科学技术事业将由乱到治、由衰到兴,在中国科技发展史上具有里程碑意义。此次大会通过了《1978—1985 年全国科学技术发展规划纲要(草案)》。1978 年 12 月,党的十一届三中全会召开。我国从此进入了改革开放的新时期,迎来了科学的春天。①

1978 年,上海市召开科学大会,提出了"抢时间、争速度,在本世纪内把上海建成为一个具有世界先进水平的科学技术基地"的奋斗目标。至 20 世纪 80 年代前期,上海形成了以新兴技术改造传统产业,努力解决国民经济中的重大科技问题,促进现代化建设事业发展的战略。经过若干年的努力,上海工业逐步向新的技术基础转移,技术进步取得的效益已成为上海工业稳定发展的重要因素。

(二)全面启动阶段(1985—1994 年)

1985 年开始,我国的科技体制改革进入了全面实施阶段,政府对科技发展目标进行了重大调整。1988 年,邓小平同志提出"科学技术是第一生产力",指明科学技术在生产力中处于第一重要、具有决定性意义的地位。1988 年以来,先后批准建立了 53 个国家高新技术产业开发区,制定了"星火计划"、"863 计划"、"火炬计划"、"攀登计划"、重大项目攻关计划等一系列重要计划,形成了新时期我国科技工作的大格局。这段时期内,我国的科技取得重大突破,建成了正负电子对撞机等重大科学

---

① 李哲:《从"大胆吸收"到"创新驱动"——中国科技政策的演化》,科学技术文献出版社 2017 年版。

工程，秦山核电站并网发电成功，银河系列巨型计算机研制成功，长征系列火箭达到国际先进水平。

20世纪80年代，上海进一步优化科技发展思路，加强产学研结合，增强技术开发和创新的能力，以科技力量促进和推动外向型经济的发展。在技术发展上，坚持走出口型道路、集约型道路、集团型道路和知识型道路，针对扩大科研机构的自主权、实行有偿合同制的试点、推进技术市场和各种形式的科研生产联合体等方面出现的突出问题，围绕科研系统内部、科技与经济结合、科技体制改革外部环境和市场运行机制的形成而制订的系列政策和法律规定。在科技管理方面，分别制定了《上海市经济技术开发区条例》（1988）、《上海市民办科技经营机构管理办法》（1989）、《上海市"星火计划"项目暂行管理办法》（1986）等政策；在政策与资源分配方面，制定了《上海市科学技术拨款管理办法》（1986）、《上海市自然科学基金试行条例》（1987）、《上海市合理化建议和技术改进奖励实施办法》（1987）、《上海市科学技术进步奖励的规定》（1986）等政策；在科技服务方面，制定了《上海市科技咨询管理办法（试行）》（1986）、《上海市技术服务和技术培训管理办法》（1986）等政策；在知识产权方面，制定了《上海市专利许可合同管理办法》（1987）、《上海市专利纠纷调处暂行办法》（1988）等政策。

20世纪90年代以来，世界新科技革命引发并有力推动高新技术产业发展，上海科技创新重点面向成果转化和高新技术产业化。1990年，上海市人大通过《上海市漕河泾新兴技术开发区暂行条例》，这是我国第一部高新技术产业开发区地方法律。随着1992年开发开放浦东，中共上海市委、市政府做出《关于发展科学技术、依靠科技进步振兴上海经济的决定》，对发展高新技术产业等进行了全面部署。上海科技工作以大力发展高新技术产业、促进上海产业结构调整为战略目标，加速高新技术向产业转移，构建与上海功能定位相适应的高新技术产业发展总体框架。从此之后，上海的科技事业进入全面发展的时代。[①]

（三）深化调整阶段（1995—2005 年）

1995 年 5 月，全国科学技术大会在北京召开。江泽民同志发表重要讲话，号召全党和全国人民，全面落实邓小平同志"科技是第一生产力"的思想，投身于实施科教兴国战略的伟大事业，加速全社会的科技进步，为胜利实现我国现代化建设的第二步和第三步战略目标而努力奋斗。会议要求各级党委和政府要认真贯彻《中共中央、国务院关于加速科学技术进步的决定》和《中共中央、国务院关于加强科学技术普及工作的若干意见》，实施好《中国教育改革和发展纲要》，结合各地、各部门的实际，真正把实施科教兴国战略落到实处。这是 1978 年全国科学大会之后，我国科技事业发展进程中的重要里程碑。

1997 年，我国政府批准了中国科学院关于建设国家创新体系的方案，投资实施知识创新工程。1998 年 6 月，国家科技教育领导小组成立，表明我国从更高的层次上加强对科技工作的宏观指导和整体协调。1999 年 8 月，中共中央、国务院在北京召开全国技术创新大会，会议主要任务是部署贯彻落实《中共中央、国务院关于加强技术创新，发展高新技术，实现产业化的决定》，进一步实施科教兴国战略，建设国家知识创新体系，加速科技成果向现实生产力转化，提高我国经济的整体素质和综

---

① 刘瑾：《上海市科技创新制度环境研究》，上海工程技术大学，2015 年。

合国力，保证社会主义现代化建设第三步战略目标的顺利实现，提出要努力在科技进步与创新上取得突破性进展。①

这一时期内，取得的主要成果有：中国科学家完成了人类基因组计划的1‰基因绘制图，在世界上首次构建成功水稻基因组物理全图；长江三峡水利枢纽多项指标都突破了世界水利工程的纪录；神舟五号载人飞船发射成功并顺利返回。

20世纪90年代中期，上海经济的增长方式逐步从粗放型向集约型转型。1995年，出台了《关于加速上海科技进步的若干意见》，对实施"科教兴市"战略、促进经济发展和社会全面进步等方面做出规定。1996年，上海市人大颁布《上海市科学技术进步条例》，全面规范和完善上海市科技进步工作的法律环境。1997年出台《中共上海市委、上海市人民政府关于加快本市高科技产业发展的若干意见》。1998年，中共上海市委、市政府发布《上海市促进高新技术成果转化的若干规定》（简称"18条"），这是上海促进高新技术成果转化的标志性文件，其推动效力在全国起到示范作用。此后，又出台《关于上海市高新技术产业开发区深化改革的意见的通知》、《上海市高新技术产业开发区外高新技术企业认定程序（暂行）》、《上海市促进张江高科技园区发展的若干规定》等，为上海张江高新区的建设和发展创造条件。上海根据"科教兴市"战略，确立了科技发展的具体战略目标和任务，一是以市场为导向的科技经济一体化战略；二是突出"高起点、强辐射、大跨度"的技术创新战略；三是抓重点、抓突破、抓制高点的赶超战略；四是实施深化改革和加快

---

① 李凡：《技术创新政策研究演进》，经济管理出版社2016年版。

发展的协同推进战略。四个具体战略的核心目标是构建"一流科技",与构建上海"一流城市"相适应,加快了上海建设国际经济、金融、贸易中心的步伐。

21 世纪以来,随着经济全球化和科技进步的加速、我国加入世界贸易组织,上海致力于创新体系的构建以及创新价值链的完善,上海科技创新事业进入一个全新的发展阶段。上海确定了进入 21 世纪科技发展的战略思路,以"融入全国、融入世界"思想为指导,抓住"提升城市综合竞争力"这一主线,坚持"体制创新与科技创新的结合、抢占科技制高点与培育经济增长点相结合、政府推动与发挥市场机制作用相结合"。2004 年 7 月,科技部与上海市人民政府正式签署"工作会商制度"议定书,上海成为科技部最早一批开展"部省(市)合作"的地区之一。此后,陆续推出《上海实施科教兴市战略行动纲要》、《实施人才强市战略行动纲要》以及《知识产权战略纲要》等重要文件,为增强城市综合竞争力提供了保障。同时,为贯彻落实国务院《关于实施〈国家中长期科学和技术发展规划纲要〉的若干配套政策》,2006 年 5 月,上海颁布了科技创新"36 条"政策。

(四)科技发展新时期(2006 年至今)

2006 年 1 月,全国科学技术大会召开,这是党中央、国务院在 21 世纪召开的第一次全国科技大会,是全面贯彻落实科学发展观,部署实施《国家中长期科学和技术发展规划纲要(2006—2020 年)》,加强自主创新、建设创新型国家的动员大会。胡锦涛同志提出,要推动中国经济增长从资源依赖型转向创新驱动型,推动经济社会发展切实转入科学发展轨道,到 2020 年,使我国的自主创新能力显著增强,进入创新型国家行列，为全面建设小康社会提供强有力的支撑。党中央、国务院作出的建设创新型国家的决策，是事关社会主义现代化建设全局的重大战略决策。

2006年2月，中共中央、国务院发布《国家中长期科学和技术发展规划纲要（2006—2020年）》，提出到2020年，全社会科技研发经费年投入总量将超过9 000亿元，投入水平位居世界前列，企业将成为科技创新主体。纲要确定；到2010年，全社会研究开发投入占国内生产总值（GDP）的比重将提高到2％；到2020年，这一比例将达到2.5％以上。要推动企业特别是大企业建立研发机构，同时在财税政策和建立研发平台上给予企业大力支持。

2012年7月，党中央、国务院在京召开全国科技创新大会。大会分析了科技工作面临的新形势、新任务，对加快国家创新体系和创新型国家建设、推动科技事业又好又快发展提出一系列指导意见。

2016年5月，全国科技创新大会、中国科学院第十八次院士大会和中国工程院第十三次院士大会、中国科学技术协会第九次全国代表大会在人民大会堂隆重召开。习近平总书记指出，我国科技事业发展的目标是，到2020年时使我国进入创新型国家行列，到2030年时使我国进入创新型国家前列，到新中国成立100年时使我国成为世界科技强国。改革开放以来经过不懈努力，我国科技整体能力持续提升，科技发展取得举世瞩目的成就。

2006年以来，上海确立了科技发展的重要战略目标和任务，围绕国家科技创新部署和建设创新型国家的总体战略布局，以增强自主创新能力和知识竞争力为手段，构建良好的创新体系，实施支撑产业结构优化升级、支撑可持续发展、支撑城市功能提升。上海的科技创新机制为转型发展插上翅膀，"五位一体"创新体系形成创新生态，科技整体实力稳步提升。

　　近年来，上海根据创新驱动、转型发展的根本要求，深入实施科教兴市、人才强市战略，抢占科技制高点，努力提高自主创新能力，建设更具活力的创新型城市。新能源、民用航空、先进重大装备、新材料等战略性新兴产业加快培育，极大规模集成电路制造装备、新一代宽带无线移动通讯网等一批重大专项成果实现产业化，拥有完全自主知识产权的飞机 ARJ21-700 飞机成功首飞。上海不断抢占一个个科技制高点。

第二章 科技金融、财政科技投入、税收制度变迁分析

在科技创新制度环境的形成和发展过程中，经济因素发挥着重要的作用。对于创新主体而言，科技金融、财政科技投入、税收制度等在影响其创新活动方向和结果方面的作用尤为明显。

第一节 我国科技金融制度、财政科技投入制度变迁回顾

一、我国科技金融制度变迁回顾

在 1988 年发表的《对建立科技金融市场的构想》一文中"科技金融"最早作为专门词汇出现，这一表述被政府部门正式采用是在 1993 年，深圳市科技局发布《科技金融携手合作扶持高新技术企业》的文件。[1]

---

[1] 郑南磊：《科技金融：起源、措施与发展逻辑（上）》，载《公司金融研究》，2017（1）。

科技金融从最初仅为科技和金融的结合，到现在成为企业转型升级以及国家经济持续发展的重要抓手，其发展经历了三个主要阶段。

（一）以科技信贷为主的发展阶段（1985—1994 年）

1978 年党的十一届三中全会召开，做出改革开放的决定，计划经济体制转向市场经济体制发展，但是科技投入领域仍是由政府主导的高度集中的计划管理体制，以财政拨付为科技资金投入的主要方式。[①]

"文化大革命"之后，首要任务是思想上的拨乱反正。在科技方面，邓小平同志强调"科学技术是生产力"，为科研工作指明方向，全国范围内的科研机构短期内迅速增多，给国家财政增加了压力，同时还面临着科研机构水平低下、缺乏高水平科研人员的问题。[②]当时在科技工作领域，我国的对外交流开展的较早，从 1977 年到 1984 年期间，我国科技界就出访了德国、日本、法国等国家。[③]1984 年，党的十二届三中全会做出关于经济体制改革的决定，进一步激发了全社会的科技创新活力。但是，科技与经济脱节的问题日益显现，直接影响着科学技术的发展，科技体制改革势在必行。

1985 年，《中共中央关于科学技术体制改革的决定》提出，"改变对研究机构的拨款制度，按照不同类型科学技术活动的特点，实行经费的分类管理"，在科技金融方面要求"广开经费来源，鼓励部门、企业和社

---

① 林伟光：《我国科技金融发展研究》，暨南大学，2014 年。

② 李真真、王超：《科技体制改革的历史背景与战略选择》，载《自然辩证法通讯》，2015，37（1）：123。

③ 王冠丽：《〈科学技术体制改革的决定〉出台的前前后后——前国家科委副主任吴明瑜回忆〈决定〉的制订与内容详释》，载《科技中国》，2005（3）：78—81。

会集团向科学技术投资"，"对于变化迅速、风险较大的高技术开发工作，可以设立创业投资给以支持"，"银行要积极开展科学技术信贷业务，并对科学技术经费的使用进行监督管理"。

这一阶段的金融体系也进入探索市场化的阶段。国务院颁发的《中华人民共和国银行管理暂行条例》（国发〔1986〕1 号）明确规定中国人民银行的中央银行职能、商业银行和其他非银行金融机构的经营范围。在金融机构方面，形成了国家专业银行的基本框架，非银行金融机构也有了较大的发展。上交所、深交所相继建立，我国资本市场初步形成；国务院证券委员会、中国证监会成立，中国证券市场统一监管体制得以建立，我国金融业正式开始"分业经营、分业监管"。正是这些一系列的制度创新和金融体系的初步建立，形成了科技金融发展的重要基础。

为贯彻《中共中央关于科学技术体制改革的决定》，支持科学技术事业的发展，中国人民银行、国务院科技领导小组办公室发布了《关于积极开展科技信贷的联合通知》，推进了科技信贷的发展。科技开发贷款业务由中国工商银行率先开办，并成为最早的科技金融工具。1991 年，国家科委、中国银行发布《关于办理科技开发贷款的若干规定（试行）》（中银信〔1991〕72 号），形成由国家科委和银行共同管理科技开发贷款的申请、审批、联合下发科技贷款的管理制度。这一时期，信贷工具也应用于国家科技计划方面，"国家星火计划"、"国家火炬计划"等国家级项目的国家匹配资金主要来自银行和有关金融机构的贷款。①

---

① 吴莹：《中国科技金融的体系构建与政策选择》，武汉大学，2010 年。

（二）以科技资本为主的发展阶段（1995—2005 年）

1995 年"科教兴国战略"的提出，增强了全社会对于"科学技术是第一生产力"的认识，加强国家科技创新体系建设，主要趋势是加速科技成果产业化，创新主体由科研专业机构逐步转变为企业。

在经济体制改革和金融体制改革的背景下，全国各地经济发展过热，加上 1997 年亚洲金融危机的爆发，国家开始重视金融安全，清理整顿各类金融机构，并进一步深化金融体制改革，于 1997 年召开了第一次全国金融工作会议，改进金融调控方式。商业银行开始"自主经营、自担风险、自负盈亏、自我约束"，包括之前党的十四届三中全会提出"建立政策性银行，实行政策性业务与商业性业务分离"的改革措施，正是在这一背景下，银行取消了科技开发贷款指标，科技贷款发展进入调整期。

1998 年和 1999 年国家在银行商业化改革、金融市场的拓展等市场化调控手段的运用方面取得突破性进展，资本市场趋向于市场运作。国家在这一阶段启动了科研机构转制，造就了一批高新技术企业，在当时股票发行采取"指标制"情况下，高新技术企业只能"买壳上市"融资，直接上市融资成为迫切需要。资本市场有了很大的发展，成为新的科技金融发展工具，如第一批高新技术开发区债券于 1998 年发行，我国第一家高新技术企业于 1999 年上市融资。此阶段的科技资本体系包含股票市场融资、债券市场融资、中小企业板市场推出、创业投资基金投资等。

1999 年 8 月，《中共中央、国务院关于加强技术创新、发展高科技、实现产业化的决定》明确提出，"促进企业成为技术创新的主体，全面提高企业技术创新能力……企业的生存和发展，必须以市场为导向，加强技术研究开发和科技成果的转化与应用"；"实施金融扶持政策。金融机构要充分发挥信贷的支持作用，积极探索多种行之有效的途径，改进对科技型企业的信贷服务……要培育有利于高新技术产业发展的资本市场，逐步建立风险投资机制，发展风险投资公司和风险投资基金等。"之后不久发布的《关于建立风险投资机制的若干意见》中对风险投资给出明确定义，促进科技资源与金融资本的多形式合作。

在科技信贷方面，这一阶段的发展主要是打包贷款，依托国家科学计划，利用与国家银行的紧密合作加大科技型中小企业的金融扶持力度，这是新型信贷工具探索的开始。

（三）科技金融全面协调发展阶段（2006年至今）

2006年开始实施《国家中长期科学和技术发展规划纲要（2006—2020年）》（国发〔2005〕44号），推动企业成为技术创新的主体，努力建设创新型国家。之后，国务院颁布关于实施《国家中长期科学和技术发展规划纲要（2006—2020年）》若干配套政策的通知（国发〔2006〕6号），《通知》中明确了银行、创业风险投资、资本市场、保险、担保等多种形式金融配套支持。

国发〔2005〕44号和国发〔2006〕6号对国家中长期科学和技术发展做出了总体部署，中央和各部门纷纷出台具体指导意见、实施细则等以贯彻规划的实施，科技金融进入快速发展阶段。中央及各部门先后出台多项政策，涉及政策性金融、商业性科技贷款、科技保险、创业投资、资本市场等多方面内容。

表 2.1　2006 年至今的国家科技金融政策

类型	名　　　称	文　　号
政策性金融	《国家开发银行高新技术领域软贷款实施细则》	开行发〔2006〕399 号
	《中国进出口银行支持高新技术企业发展特别融资账户实施细则》	进出银〔2006〕120 号
	《中国银行业监督管理委员会关于印发〈支持国家重大科技项目政策性金融政策实施细则〉的通知》	银监发〔2006〕95 号
科技贷款	《中国银行业监督管理委员会关于商业银行改善和加强对高新技术企业金融服务的指导意见》	银监发〔2006〕94 号
	《国家开发银行、科技部关于对创新型试点企业进行重点融资支持的通知》	开行发〔2007〕225 号
	《关于进一步加大对科技型中小企业信贷支持的指导意见》	银监发〔2009〕37 号
	《关于开展科技专家参与科技型中小企业贷款项目评审工作的通知》	国科发财〔2010〕44 号
	《关于加强知识产权质押融资与评估管理支持中小企业发展的通知》	财企〔2010〕199 号
	《中国银监会、科技部、中国人民银行关于支持银行业金融机构加大创新力度开展科创企业投贷联动试点的指导意见》	银监发〔2016〕14 号
科技保险	《财政部关于进一步支持出口信用保险为高新技术企业提供服务的通知》	财金〔2006〕118 号
	《关于加强和改善对高新技术企业保险服务有关问题的通知》	保监发〔2006〕129 号
	《关于进一步发挥信用保险作用支持高新技术企业发展有关问题的通知》	国科发财字〔2007〕254 号
	《关于开展科技保险创新试点工作的通知》	国科办财字〔2007〕24 号
	《科技部、中国保监会关于确定成都市等第二批科技保险创新试点城市（区）的通知》	国科发财〔2008〕521 号
	《关于进一步做好科技保险有关工作的通知》	保监发〔2010〕31 号
	《中国保监会关于保险资金投资创业投资基金有关事项的通知》	保监发〔2014〕101 号

续表

类型	名　　　称	文　　号
创业投资	《财政部国家发展改革委关于印发〈产业技术研究与开发资金试行创业风险投资管理工作规程（试行）〉的通知》	财建〔2007〕953 号
	《财政部、科技部关于印发〈科技型中小企业创业投资引导基金管理暂行办法〉的通知》	财企〔2007〕128 号
	《国务院办公厅转发发展改革委等部门关于创业投资引导基金规范设立与运作指导意见的通知》	国办发〔2008〕116 号
	《财政部、科技部关于印发〈科技型中小企业创业投资引导基金股权投资收入收缴暂行办法〉的通知》	财企〔2010〕361 号
	《关于印发〈新兴产业创投计划参股创业投资基金管理暂行办法〉的通知》	财建〔2011〕668 号
	《国家科技成果转化引导基金管理暂行办法》	财教〔2011〕289 号
	《科技部关于进一步鼓励和引导民间资本进入科技创新领域的意见》	国科发财〔2012〕739 号
	《国务院关于促进创业投资持续健康发展的若干意见》	国发〔2016〕53 号
资本市场	《关于印发建立和完善知识产权交易市场指导意见的通知》	发改企业〔2007〕3371 号
	《证券公司代办股份转让系统中关村科技园区非上市股份有限公司股份报价转让试点办法（暂行）》	2009 年
	《首次公开发行股票并在创业板上市管理暂行办法》	中国证券监督管理委员会令第 61 号（2009 年）
	《首次公开发行股票并在创业板上市管理办法》	中国证券监督管理委员会令第 99 号（2014 年）
	《关于修改〈首次公开发行股票并在创业板上市管理办法〉的决定》	中国证券监督管理委员会令第 123 号（2016 年）
科技成果转化	《国家科技成果转化引导基金管理暂行办法》	财教〔2011〕289 号
	《科技部、财政部关于印发〈国家科技成果转化引导基金设立创业投资子基金管理暂行办法〉的通知》	国科发财〔2014〕229 号
	《科技部、财政部关于印发〈国家科技成果转化引导基金贷款风险补偿管理暂行办法〉的通知》	国科发资〔2015〕417 号

类型	名　　　　称	文　　号
互联网金融	《人民银行等十部门发布〈关于促进互联网金融健康发展的指导意见〉（银发〔2015〕221 号）》	银发〔2015〕221 号
	《国务院办公厅关于印发互联网金融风险专项整治工作实施方案的通知》	国办发〔2016〕21 号
综合	《关于印发关于支持中小企业技术创新的若干政策的通知》	发改企业〔2007〕2797 号
	《关于印发促进科技和金融结合试点实施方案的通知》	国科发财〔2010〕720 号
	《关于确定首批开展促进科技和金融结合试点地区的通知》	国科发财〔2011〕539 号
	《科技部等部委〈关于促进科技和金融结合加快实施自主创新战略的若干意见〉》	国科发财〔2011〕540 号
	《科技部关于印发地方促进科技和金融结合试点方案提纲的通知》	国科办财〔2011〕22 号
	《中国人民银行、科技部、银监会、证监会、保监会、知识产权局关于大力推进体制机制创新，扎实做好科技金融服务的意见》	银发〔2014〕9 号

1. 科技贷款

政策性贷款力度增大，《支持国家重大科技项目政策性金融政策实施细则》（银监发〔2006〕95 号）规定国家开发银行发放软贷款支持国家科学技术发展规划的实施，同时加强风险控制，确保贷款安全。2007 年科技部与国家开发银行签署的贷款总额为 500 亿元的《"十一五"期间支持自主创新开发性金融合作协议》，是《规划纲要》配套政策第一条得到落实的金融政策，科技创新获得政策性贷款支持。除此之外，还有中国进出口银行设立支持高新技术企业发展特别融资账户扶持中小型高新技术企业发展，提高我国高新技术企业的国际竞争力；国家开发银行出台高新技术领域软贷款实施细则（开行发〔2006〕399 号）等。另外，商业科技贷款力度增大，广东省、云南省等省的科技厅不仅与国家开发银行分行签订《科技与开发性金融合作协议》，也与招商银行等商业性银行签订战略合作协议。

科技金融的传统业务是科技贷款，但对于科技型中小企业而言，银行风险管理能力不足成为阻碍其融资的因素，而为了进一步促进科技型中小企业的发展，知识产权质押和股权质押被认为是科技贷款的突破点，2008年以来知识产权质押融资试点工作开展，并通过《关于加强知识产权质押融资与评估管理支持中小企业发展的通知》（财企〔2010〕199号）完善知识产权质押评估管理体系，支持中小企业创新发展，加快经济发展方式转变。

银行在促进科技金融发展方面，除了接受更多类型的抵质押和担保等措施之外还探索投贷联动的方式。商业银行开展投贷联动的方式也在不断发展，最初是以与私募股权、风险投资投资机构合作的方式，如今发展到创新业务如选择权贷款等方式向企业提供资金支持。

2. 科技保险

2006年，国家陆续出台《关于进一步支持出口信用保险为高新技术企业提供服务的通知》（财金〔2006〕118号）、《关于加强和改善对高新技术企业保险服务有关问题的通知》（保监发〔2006〕129号）、《关于进一步发挥信用保险作用支持高新技术企业发展有关问题的通知》（国科发财字〔2007〕254号）等文件，明确了科技保险在税收政策方面的优惠。2007年《关于开展科技保险创新试点工作的通知》（国科办财字〔2007〕24号）颁布，我国开始试点科技保险发展的新模式，首批推出了高新技术企业产品研发责保险、营业中断保险、出口信用保险等险种，不断扩大科技保险业务，推动了科技保险事业的发展。自试点以来，科技保险的产品逐步丰富，承保范围逐步扩大。为进一步发挥科技保险的功能作用，支持国家自主创新战略的实施，中国保监会和科技部共同下发《关于进一步做好科技保险有关工作的通知》（保监发［2010］31 号），科技保险正式在全国范围内推广。

3. 创业投资

近年来，创业投资越来越受到各方面的关注和重视。一方面，国家陆续出台政策鼓励创业投资，如《关于印发产业技术研究与开发资金试行创业风险投资管理工作规程（试行）的通知》（财建［2007］953 号）、《关于进一步鼓励和引导民间资本进入科技创新领域的意见》（国科发财［2012］739 号）。另一方面，政策引导力度逐步加大，开始设立科技金融创新示范区、设立创业投资引导基金。国家自主创新示范区在全国范围内建立起来，如中关村国家自主创新示范区、张江国家自主创新示范区等；创业投资引导基金、科技型中小企业创业投资引导基金开始运行，通过引导和鼓励创业投资企业投资处于种子期、起步期等创业早期的企业，弥补一般创业投资企业主要投资于成长期、成熟期和重建企业的不足。

另外，为了加速推动科技成果转化与应用，引导社会力量加大科技成果转化投入，中央财政于 2011 年设立国家科技成果转化引导基金，通过设立创业投资子基金、贷款风险补偿和绩效奖励等方式支持利用财政性资金形成的科技成果转化。①之后出台关于创业投资子基金和贷款风险

---

① 本刊专题报道：《我国金融政策支持科技成果转化效果明显——兼述〈关于实施"国家中长期科学和技术发展规划纲要（2006—2020 年）"的若干配套政策〉实施进展》，载《科技促进发展》，2015（1）：82—89。

补偿管理办法，做出相关具体规定。

4. 资本市场

2009 年《证券公司代办股份转让系统中关村科技园区非上市股份有限公司股份报价转让试点办法（暂行）》实施后，形成"新三板"市场；《首次公开发行股票并在创业板上市管理暂行办法》则推出了创业板市场，并一再修改完善，由此形成由场内市场的主板（含中小板）、创业板，以及场外市场的全国中小企业股份转让系统（即"新三板"）、区域性股权交易市场和证券公司主导的柜台市场共同组成的多层次、多元化资本市场体系，为科技创新提供更加有力的资金支持。

5. 其他科技金融业态

科技租赁、信托、互联网金融等科技金融业态在我国起步相对较晚。近年来，国家政策方面开始关注其发展，包括提出推动建立专业化的科技融资租赁公司，支持专业化的科技担保公司发展，充分利用信托贷款和融资租赁等多种方式的组合，拓宽科技型中小企业融资渠道。互联网金融虽然在我国起步较晚，但发展迅猛，包括第三方网络支付平台、P2P 网络借贷、网络众筹等方式，国家出台了一系列相关政策以指导互联网金融健康发展。①

在科技金融市场全面发展的同时，中央政府各部门大力推进科技和金融的结合，出台《关于印发促进科技和金融结合试点实施方案的通知》

---

① 郑南磊：《科技金融：起源、措施与发展逻辑（下）》，载《公司金融研究》，2017（Z1）：74—112。

（国科发财〔2010〕720 号）；2011 年，为实现国家"十二五"规划，《关于印发地方促进科技和金融结合试点方案提纲的通知》（国科办财〔2011〕22 号）、《关于促进科技和金融结合加快实施自主创新战略的若干意见》（国科发财〔2011〕540 号）等文件陆续出台以促进科技和金融结合的试点，实施自主创新战略，加快建设创新型国家。

二、我国财政科技投入制度变迁回顾

改革开放以来，财政科技投入一直在提高我国的科技创新能力方面发挥了积极作用，从完全由政府主导的财政科技投入制度到发展为多元化多渠道的体系、以企业为主体的科技投入格局经历了以下五个阶段：

（一）恢复阶段（1978—1985 年）

1978 年，邓小平同志受命于危难之中，召开全国科学大会，论证了"科学技术是生产力"的观点，科研事业迎来了"科学的春天"。在这一阶段，我国科技工作开始全面恢复，但是当时我国的科技体制继续沿用苏联式的科技管理模式，科技管理完全由政府主导，科研计划完全依靠政府指令。

这一阶段国家财政科技拨款总体持续增长，政府财政科技拨款总额 1978 年仅为 52.89 亿元，1985 年增加为 102.56 亿元。1982 年"六五科技攻关计划"——首个国家科技攻关计划得以制定，通过专项拨款的方式实施，政府财政科技投入开始以科技计划为主要实现方式。这一阶段是我国科技体制改革的试点和摸索阶段，开始尝试扩大科研机构的自主权，试点推行科研责任制和合同制。[①]

（二）启动追赶阶段（1986—1994 年）

1985 年，《中共中央关于科学技术体制改革的决定》发布，我国科学技术体制改革全面开始，根据"经济建设必须依靠科学技术、科学技术工作必须面向经济建设"的战略方针，我国科学技术体制从高度集中的科技管理模式转向支持市场化的科技体制发展。在财政科技投入方面，改革对研究机构的拨款制度，按照不同类型科学技术活动的特点，实行经费的分类管理。

1986 年，根据《国务院关于科学技术拨款管理的暂行规定》（国发〔1986〕112 号），科技拨款制度改革启动并开始实施相应的配套措施。我国对研究机构的拨款制度进行改革，对于技术开发类型的科研单位，逐步推行技术合同制；同年，国家自然科学基金委员会成立，对基础研究类型的科研机构实行科学基金制，鼓励基础研究机构由多渠道获得科研经费。政府科技投入进一步加大，主要通过科技计划实现，大幅度减少机构支持方式的财政投入。"863 计划"、"火炬计划"、"攀登计划"等国家科技计划先后实施，国家安排财政专项资金支持，改革原本的科技管理机制，引入竞争机制、专家参与等方式，初步建立适应社会主义市场经济的新型科技计划管理体制。[②]1993 年通过了《中华人民共和国科学技术进步法》，财政科技投入的相关政策在国家法律层面上得到确定，这是一部堪称中国科学技术领域基本法的法律。

---

① 李淑敏：《新时期我国科技价值观与科技投入政策研究》，郑州大学，2011 年。

② 张勤芬：《公共财政促进科技创新的作用与政策研究》，上海社会科学院，2009 年。

我国科学研究支出相对指标在 20 世纪 90 年代后迅速下滑，尤其是 1990—1995 年期间。原因是多方面的，如宏观经济、科技投入体制等方面的原因，人们观念改变、国家财力不足等原因。在科技投入体制方面，随着对市场化认识的不断加深，政府的科技管理更多呈现指导性而非指令性特点，财政科技投入体制向着适应市场经济要求的方向转变。政府在财政科技投入体制方面角色的转变弱化了直接介入科技事业的力度，数据表现即为有关指标的下滑。[1]

（三）全面改革阶段（1995—2005 年）

科教兴国战略的提出，要求"在科学技术是第一生产力思想的指导下……把经济建设转移到依靠科技进步和提高劳动者素质的轨道上来"，国家全面推进经济与科技的结合，真正从体制上解决科技与经济脱节、科研机构力量分散的状况，促使企业逐步成为技术创新的主体。这一阶段财政科技投入力度持续加大，涉及范围更加广泛。

1998 年以后，我国进行了大规模的科研机构转制。为支持科研机构转制，政府采取了财政拨款、税收优惠等政策。如 5 年内免征从事技术转让等业务取得收入的营业税、免征城镇土地使用税、企业所得税。

为提高自主创新能力，这一阶段国家有计划地加大对重点基础研究（如新启动的"973 计划"）和科学基金的投入，重点基地、基础设施建设安排专项基金，并制定相应的法律政策，规范财政投入经费的管理，引导多方对基础研究、科学基金的投入，如《国家重点基础研究专项经费财务管理办法》（国科发财字〔1998〕508 号）、《国家高

---

[1]　孙晓峰：《促进科技进步的财政政策研究》，东北财经大学，2001 年。

技术研究发展计划专项经费管理办法》（财教〔2001〕207号）、《国家自然科学基金项目资助经费管理办法》（财教〔2002〕65号）。

这一阶段推动科技体制改革的一项重要举措是国家科技计划开始采用课题制管理，以建立和完善科学的科研管理制度体系，提高科技资金的使用效益。陆续出台《科技部科技计划管理费管理试行办法》（国科发财字〔2005〕484号）、《关于严肃财经纪律　规范国家科技计划课题经费使用和加强监管的通知》（国科发财字〔2005〕462号）等规范经费使用的具体管理办法。

财政科技投入逐渐形成基金投入的一种方式。①1999年设立支持科技型中小企业技术创新、促进科技成果转化的专项资金——科技型中小企业技术创新基金，财政性基金鼓励引导来自企业、金融机构等多元化的资金投入，通过专业化管理提高财政性资金效率。

国家加大财政科技投入还包含推进科技企业孵化器建设，以财政经费支持科技成果转化等方面。

（四）支持自主创新阶段（2006—2013年）

2006年，《国家中长期科学和技术发展规划纲要（2006—2020年）》和《实施〈国家中长期科学和技术发展规划纲要（2006—2020年）〉的若干配套政策》颁布实施，明确了之后15年科技工作的指导方针是：自主创新，重点跨越，支撑发展，引领未来。确定了到2020年我国科学技术发展的总体目标：自主创新能力显著增强，科技促进经济社会发展和

---

①　王琦：《我国财政科技投入的几种方式比较》，载《经济研究导刊》，2013（20）：152—153。

保障国家安全的能力显著增强，为全面建设小康社会提供强有力的支撑；基础科学和前沿技术研究综合实力显著增强，取得一批在世界具有重大影响的科学技术成果，进入创新型国家行列，为在本世纪中叶成为世界科技强国奠定基础。并为接下来的科技投入政策指明了方向：大幅度增加科技投入、保障重大专项的顺利实施、优化财政科技投入结构、创新财政科技投入管理机制等，推进国家创新体系建设。2006 年 8 月，国务院办公厅转发财政部、科技部《关于改进和加强中央财政科技经费管理若干意见》（国办发〔2006〕56 号），我国科技经费管理体制改革得以进一步深化。

目前，我国中央财政科技投入主要分为五大类：

一是国家科技计划经费。在市场机制不能有效配置的领域，如基础研究、前沿技术研究、社会公益研究等，政府加大投入，在国家高技术研究发展计划（"863 计划"）、国家科技支撑计划、国家科技重大专项及国家科学基金等方面出台具体资金使用办法，以规范财政投入资金的管理和使用，提高资金使用效益。

二是基本科研业务费。中央财政从 2006 年设立"公益性科研院所基本科研业务费专项资金"，促进科研院所持续创新能力的提升，充分发挥科研院所在国家创新体系中的骨干和引领作用。中央财政从 2008 年起设立"中央高校基本科研业务费专项资金"，支持高校自主开展研究，以提升高等学校自主创新能力和高层次人才培养水平。当年，试点资助高校包括北京大学等 14 所高校；次年，资助范围扩大到包括教育部直属高校在内的 92 所中央高校。随后，资助范围进一步扩大，资助金额逐年提升。

三是公益性行业科研经费。《公益性行业科研专项经费管理试行办法》（财教〔2006〕219）支持开展公益性行业科研工作，中央财政设立公益性行业科研专项经费。

四是科研机构运行经费。主要用于从事基础研究和社会公益研究的科研机构的运行保障。

五是科研条件建设经费。主要有《中央级科学事业单位修缮购置专项资金管理办法》（财教〔2006〕118号）、《关于改进和加强重大技术装备研制经费管理的若干意见》（财建〔2007〕1号）等文件规范用于支持科研基础设施建设、科研机构基础设施维修和科研仪器设备购置、科技基础条件平台建设等的经费。

（五）优化整合阶段（2014年至今）

《国家中长期科学和技术发展规划纲要（2006—2020年）》实施以来，我国的财政科技投入大幅度增加，科研项目和资金管理不断改进，促进了科技事业的发展。但是，同时也存在科技资源配置分散、资金使用效率低等突出问题。面对财政科技投入发展新的形势，《中共中央、国务院关于深化科技体制改革加快国家创新体系建设的意见》（中发〔2012〕6号）明确指出推进科技项目管理改革、完善科技经费管理制度。

2014年，国务院印发《关于改进加强中央财政科研项目和资金管理的若干意见》（国发〔2014〕11号），对改革科研项目的分类管理、管理流程和资金管理等方面进行说明；印发《关于深化中央财政科技计划（专项、基金等）管理改革的方案》（国发〔2014〕64号），旨在优化中央财政科技计划（专项、基金等）布局，整合形成五类科技计划（专项、基金等）：国家自然科学基金、国家科技重大专项、国家重点研发计划、技术创新引导专项（基金）以及基地和人才专项，并建立公开统一的国家科技管理平台。

经过三年的改革过渡期，全面按照优化整合后的五类科技计划（专项、基金等）运行，上一阶段的各类科技计划（专项、基金等）经费渠道不再保留。同时，科技计划（专项、基金等）和资金管理制度等各项科技管理制度得以进一步完善，陆续出台《国家自然科学基金资助项目资金管理办法》（财教〔2015〕15 号）、《国家重点研发计划资金管理办法》（财科教〔2016〕113 号）、《中央高校基本科研业务费管理办法》（财教〔2016〕277 号）、《国家科技重大专项（民口）管理规定》（国科发专〔2017〕145 号）等管理办法，落实中央财政科技计划管理改革，促进科技与经济的进一步结合。

第二节　上海科技金融制度变迁的路径分析

自改革开放以后，我国先后经历了经济体制改革、科技体制改革、金融体制改革，国家层面的科技金融制度随着社会的进步而不断完善，上海市紧随国家脚步对科技金融制度作出部署，在某些制度方面甚至走在前列。从上海目前的科技金融政策体系来看，上海初步形成了"4＋1＋1"的科技金融服务体系：即股权投资、科技保险、科技信贷、资本市场四大功能板块，科技金融保障机制的一个机制和上海市科技金融信息服务平台的一个平台。

表 2.2　1978 年至今的上海科技金融相关政策

类型	名　　　称	文　　号
创业投资	《上海市大学生科技创业基金管理办法（试行）》	沪科合［2005］11 号
	《浦东新区创业风险投资引导基金试点方案》	浦府［2006］286 号
	《上海市创业投资风险救助专项资金管理办法（试行）》	沪科合［2006］第 030 号
	《上海市创业投资引导基金管理暂行办法》	沪府发［2010］37 号
	《上海市国有创业投资企业股权转让管理暂行办法》	沪发改财金［2010］
	《上海市人民政府印发关于加快上海创业投资发展若干意见的通知》	沪府发［2014］43 号
	《关于印发〈上海市天使投资引导基金管理实施细则〉的通知》	沪发改财金［2014］49 号
	《关于印发〈上海市天使投资风险补偿管理暂行办法〉的通知》	沪科合［2015］27 号
	《关于印发〈上海市天使投资风险补偿管理实施细则（试行）〉的通知》	沪科合［2016］18 号
	《上海市人民政府关于批转市发展改革委、市财政局制订的〈上海市创业投资引导基金管理办法〉的通知》	沪府发［2017］81 号
知识产权质押	《浦东新区科技发展基金知识产权质押融资专项资金操作细则（试行）》	沪浦科［2006］077 号
	《浦东新区科技发展基金知识产权质押融资专项资金操作细则》	沪浦科［2008］106 号
	《上海市人民政府办公厅转发市金融办等七部门关于本市促进知识产权质押融资工作实施意见的通知》	沪府办发［2009］26 号
	《关于印发〈上海市知识产权质押评估实施办法（试行）〉和〈上海市知识产权质押评估技术规范（试行）〉的通知》	沪财会［2010］52 号
	《关于转发区发展改革委等六部门制定的徐汇区知识产权质押融资试点工作方案的通知》	徐府办发［2010］22 号
	《上海市闵行区人民政府办公室关于转发闵行区知识产权质押融资试点工作实施意见和管理（暂行）办法的通知》	闵府办发［2010］5 号

续表

类型	名 称	文 号
科技信贷	《上海市科技型中小企业履约贷款业务指南》	2010 年
	《上海市科技型中小企业信贷风险补偿暂行办法》	2012 年
	《关于印发〈上海市小型微型企业信贷风险补偿办法〉的通知》	沪财企〔2012〕52 号
	《关于调整完善本市信贷风险补偿政策和信贷奖励政策有关问题的通知》	沪财企〔2016〕125 号
	《上海银行业支持上海科创中心建设的行动方案（2017—2020 年）》	
科技保险	《关于试点开展科技型中小企业短期贷款履约保证保险工作的通知》	沪科合〔2010〕34 号
	《上海市科技型中小企业履约保证保险贷款业务指南》	2010 年
担保	《关于本市加快融资性担保行业发展进一步支持和服务中小企业融资的若干意见》	沪府办发〔2010〕31 号
	《关于印发〈上海市商业性融资担保机构担保代偿损失风险补偿暂行办法〉的通知》	沪财企〔2011〕94 号
	《关于印发〈上海市商业性融资担保机构担保代偿损失风险补偿办法〉的通知》	沪财企〔2014〕40 号
	《上海市人民政府印发关于进一步促进本市融资担保行业持续健康发展若干意见的通知》	沪府发〔2015〕65 号
	《上海市人民政府办公厅关于延长〈关于本市加快融资性担保行业发展进一步支持和服务中小企业融资的若干意见〉有效期的通知》	沪府办发〔2015〕35 号
融资租赁	《关于本市开展中小微企业融资租赁担保试点工作的通知》	沪财企〔2013〕14 号
	《市政府办公厅关于加快本市融资租赁业发展的实施意见》	沪府办发〔2016〕32 号
互联网金融	《市政府印发关于促进互联网金融产业健康发展若干意见通知》	沪府发〔2014〕47 号

续表

类型	名　　称	文　号
地区	《上海市杨浦区科技金融服务业发展"十二五"专项规划》	2011 年
	《浦东新区科技发展基金科技中小企业股份制改造资助专项资金操作细则》	沪浦科〔2008〕104 号
张江	《上海张江高科技园区企业贷款贴息管理暂行办法》	2010 年
	《张江高科技园区支持科技企业融资实施办法》	2010 年
	《上海张江国家自主创新示范区促进科技金融服务和企业融资资助办法（试行）（2014）》	2014 年
综合	《上海市人民政府办公厅转发市金融办等八部门关于本市加大对科技型中小企业金融服务和支持实施意见的通知》	沪府办发〔2009〕52 号
	《上海市人民政府关于推动科技金融服务创新促进科技企业发展的实施意见》	沪府发〔2011〕84 号
	《关于印发〈关于推进本市小微企业融资服务平台建设的指导意见〉的通知》	沪金融办〔2012〕256 号
	《上海银监局关于上海银行业提高专业化经营和风险管理水平进一步支持科技创新的指导意见》	沪银监发〔2015〕146 号
	《上海市人民政府办公厅印发〈关于促进金融服务创新支持上海科技创新中心建设的实施意见〉的通知》	沪府办〔2015〕76 号
	《中国人民银行上海总部关于进一步拓展自贸区跨境金融服务功能支持科技创新和实体经济的通知》	银总部发〔2016〕122 号
	《关于印发本市推进普惠金融发展实施方案的通知》	2017 年

改革开放以来，我国经济保持每年近 10% 的高速增长，涌现出了载人航天、杂交水稻等一大批重大科技成就，国家综合实力显著增强，国际地位明显提高。但是，我国的科技发展总体水平与发达国家相比还有较大差距。21 世纪以来，经济全球化趋势不断加快，我国对外开放水平不断提升，国际竞争已经不只是竞争自然资源，更重要的是争夺知识资

源和人力资源。但是，我国在战略性、关键性的技术领域对国外依赖性较强，导致我国在愈加复杂的国际形势下容易处于被动境地。

我国经济的高速增长是以污染环境和过度消耗能源为代价的，造成生态失衡、社会发展滞后于经济发展等问题，而科技对经济的贡献率长期以来处于较低水平。1979 年，邓小平同志提出的我国现代化建设的"小康"目标，在 21 世纪初已经具体为要在 2020 年全面建成小康社会，加快推进社会主义现代化建设的新阶段。正是在这一目标的基础上，国家发布了《国家中长期科学和技术发展规划纲要（2006—2020 年）》（国发〔2005〕44 号），明确今后 15 年科技工作的指导方针为"自主创新、重点跨越、支撑发展、引领未来"，坚持自主创新，努力建设创新型国家。

为更好地落实科教兴市主战略，上海市颁布实施《上海中长期科学和技术发展规划纲要（2006—2020 年）》（沪府〔2006〕1 号），并对若干配套政策作出说明。上海市人民政府关于实施《上海中长期科学和技术发展规划纲要（2006—2020 年）》若干配套政策的通知（沪府发〔2006〕12 号）中，明确指出要求改善投融资环境，如加快发展创业风险投资、拓宽科技创新企业投融资渠道、加快区域性多层次资本市场建设、加强信用制度建设，一系列相应政策相继出台。

一、创业投资

在我国创业投资刚起步的 20 世纪 90 年代初期，上海最早专业从事科技产业化的风险投资公司（上海科技投资公司）1992 年成立以来，上海的创业投资规模一直不大。[1]2000 年修订的《上海市促进高新技术成果转化的若干规定》"鼓励境内外各类资本（包括民间资本）建立创业投资机构"，大力推动了上海创业投资的发展。[2]进入 21 世纪以来，上海创业投资开始真正活跃发展起来，投资机构数量逐年增加、投资领域不断扩大。上海创业投资业经过了起步和成长两个阶段，已经进入稳步发展期。[3]

　　创业投资引导基金是由政府设立的政策性基金，按照市场化方式运作，通过扶持创业投资企业的发展，引导各方资金进入创业投资领域。上海市 2005 年就设立了上海大学生科技创业基金，市政府安排财政专项培育大学生创新创业能力，本质上属于天使投资范畴。浦东新区于 2006 年开始创业风险投资引导基金试点工作，探索改变"专家选项目、政府定项目"的传统政府科技投入管理模式。上海市于 2010 年发布《上海市创业投资引导基金管理暂行办法》（沪府发［2010］37 号）。创业投资引导基金设立以来，上海创业投资发展强劲，规模不断扩大，面对创业投资行业发展新形势，以及上海进一步加快创业投资发展的要求，2017 年，上海市发布《上海市创业投资引导基金管理办法》（沪府发［2017］81 号），调整优化了资金来源、风险控制等方面的内容；对引导基金运作方式进行了完善，对原管理办法中一些程序性、操作性内容进行了简化；同时，规范了引导基金退出方式。就总体而言，新的管理办法旨在实现有效推动大众创业、万众创新，完善上海创业投资管理制度的目标和任务，辐射范围更广，适用范围更大。

---

[1]　陈雯：《创业投资业发展态势评价研究》，同济大学，2006 年。

[2]　陈峥嵘：《上海创业投资发展现状》，载《中国科技投资》，2005（2）：26—28。

[3]　田增瑞：《上海创业投资业发展态势分析与建议》，载《华东科技》，2012（2）：43—45。

创业投资能够大力推动和促进高新技术产业的发展，而政府的支持对于创业投资的发展也必不可少，上海市政府在政策文件落实方面加大扶持创业投资的力度，出台《关于加快上海创业投资发展若干意见的通知》（沪府发〔2014〕43 号），规范政策性引导基金、鼓励外资和民间创投资金的加入。创业投资的组织形式、委托管理方式、退出机制、风险补偿机制等制度也不断得以完善。

2014 年，上海市人民政府提出加快上海创业投资发展的意见，进一步引导民间资金参与本市重点扶持的产业领域，主要投资于企业种子期和初创期的天使投资相关制度规定建立起来。2015 年，上海市天使投资引导基金成立，并出台管理细则和风险补偿方法。这是上海市首支天使投资引导基金，也是国内首支专注于天使投资的政府引导基金，旨在促进天使投资业快速发展。

二、科技保险

国家在 2007 年发布《关于开展科技保险创新试点工作的通知》（国科办财字〔2007〕24 号），选择科技保险试点地区，开展科技保险发展新模式的试点，上海成为第二批科技保险创新试点城市，进一步研究开发适合高新技术企业需求的保险产品。上海市不断探索科技保险险种，试点科技型中小企业短期贷款履约保证保险，并推出了《关于试点开展科技型中小企业短期贷款履约保证保险工作的通知》（沪科合〔2010〕34 号），在市级财政科技投入中安排专项资金，与保险公司和银行按照一定比例共同为科技型中小企业的贷款分担风险。这是国内银行与保险公司联合参与贷款产品的先例，满足了科技企业对于融资和风险控制的需求。①2011 年，试点合作单位扩展到多家银行、保险公司和担保公司，享受优惠的科技型中小企业扩展至全市范围。

三、科技信贷

知识产权质押融资是科技创新企业获得金融资本支持的有效途径，能够有力支持上海建设国际金融中心，解决科技企业融资困难的问题。自 2009 年以来，中共上海市委、市政府十分关注知识产权质押融资工作，积极开展知识产权质押融资实践，根据《上海市人民政府办公厅转发市金融办等七部门关于本市促进知识产权质押融资工作实施意见的通知》（沪府办发［2009］26 号），实施知识产权质押融资试点。

其中，浦东新区自 2006 年起就着手探索知识产权融资，解决初创期科技小企业融资困难的问题，形成了"银行＋政府基金担保＋专利权反担保"的间接质押模式。但这种模式存在的突出问题是：政府作为主导方，承担的风险过大。因此，2011 年后，开始尝试以知识产权直接质押贷款的新模式，政府主导作用弱化，重点优化制度环境，以市场化运作为主，形成了新的知识产权质押融资工作格局。闵行区和徐汇区在 2010年分别制定《闵行区知识产权质押融资管理（暂行）办法》（闵府办发［2010］5 号）和《徐汇区知识产权质押融资试点工作方案》（徐府办发［2010］22 号），探索知识产权质押融资的工作程序、风险控制等工作方

---

① 上海金融研究院：《2013 年上海科技金融发展报告》，上海：2013 年。

法。张江高新技术园区管理委员会也于 2011 年出台《关于进一步加强张江高科技园区知识产权工作的实施办法》，其中包括开展知识产权质押融资的规定及其政策补贴条款，吸引银行等融资服务机构服务园区企业。

在试点区逐步形成各具特色的知识产权质押融资工作办法的同时，上海市也注重规范与细化知识产权质押融资政策，在全国率先建立了知识产权质押融资评估方面的管理体系，发布了《上海市知识产权质押评估实施办法（试行）》和《上海市知识产权质押评估技术规范（试行）》（沪财会〔2010〕52 号），而评估正是知识产权质押融资的关键环节，填补了国内知识产权质押评估领域的制度空白。

在上海，知识产权质押融资正在逐渐淡化政府主导，逐步转向真正的市场化运作。

上海市从 2010 年开始布局科技信贷的"3＋X"体系，"3"指的是"微贷通"（科技小微企业微贷通贷款）、"履约贷"（科技履约保证保险贷款）和"信用贷"（科技小巨人信用贷款），分别针对初创科技型小微企业、成长期科技型中小企业、全市科技小巨人及培育企业；"X"指的是开发或引进专门化或区域性的产品，如成果转化信用贷等，上海市科技信贷体系覆盖了处于不同阶段的科技企业的融资需求。上海市特地出台《上海市科技型中小企业履约保证保险贷款业务指南》、《科技小微企业"微贷通"贷款业务指南》等，规范贷款对象、流程等具体内容。

此外，上海市为了贯彻落实国家促进中小企业、小型微型企业的进一步发展的要求，在风险补偿方面出台相关文件以鼓励商业银行对其信贷投放力度，如《上海市科技型中小企业信贷风险补偿暂行办法》（2012）、《上海市小型微型企业信贷风险补偿办法》（沪财企〔2012〕52

号)、《关于调整完善本市信贷风险补偿政策和信贷奖励政策有关问题的通知》(沪财企〔2016〕125 号)等。

上海市在发展现有科技信贷体系的同时,鼓励商业银行开展产品创新、金融服务模式创新,颁布《上海银监局关于上海银行业提高专业化经营和风险管理水平进一步支持科技创新的指导意见》(沪银监发〔2015〕146 号)鼓励银行探索"投贷联动"模式,推进多元化信贷服务体系创新。

四、资本市场

上海市鼓励科技企业利用多层次资本市场开展直接融资。2015 年,上海证券交易所推出与存在的主板、中小板、创业板错位发展的战略新兴板,明确了上市条件、审核标准及相关监督制度安排,为创新型企业、新兴产业企业提供了多元化的融资渠道。另外,科技创新企业股份转让系统(即为"科技创新板")成立,重点服务于张江国家自主创新示范区等相关区域的科技创新中小微企业。

上海市正是通过扶持科技型中小企业在股票中小板、创业板上市以及设立非上市企业股权转让服务平台股权交易托管中心,积极拓宽科技企业的直接融资渠道,为主板、中小板、创业板提供优质上市资源。

五、其他科技金融业态

在融资性担保方面,自 2011 年融资性担保行业规范发展和业务监管工作开展以来,取得了积极成效,主要是针对科技企业、中小微企业出台相关支持性制度，为其融资提供新工具，创造良好的融资环境，如《关于本市加快融资性担保行业发展进一步支持和服务中小企业融资的若干意见》（沪府办发〔2010〕31 号）、《上海市商业性融资担保机构担保代偿损失风险补偿暂行办法》的通知（沪财企〔2011〕94 号）等。

在融资租赁方面，为了更好地发挥融资租赁服务实体经济功能，上海市于 2013 年开展中小微企业融资租赁担保试点工作，支持在中小微企业融资租赁服务中引入履约保证保险产品，加大对科技型、创新型和创业型中小微企业的融资租赁支持力度。2016 年，以上海自由贸易试验区先试先行为契机，探索建立支撑融资租赁业持续健康发展的制度创新体系，加快本市融资租赁业的发展。

互联网金融在中国的发展以 2013 年为分界线。自 2013 年至今，互联网金融得到迅猛发展，但由于缺乏监管，导致各种违规事件频繁发生。上海市政府一直重视并努力营造有利于互联网金融发展的良好发展环境。早在 2011 年 3 月，《关于促进本市第三方支付产业发展的若干意见》就已出台。2014 年，上海市政府出台的《关于促进互联网金融产业健康发展若干意见》（沪府发〔2014〕47 号）以更加积极的态度鼓励互联网金融的发展，拓宽互联网金融企业融资渠道。这一文件是全国首个省级地方政府关于促进互联网金融发展的指导性意见。在市政府的积极引导和推动下，上海市的互联网金融发展水平处于总体较高水平。

六、完善顶层设计

2010 年召开的党的十七届五中全会，是即将完成"十一五"规划、开始"十二五"规划部署的重要会议，对科技工作提出了明确要求，突出强调了科学技术和自主创新的重要地位和关键作用。以此为依据，在科技金融方面，国家开始促进科技和金融结合试点工作，发布《关于印发促进科技和金融结合试点实施方案的通知》（国科发财〔2010〕720号），上海被列入第一批促进科技和金融结合的试点地区，并出台《关于推动科技金融服务创新促进科技企业发展的实施意见》（沪府发〔2011〕84号），明确科技金融发展的目标任务，在科技企业信贷服务体系、信贷风险分担机制、科技融资担保等方面做出工作部署。

自从党中央2006年作出实施科技规划纲要、增强自主创新能力的决定以来，国家创新体系建设不断推进，我国科技实力、科技竞争力大幅度提升，成为促进社会经济发展和保障国家安全的重要支撑。但是面对国际科技竞争与合作不断加强、新科技革命和全球产业变革步伐加快的新形势新要求，在新一轮区域竞争中赢得主动，关键在于向科技要空间资源，向创新要质量效益，向发展方式转变要核心竞争力。而我国整体的科技创新实力还不够强，科技体制还存在诸多不足，不完全符合社会经济的发展、国际竞争的要求，如科技与经济结合不够紧密、科技成果转化路径还不顺畅，制约着科技创新的发展，科研领域不仅是技术上要创新，更要在机制体制上改革、创新。因此，抓住机遇大幅提升自主创新能力、实现创新驱动发展，需要进一步深化科技体制改革。国家在深化科技体制改革方面出台了一系列文件，对科技金融方面也提出指导性意见，如"促进科技和金融结合，创新金融服务科技的方式和途径"、"培育壮大创业投资和资本市场，提高信贷支持创新的灵活性和便利性"。

2015年，党中央对上海工作提出新要求：加快建设具有全球影响力的科技创新中心。这是国家作出的具有全局意义的重要决策,上海市政府在推动科技与金融紧密结合方面做出了相应努力,颁布并实施《关于促进金融服务创新支持上海科技创新中心建设的实施意见》(沪府办 [2015] 76 号)、《关于上海银行业提高专业化经营和风险管理水平进一步支持科技创新的指导意见》(沪银监发 [2015] 146 号)、《中国人民银行上海总部关于进一步拓展自贸区跨境金融服务功能支持科技创新和实体经济的通知》(银总部发 [2016] 122 号)、《上海银行业支持上海科创中心建设的行动方案(2017—2020 年)》等系列文件。

国家层面和上海层面的科技金融相关政策,形成上海科技金融发展的顶层设计,指明了上海科技金融的发展方向。

第三节　上海科技创新税收财政制度变迁的路径及影响因素分析

改革开放以来,我国的税收财政制度主要通过税收优惠政策支持科技创新,已逐步建立起一个税种分布较为合理、政策惠及对象较广泛的科技创新税收优惠政策体系,其中税收优惠政策涉及流转税、所得税、进出口税、房产税、城镇土地使用税等,惠及对象包含高新技术企业、技术先进性服务企业、国家大学科技园、个人等。税收优惠政策在操作上主要有四种方式:税基优惠、纳税额优惠、税率优惠、延期纳税。

由于上海市在税收方面自主空间较小,上海科技创新税收财政制度的变迁研究,必须与全国科技创新税收制度变迁研究相结合。

一、第一阶段（1978—1993 年）

改革开放之初，我国的税制经过"文化大革命"的冲击变得支离破碎、非常简化，对国营企业只征收工商税，对集体企业征收的是工商税和工商所得税，农村一般缴纳农业税、屠宰税。[①]改革开放之后进行了税制改革，特别是 20 世纪 80 年代初的两步"利改税"和工商税制改革，将原本适应产品经济的单一化税制转向适应社会主义市场经济的多税种、多层次发挥调节作用的复合税制，增强了企业创新活力。[②]改革开放后税制建设恢复，税收改革频繁，支持科技创新的税收政策主要体现在以下三个方面：

（一）吸引外资

改革开放初期，我国企业技术创新多是模仿国外成熟技术，自身从事基础研究开发活动还不多。为了鼓励引进国外先进技术，吸引外资，加速我国社会主义现代化经济建设，1984 年国务院发布《关于经济特区和沿海 14 个港口城市减征、免征企业所得税和工商统一税的暂行规定》（国发〔1984〕161 号），对地区和特定城市投资兴办中外合资、合作经营企业、客商独立经营企业，企业所得税、工商统一税减征或免征。为了进一步改善投资环境，国家发布了《关于鼓励外商投资的规定》（国发〔1986〕95 号）、《关于沿海经济开放区鼓励外商投资减征、免征企业所

---

① 陈共：《1994 年税制改革及分税制改革回眸与随感》，载《地方财政研究》，2005（1）：6—9。

② 梅月华：《关于促进自主创新的税收政策及相关税政管理体制研究》，财政部财政科学研究所，2012 年。

得税和工商统一税的暂行规定》（财税字〔1988〕91 号），对于涉及产品出口企业、生产型企业给予一系列税率减免等优惠。[①]

20 世纪 80 年代，上海与深圳经济特区等相比是相对落后的。党的十一届三中全会的指导思想——解放思想，引起上海民间对开发开放浦东的思潮涌动，形成了浦东开发的研究热。浦东开发从地方发展战略上升为国家战略，历经将近十年的时间，中间经历了 1989 年政治风波、邓小平同志对上海浦东开发工作作出重要提示等。1992 年，江泽民同志宣布"以上海浦东开发、开放为龙头，进一步开放长江沿岸城市，尽快把上海建成国际经济、金融、贸易中心之一，带动长江三角洲和整个长江流域地区的新飞跃"，开发开放浦东既关系到上海自身的发展，又成为中国改革开放的重要标志。1990 年，国家在当时引进外资、扩大对外经济合作和技术交流的趋势下，出台《财政部关于上海浦东新区鼓励外商投资减征、免征企业所得税和工商统一税的规定》（财税字〔1990〕20 号），对浦东新区的中外合资企业、产品出口等实行一系列税收优惠，如减按 15％或 10％征收企业所得税、两免三减半等。

（二）技术转让与技术服务

科学技术研究成果只有应用于物质生产时，才能带来经济效益。面对改革开放后我国经济发展要求，科技创新方面越来越重视技术转让，加速科技成果转化为生产力。财政部发布《关于对技术转让费的计算、支付和技术转让收入征税的暂行办法》（财税字〔1985〕44 号），暂免征科研单位转让科技成果等所得收入的营业税；对于年度总额不超过十万

---

① 孙莹：《税收激励政策对企业创新绩效的影响研究》，东华大学，2013 年。

元的全民与集体所有制企业单位的技术转让净收入，免征国营企业所得税或工商所得税。

1985 年，科学技术体制改革开始后，在技术转让与技术服务方面，对科研单位的技术转让、技术服务、技术承包等收入，暂免征收营业税。1986 年扩大税收优惠政策范围，对其他企事业单位和个人转让技术成果的收入免征收营业税。

1992 年，国务院下达《国家中长期科学技术发展纲领》（国发〔1992〕18 号），之后《关于贯彻国务院国发〔1992〕18 号文件有关营业税问题的通知》（国税发〔1992〕141 号）作为配套政策出台，继续对科研单位、其他单位和个人从事技术转让等的收入免征营业税。

（三）高新技术产业

根据《关于科学技术体制改革的决定》，国家开始在全国选择新兴产业开发区，采取特殊政策，加快新兴产业的发展。这一阶段主要形成新技术产业开发试验区，企业享受所得税、建筑税、进口关税等直接税收优惠；高新技术产品给予减征或免征产品税、增值税优惠。主要政策包括《北京市新技术产业开发试验区暂行条例》（国函〔1988〕74 号）、《关于对属于"火炬"计划开发范围内的高技术、新技术产品给予减征或免征产品税、增值税优惠的通知》（国税增〔1988〕61 号）等。

继北京市新技术产业开发试验区之后，1991 年政府批准了 26 个国家高新技术产业开发区，出台《国家高新技术产业开发区税收政策的规定》，对国家高新技术开发区内的企业减按 15％的税率征收所得税；开发区企业出口产品的产值达到当年总产值 70％以上的，减按 10％的税率征收所得税；新办的开发区企业，从投产年度起 2 年内免征所得税。这是高新技术产业"区域优惠"形成的标志。之后，国家税务总局还发布了《关于贯彻执行〈国家高新技术产业开发区税收政策的规定〉有关涉外税收问题的通知》（国税函发〔1991〕663 号）。

改革开放初期的税收优惠激励对象较为单一，主要指向外商投资企业、高新技术开发区企业，税收优惠措施多以企业所得税、进口关税等税种的直接减免和税率优惠为主。

二、第二阶段（1994—2005 年）

邓小平同志在 1992 年南方谈话中指出，"计划经济不等于社会主义，市场经济不等于资本主义，计划和市场都是经济手段"，这为经济体制改革奠定了思想基础。党的十四届三中全会通过了《中共中央关于建立社会主义市场经济体制若干问题的决定》，我国开始建立社会主义市场经济体制。经济体制的全面转型必然要求一套全新的税收制度与之适应，体现市场经济特色。

税收制度在这一时期也存在着许多不足。20 世纪 80 年代以后，中国经济出现持续高速增长，但是国家财力并未同步增长。尤其是 1987 年开始在全国范围内实行承包经营责任制，1988 年开始全方位实行财政承包制，短期效应之后问题很快显现出来：中央财政收入严重不足，国家宏观调控政策乏力，如此以往政府就很难随经济形势的变化及时进行有效的宏观调控。

另外，在国际背景下，市场经济是一种开放性经济，世界经济一体化已成为全球趋势，外资大量涌入，我国税收制度必须进行改革，既要同国际接轨，又必须要考虑中国国情，建立适应社会主义市场经济的税收制度。

正是在这样的背景下，1994年启动了以分税制为核心的税制改革。这是改革开放以来意义最为重大的税制改革，建立起以增值税为核心、消费税、营业税为辅的新的流转税课税体系，对内资企业统一实行税率为33%的企业所得税制度，调整、撤并或开征了部分税种。

这次税制改革调整了一些税收优惠政策，但仍保留了大部分影响度广、政策性强的激励创新的优惠措施。财政部、国家税务总局发布《关于企业所得税若干优惠政策的通知》（财税字〔1994〕1号）和《关于个人所得税若干政策问题的通知》（财税字〔1994〕20号），梳理了继续执行的优惠政策。

为营造鼓励创新的良好环境，推动企业成为技术创新的主体，政府出台了一系列税收政策激励企业技术创新，《财政部、国家税务总局关于促进企业技术进步有关财务税收问题的通知》（财工字〔1996〕41号）在鼓励企业加大技术开发费用的投入、推动产学研的合作、推进企业机器设备更新等方面通过各种税收优惠的方式支持企业技术创新。《国家税务总局关于促进企业技术进步有关税收问题的补充通知》（国税发〔1996〕152号）、《财政部、国家税务总局关于印发技术改造国产设备投资抵免企业所得税暂行办法的通知》（财税字〔1999〕290号）等一系列相关文件和办法对前述政策进行规范和完善。

在鼓励企业技术创新的政策当中，一项关键政策是企业技术开发费用加计扣除方式的出现，促使企业成为技术开发的主体。《财政部 国家税务总局关于促进企业技术进步有关财务税收问题的通知》（财工字

[1996] 41 号）提出"鼓励企业加大技术开发费用的投入"，规定"企业研究开发新产品、新技术、新工艺所发生的各项费用应逐年增长，增长幅度在 10％以上的企业，可再按实际发生额的 50％抵扣应税所得额"。这是首次出现对企业技术开发费用优惠的政策，不仅是如今的企业研发费用加计政策的开端，也是我国税收优惠方式由直接优惠转向间接优惠的标志。除了有后续政策对这一税收优惠政策进行完善之外，2003 年《财政部、国家税务总局关于扩大企业技术开发费加计扣除政策适用范围的通知》（财税〔2003〕244 号）规定：企业技术开发费加计扣除政策范围扩大到所有财务核算制度健全、实行查账征收企业所得税的各种所有制的工业企业。

1998 年之后，国家进行了大规模的科研机构转制，实现产业化，将部分科研院所将转制成为科技型企业、科技中介服务机构，或者并入已有的企业等方式。政府在税收优惠方面采取有力举措促进科研机构转制。根据《国家税务总局关于国家经贸委管理的 10 个国家局所属科研机构转制后税收征收管理问题的通知》（国税发〔1999〕135 号），对转制的科研院所免征技术转让收入的营业税、免征科研开发自用土地的城镇土地使用税、符合企业所得税纳税人条件的 5 年内免征企业所得税。之后根据科研机构转制执行过程中出现的问题、形势的改变，政府对此方面的税收优惠不断进行补充完善：国税发〔2002〕36 号文件对科研机构转制企业所得税优惠政策执行出现的问题进行补充说明，财税〔2003〕137 号文件规定新一阶段的有关税收问题，财税〔2005〕14 号延长了税收政策执行期限。

这一阶段另外一个显著的变化就是支持科技创新的税收优惠政策的

"区域优惠"向"产业优惠"的转变，扶持科技密集型产业发展。这方面主要集中在软件产业和集成电路产业，《财政部、国家税务总局、海关总署关于鼓励软件产业和集成电路产业发展有关税收政策问题的通知》（财税〔2000〕25号）和《财政部、国家税务总局关于进一步鼓励软件产业和集成电路产业发展税收政策的通知》（财税〔2002〕70号）陆续出台，对软件产品、集成电路产品增值税实际税负超过3%的部分实行即征即退政策（其中集成电路产品由6%变为3%），给予企业所得税"两免三减半"优惠，如当年未享受免税优惠的，减按10%的税率征收企业所得税；生产设备可加速折旧，并对这两个产业进口所需自用设备的关税和进口环节增值税实施免征。上海市相应出台了《上海市财政局上海市国家税务局上海市地方税务局关于转发财政部、国家税务总局、海关总署〈关于鼓励软件产业和集成电路产业发展有关税收政策问题的通知〉及本市实施意见的通知》（沪财税政〔2000〕15号），主要在软件企业和集成电路企业认定办法上、纳税年度具体实施问题上进行了具体说明。

1999年，面对我国科技与经济脱节、科技向现实生产力转化能力薄弱、科技产业化程度低等制约我国经济发展的问题，中共中央、国务院发布《关于加强技术创新、发展高科技、实现产业化的决定》（中发〔1999〕14号），之后《财政部、国家税务总局关于贯彻落实〈中共中央、国务院关于加强技术创新、发展高科技、实现产业化的决定〉有关税收问题的通知》（财税字〔1999〕173号）进一步明确了技术转让、企业资助科研机构、进出口税收、科研机构转制等方面给予增值税、营业税、所得税等税收优惠。

税收优惠政策还涉及科技成果转化，除了继续沿用上一阶段关于技术转让与技术服务的优惠方式外，对高等学校的技术转让收入免征营业税；科研机构、高等学校转化职务科技成果以股份或出资比例等股权形式给予个人奖励，获奖人在取得股份、出资比例时，暂不缴纳个人所得税。《科学技术进步法》和《促进科技成果转化法》的出台更显示了国家对科学技术成果推广应用的重视和支持。

2003 年，国家开始实行鼓励科普事业发展的税收政策，《财政部、国家税务总局、海关总署、科技部、新闻出版总署关于鼓励科普事业发展税收政策问题的通知》（财税〔2003〕55 号）、《科普税收优惠政策实施办法》（国科发政字〔2003〕416 号）对于科普产品、科普基地的门票收入等方面给予营业税、增值税、进口环节增值税等优惠，上海市对于科普税收出台了更为细致的实施细则。

三、第三阶段（2006 年至今）

以《实施〈国家中长期科学和技术发展规划纲要（2006—2020年）〉的若干配套政策》（国发〔2006〕6 号）的颁布为重要标志，我国实施了一系列促进科技创新的政策措施，税收优惠政策不断丰富完善。从惠及对象分析，相关政策涉及了高新技术企业、科技型中小企业、创业投资企业、科技园和孵化器、研发设备等；从投入环节上分析，涵盖了鼓励企业研发投入、产业发展、科技成果转化、创业投资、技术改造等的税收优惠政策。支持科技创新的税收制度体系日益完善，激励效果日益显现。

我国税收制度一直随我国国情的变化而变化，随经济的发展而发展，自 1994 年开始税收制度改革一直在进行，以建立适合我国社会主义国家国情的税收制度，包括 2008 年五大税制改革、2012 年开始的营改增。自 2004 年开始，按照"简税制、宽税基、低税率、严征管"的原则，为适应经济形势和国家宏观调控的需要，积极稳妥地对现行税制进行结构性改革。

2008 年，启动的进一步税收制度改革主要基于当时国际和国内环境的变化。世界经济方面，当时主要趋势是经济和市场的一体化、国际化。中国 2001 年加入 WTO，需要融入世界贸易的各个领域，企业要在更加开放的背景下开展竞争，而政府要为企业创造公平竞争的法律环境。而税收作为分配国民财富的手段、维护国家权益法律的主要组成部分，必须要适应国际通行规则。国内方面，经济社会环境自 1994 年税制重大改革后发生了重大变化：国内经济稳定发展，市场化程度明显提高，初步建立公共财政框架，居民收入分配差距较大，互联网运用更加普及。原本的税收体制已经与我国社会主义市场经济体制发展不适应，需要解决和完善存在的问题和不足，如当时的税种还未充分体现公平税负和国民待遇原则，内外资企业仍存在两种税制；税制不完善，生产型增值税抑制企业的投资需求、设备更新、技术改造；个人所得税不能有效发挥调节个人收入的作用等。更重要的是国内科技进步飞速发展，而当时的税收制度已经在各个方面呈现出阻碍技术创新的主体企业发展的趋势。

因此，2004 年开始的新一轮税收制度改革在 2008 年继续推进：五大税制改革，两税合一和增值税全面转型是新一轮税改的核心内容。两税合一的实现、税率统一调整为 25％，标志着 1994 年内外资企业所得税率的"双轨制"就此终结。国家将税收优惠重点转向"产业优惠为主、地区优惠为辅",对国家重点扶持的产业实行所得税方面的优惠政策,发挥税收优惠政策应有的积极作用,有效配合国家产业政策的实施。我国第一大税种——增值税改革由生产型转向消费型,允许企业将外购固定资产所含增值税进项税金一次性全部扣除,实际上是给企业减负,鼓励企业设备更新和技术升级,有利于提高企业整体竞争力。国家新出台了《企业所得税法》对改革后的企业所得税进行梳理,在调整产业结构、合理引导资金流向等方面产生了重大影响。

税制改革尚没结束,2011 年财政部、国家税务局又联合发布了"营改增"的试点方案。1994 年税制改革后对货物和加工、修理修配劳务征收增值税,对无形资产、不动产征和各种劳务包括第三产业的服务业征收营业税,形成增值税和营业税两税并存的格局。随着我国经济的市场化日益提高、新的经济形态不断出现,货物和劳务的界限日趋模糊。另外征管因素复杂化、服务业规模增大,增值税和营业税并存所暴露出来的问题日益突出,其中最突出的结构性问题就是重复征税。"营改增"改革的目的就是要解决服务业和制造业税制不统一问题,取消重复征税,提高市场效率,使税收制度适应市场经济的发展。[1]2012 年起,上海率先在交通运输业和部分现代服务业开展"营改增"试点,其中部分现代服务业包括研发和技术服务、信息技术服务、文化创意服务、物流辅助服务、有形动产租赁服务、鉴证咨询服务六类。支持科技创新的营业税相关政策进行了转移,如原本的"对单位和个人从事技术转让、技术开发业务和与之相关的技术咨询、技术服务业务取得的收入和转让股权所得,

---

① 赵文超:《营改增:原因、难点、未来》,载《财会月刊》,2014(16):105—107。

免征营业税"，"对注册在北京等 21 个中国服务外包示范城市的企业从事离岸服务外包业务取得的收入免征营业税"。

这一阶段，税收优惠政策的作用主体多元化，激励手段多样化，更加注重间接优惠方式的应用，政府为企业的科技创新营造一个更为完善和可持续的发展环境。[①]支持科技创新的税收制度主要聚焦在以下几个方面。

(一) 支持企业技术创新

1. 普通企业

首先是企业技术开发费用加计扣除方式上，取消了技术开发费比上年增长达到 10％以上的限制条款，在按规定实行 100％扣除基础上，允许再按当年实际发生额的 50％在企业所得税税前加计扣除。

2008 年，新的《企业所得税》开始实施后，从《企业研究开发费用税前扣除管理办法（试行）》（国税发〔2008〕116 号）开始施行研究开发费税收政策。这是对原技术开发费税前扣除政策的拓展和延伸，享受此政策的主体范围不断扩大，研究开发活动范围开始界定，操作细则更加明确、研发费用分摊制开始实行，《财政部、国家税务总局关于研究开发费用税前加计扣除有关政策问题的通知》（财税〔2013〕70 号）对其进一步完善。上海市在国家企业研究开发费用加计扣除政策出台后，发布《关于做好企业研究开发费用加计扣除政策落实工作的通知》（沪国税所〔2009〕19 号），在加大宣传力度、落实政策措施、加强工作考核方

---

① 李宁：《促进我国科技创新的税收政策研究》，东北财经大学，2010 年。于洪、张洁、张美琳：《促进科技创新的税收优惠政策研究》，载《地方财政研究》，2016，8（5）：23—27。

面提出工作要求，推动这一政策在上海市的施行。

《财政部、国家税务总局、科技部关于完善研究开发费用税前加计扣除政策的通知》（财税〔2015〕119 号）、《国家税务总局关于企业研究开发费用税前加计扣除政策有关问题的公告》（国家税务总局公告 2015 年第 97 号）对研究开发费用税前扣除政策进行了调整，规范了研发费用的归集顺序，宽泛了研发费用的认定范围，对研发费用加计扣除的特殊事项处理更为明细化，如增加了不适用税前加计扣除政策的行业及判断方法。在 2017 年出台的相关政策中，《国家税务总局关于研发费用税前加计扣除归集范围有关问题的公告》（国家税务总局公告 2017 年第 40 号），细化各种费用口径；《财政部、税务总局、科技部关于提高科技型中小企业研究开发费用税前加计扣除比例的通知》（财税〔2017〕34 号）则规定，科技型中小企业在按规定据实扣除的基础上，再按照实际发生额的 75％在税前加计扣除。对于科技型中小企业、小型微型企业，政府另外在企业所得税方面给予优惠支持。

2. 高新技术企业

2006 年起，国家对高新技术企业的税收政策优惠主要是对于国家高新技术产业开发区内新创办的高新技术企业，自获利年度起两年内免征企业所得税，免税期满后减按 15％的税率征收企业所得税。

2008 年后根据《企业所得税法》，国家将电子信息技术、新材料技术、高技术服务业、高新技术改造传统产业等八大类产业确定为国家需要重点扶持的高新技术产业，减按 15％的税率征收企业所得税，这标志着"产业优惠为主、区域优惠为辅"的新税收优惠政策的建立。高新技术企业来源于境外的所得可以享受高新技术企业所得税优惠政策；对高新技术企业发生的职工教育经费支出，不超过工资薪金总额8％的部分，准予在计算企业所得税应纳税所得额时扣除；超过部分，准予在以后纳税年度结转扣除。高新技术企业认定有国科发火〔2008〕172号、国科发火〔2016〕32号两份文件，认定方面放宽了相关条件及要求，但是监管方面更加严格。

国家对特定地区的减免税优惠，经历了2006年到2008年的转变，对于发展对外经济合作和技术交流的特定地区内实行过渡性政策，自2008年1月1日之后新设高新技术企业在经济特区和上海浦东新区内取得的所得，第一、二年免征企业所得税，第三年至第五年按照25％的税率减半征收企业所得税。

3. 创业投资企业

为了扶持创业投资企业的发展，符合一定条件的创业投资企业采取股权投资方式投资于未上市中小高新技术企业2年以上（含2年）可按投资额的70％抵扣该创业投资企业的应纳税所得额。《关于创业投资企业和天使投资个人有关税收试点政策的通知》（财税〔2017〕38号）对不同类型的创业投资企业与天使投资的税收政策进行说明，投资额的70％可以抵扣应纳税所得额。

4. 小微企业

2008年颁布的《企业所得税法》规定对于符合条件的小型微利企业，减按20％的税率征收企业所得税。自2009年起，对于年应纳税所得额低于3万元（含3万元）的小型微利企业，其所得减按50％计入应纳税所得额，按20％的税率缴纳企业所得税。此后优惠范围不断扩大，中小型微利企业的年应纳税所得额上限不断变化，《财政部 税务总局关于扩大小型微利企业所得税优惠政策范围的通知》（财税〔2017〕43 号）中上限提高至 50 万元。另外，《财政部　国家税务总局关于暂免征收部分小微企业增值税和营业税的通知》（财税〔2013〕52 号）对于月销售额不超过 2 万元的增值税小规模纳税人、月营业额不超过 2 万元营业税纳税人，分别免征增值税和营业税。

（二）产业优惠

（1）软件产业和集成电路产业。软件产业和集成电路产业是国家一直重点扶持的高新产业，已出台多项关于增值税、企业所得税等的优惠政策，主要优惠方式与上一阶段相似，对软件产品、集成电路产品增值税实际税负超过 3% 的部分实行即征即退政策，其生产设备可加速折旧，职工培训费用可按实际发生额在税前扣除。《关于退还集成电路企业采购设备增值税期末留抵税额的通知》（财税〔2011〕107 号）规定，对国家批准的集成电路重大项目企业因购进设备形成的增值税期末留抵税额准予退还；《财政部　国家税务总局关于进一步鼓励软件产业和集成电路产业发展企业所得税政策的通知》（财税〔2012〕27 号），对软件企业和集成电路企业实行"两免三减半"或"五免五减半"的所得税减免和优惠税率政策。

（2）动漫产业。从 2009 年开始政府开始扶持动漫产业发展，动漫软件对增值税实际税负超过 3% 的部分实行即征即退政策、营业税减按 3% 税率征收，经认定的动漫企业可享受国家现行鼓励软件产业发展的所得税优惠政策、进口关税和进口环节增值税免征。

（3）技术先进型服务企业。为进一步推动技术先进型服务业的发展，将江苏工业园区技术先进型服务企业税收试点政策推广到全国 20 个服务外包示范城市（之后根据《关于完善技术先进型服务企业有关企业所得税政策问题的通知》（财税〔2014〕59 号）增加为 21 个），对经认定的技术先进型服务企业，按 15％的税率征收企业所得税、职工教育经费 8％比例据实税前扣除、免征离岸服务外包业务收入的营业税等。2016 年，技术先进型服务企业所得税优惠政策在包括上海在内的 15 个服务贸易创新发展试点地区得到推广，加快服务贸易发展，进一步推进外贸结构优化。

（三）科技中介服务机构

自 2008 年起，对于符合条件的国家大学科技园和科技企业孵化器，免征房产税和城镇土地使用税、免征营业税，享受企业所得税优惠政策。

（四）科普事业

政府对鼓励科普事业发展的税收优惠政策方式与上一阶段类似，对科普影视作品免征进口关税和进口环节增值税，科普门票收入免征营业税等。

（五）科技成果转化

国家继续对于符合条件的技术转让进行企业所得税减免优惠、个人所得税优惠，并对技术成果投资入股实施选择性税收优惠政策。如居民企业的年度技术转让所得不超过 500 万元的部分，免征企业所得税，超过 500 万元的部分减半征收。

（六）科技相关进口关税

对于科学研究和教学用品、科技开发用品、科技重大专项项目所需的关键设备，税收优惠主要是通过免征进口关税、进口环节增值税、消费税方式，并不断扩大优惠政策范围。研发机构采购设备方面，对内外资研发机构采购国产设备全额退还增值税。重大技术装备关键领域对有必要进口的关键零部件及原材料的进口关税和进口环节增值税先征后退，后转变为免征；另外，自 2009 年起对特定重大技术装备逐步降低优惠幅度、缩小免税范围，至 2010 年开始征收进口税收。

（七）张江国家自主创新示范区

上海张江高新技术产业开发区，是 1991 年国务院批准成立的我国首批国家级高新区，是 2011 年国务院批准建设的第三个国家自主创新示范区。国家自主创新示范区一直是国家在科技创新方面的支持重点，包括财政科技投入、科技金融和税收政策等。在税收政策方面，2013 年开始在中关村、东湖、张江国家自主创新示范区和合芜蚌自主创新综合试验区进行有关股权奖励个人所得税、研究开发费用加计扣除、职工教育经费税前扣除等试点政策，如职工教育经费税前扣除 8％ 比例、高新技术企业转化科技成果相关技术人员的股权奖励可分期缴纳个人所得税。之后根据《财政部、国家税务总局关于将国家自主创新示范区有关税收试点政策推广到全国范围实施的通知》（财税 ［2015］ 116 号），国家自主创新示范区有关税收试点政策推广到全国范围。

第四节　上海财政科技投入制度变迁的路径及影响因素分析

一、第一阶段（1986—2005 年）

1978 年不仅是我国改革开放的元年，也是上海科技创新制度改革的起点，主要是科研单位扩大自主权的改革试点。1985 年，《中共中央关于科学技术体制改革的决定》为上海科技的改革发展指明了方向，建立新型科研机制，启动重点实验室建设，保持科技基础研究和应用基础研究领域中的优势。①

《国务院关于科学技术拨款管理的暂行规定》（国发［1986］112 号）与《上海市科学技术拨款管理办法》（沪府发［1986］87 号）开始实行，改变了由政府主导科技计划管理的单一模式，并规定从"七五"计划开始，上海市地方科学技术经费拨款的增长应高于本市地方财政经常性收入增长的比例，列入上海市科技发展基金的项目实行合同制，逐步实行招标管理。

1992 年，上海市做出《关于发展科学技术，依靠科技进步振兴上海经济的决定》，1996 年通过了《上海市科学技术进步条例》，这为上海市 20 世纪 90 年代到 20 世纪末的科技工作指明了方向，开始建立以财政拨款、银行贷款、企业投入、社会集资、引进外资等多渠道的科学技术投入体制。20 世纪 90 年代之后，上海市支持科技创新的财政科技投入制度重点主要包括以下几个方面：

1999 年开始，国家科研计划实施课题制管理，上海市相应出台《上海市科研计划课题制管理办法》（沪府办发［2002］32 号），对以财政拨款资助为主的各类科研计划的课题管理办法进行说明。

这一阶段上海市的财政科技投入在针对围绕国家战略目标承担的科研任务方面规定，凡获国家"863 计划"、"973 计划"、科技攻关计划、国家自然科学基金重大及重点科技计划等资助的研究开发项目，均可申请上海市地方匹配资金资助。国家与上海资金匹配原则为 10％，上海为

---

① 陈艳艳：《改革开放 30 年来上海科技创新体系的探索与实践上海科技创新基地和公共服务体系建设简要回顾》，载《华东科技》，2008（12）：20—22。

鼓励科技人员更多地领衔国家重要科技项目，对于划拨沪外地区的子课题部分，按其相应经费的 2% 予以匹配。

自 2000 年起，软件和集成电路产业成为我国重点扶持产业，上海市为贯彻国家产业发展政策，设立软件和集成电路产业发展专项资金，采用无偿资助、专项补贴、贷款贴息和创业风险投资等方式用于技术开发、扶持产业发展、开展公共服务平台的建设并实施国家电子发展基金项目配套。

1999 年，国家设立科技型中小企业技术创新基金，通过财政性基金投入，支持支持科技型中小企业技术创新。在此背景下，上海做出相应变动，上海市科委设立专项资金，分别以种子资金、融资辅助资金、匹配资金三种方式支持科技型中小企业的技术创新活动。

二、第二阶段（2006—2014 年）

2006 年，国家发布《国家中长期科学和技术发展规划纲要（2006—2020 年）》，上海市顺应这一形势变化，发布《上海市人民政府关于实施〈上海中长期科学和技术发展规划纲要（2006—2020 年）〉若干配套政策的通知》（沪府发〔2006〕12 号），加强政府科技投入和管理，大力提升企业自主创新能力。上海市在财政科技投入对象方面，企业科技经费占据最大比重，科研机构次之，高等院校最少。在分配结构上，重试验发展与应用研究，轻基础研究。[1][2] 在制度和政策方面，显现相应的特点。

---

① 吕向阳：《上海市科技经费投入分析》，载《郑州航空工业管理学院学报》，2013，31（3）：109—114。

② 张蕴恒、徐长乐：《上海科技投入对国民经济拉动效应分析》，载《知识经济》，2016（3）：54—55。

（一）设立相关专项资金

这一阶段上海市设立各项专项资金支持科技创新，并出台相关政策规范资金使用，提高企业自主创新能力。

2007 年，上海市政府设立上海市企业自主创新专项资金，支持本市企业加强自主创新能力建设，引导各类社会资本加大对企业自主创新的投入。资助范围包括技术吸收与创新计划、引进研发仪器设备、重大技术装备研制专项、产学研合作计划等。之后，2013 年出台《上海市企业自主创新专项资金管理办法》（沪经信法〔2013〕353 号），此项专项资金支持项目范围扩大，对部分支持范围内的项目资助比例提升 10％等。

2009 年，为落实国家鼓励通过技术改造走内涵式发展道路的政策，上海市出台《上海市重点技术改造专项资金管理办法》的通知（沪府办发〔2009〕35 号），设立上海市重点技术改造专项资金，专项资金的使用范围包括国家重点技术改造项目、地方重点技术改造项目、引进技术和装备项目、境外收购兼并项目，支持专项资金采取贷款贴息或项目资助方式安排使用。《上海市重点技术改造专项资金管理办法》（沪府办发〔2012〕77 号）将专项资金支持范围改为国家、地方重点技术改造项目，但对以自有资金投资的技术改造项目的支持力度增大，由 8％变为 10％。

另外，上海市不断完善软件和集成电路产业专项资金管理办法，先后出台《上海市软件和集成电路产业发展专项资金管理办法》（沪财教〔2008〕55 号）、《上海市软件和集成电路产业发展专项资金管理办法》（沪经信法〔2012〕965 号），专项资金在支持范围上有较大变化，使用方式上由无偿资助、专项补贴、贷款贴息和创业风险投资转变为无偿资助和奖励方式，支持标准也变为对每一条资金投入领域的说明。

　　根据《上海市科技型中小企业技术创新资金管理办法》（沪科〔2013〕25 号），科技型中小企业技术创新资金属于政府专项资金，支持科技型中小企业的技术创新活动，配套支持国家创新基金资助的项目。国家创新基金、上海市创新资金项目的实施，发挥了激励科技型中小企业快速发展的作用，并带动大量社会资金投入资助项目中，大幅度提升了科技型中小企业的科技创新能力。

　　科技成果转化一直是科技创新的重点环节，上海市专门设立了高新技术成果转化专项资金，对于本市注册的内外资企业经认定的转化项目（分为一般项目和拥有自主知识产权的项目）从项目认定次月起三年或五年内由财政部门安排专项资金予以扶持，之后两年或三年给予减半扶持。

　　除此之外，还有上海市知识产权优势企业专项资金、上海市加快自主品牌建设专项资金等专项资金，采用无偿补助、资助、奖励等方式从不同角度、不同环节支持企业科技创新。

　　上海市设立了科技兴农项目，提高上海农业科技自主创新能力和成果转化能力，以贯彻科教兴市战略，主要内容包括实施科技兴农重点攻关项目、开展科技兴农推广项目、推进农业科技成果转化项目、鼓励实施科技兴农引进消化吸收再创新项目，其中攻关和推广项目课题占有较大比例。《关于印发上海市科技兴农项目及资金管理办法的通知》（沪农委〔2014〕473 号）针对科技兴农发展新形势，将项目支持范围扩大到现代种业发展项目、现代农业产业技术体系项目、蔬菜标准园创建项目等，经费支持方式分为前补助和后补助两种形式。

　　（二）相关科研经费

　　为进一步规范财政科技经费的管理，提高财政科技经费的使用效益，

2008 年《上海市人民政府办公厅转发市财政局等三部门关于改进和加强本市财政科技经费管理若干意见的通知》（沪府办发〔2008〕4 号）对财政科技经费管理提出明确要求："加大财政科技投入力度，优化财政科技投入结构"，"创新财政经费支持方式"；到"十一五"期末，要求市级、区级财政科技专项投入总量占当年财政支出的比例不低于 7% 和 5%。2011 年，上海市出台了《关于改革和完善市级财政科技投入机制大力促进科技成果转化和产业化实施意见的通知》（沪府办发〔2011〕40 号），对之后三年工作作出规划，逐步实现三个转变：市级财政科技投入的重点变为各部门集中投入，积极培育战略性新兴产业，大力推进高新技术产业化；市级财政科技投入的项目选择向多渠道、市场化的项目发现机制转变；市级财政科技投入的方式，从原来单一的经费拨款方式向事前资助、事中跟投、事后补偿等多种投入方式转变。

同时，党中央、国务院在科技体制改革方面出台一系列重大措施。2012 年，发布《中共中央　国务院关于深化科技体制改革加快国家创新体系建设的意见》（中发〔2012〕6 号），聚焦于如何让企业成为技术创新主体；中共上海市委、上海市人民政府对于贯彻这一文件出台实施意见，加强科技创新前瞻布局、培育发展战略性新兴产业、深入推进区域创新体系建设、深化科技管理改革。

上海市政府公共财政科技投入主要分为六类：

（1）科技计划经费，有《上海市科学技术委员会、上海市财政局关于修订〈上海市科研计划课题预算编制要求的说明〉的通知》（沪科合〔2008〕第 028 号）、《上海市科研计划课题预算编制要求的说明》（沪科合〔2009〕第 006 号）对科研计划课题预算编制提出具体要求；《上海市科研计划专项经费管理办法》（沪财教［2013］67 号）则优化了科研经费预算管理，健全人员绩效激励机制，完善事中、事后补助投入方式，探索"投资"和"奖励"等新型投入方式，并进一步明确监管责任。

（2）科研条件建设经费，《上海市国家级重要科研设施和基地建设的配套支持试行办法》（沪府办发［2009］6 号）、《上海市国家级重要科研设施和基地建设配套支持办法》（沪府办发［2013］21 号）对落户上海市的国家级设施基地，国家安排建设经费的，上海市可通过市财政经费和市级建设财力等渠道安排配套支持经费。

（3）重大科技专项配套经费，为了鼓励本市企事业单位承担国家重大（科技）专项和上海市重大科技项目，《国家重大（科技）专项和上海市重大科技项目资金配套管理办法（暂行）》（沪府办发［2007］19 号）对国家重大专项、上海市重大科技项目分类配套，配套比例为 10%。之后，《国家科技重大专项资金配套管理办法（暂行）》（沪府办发［2009］39 号）、《国家科技重大专项资金配套管理办法》（沪府办发［2013］38 号）等则细化了国家科技重大专项分配配套比例，并丰富了配套资金的财政支持方式，如前补助、后补助方式等。

《关于修订〈国家重要科技项目上海市地方匹配资金管理办法〉的通知》（沪科合［2009］第 007 号）对此阶段上海市支持国家重要科技计划项目范围进行说明，主要包括"863 计划"、"973 计划"、国家支撑计划、平台建设计划、自然科学基金项目，匹配资金经费投入原则上按照国家实际拨付的项目经费（扣除外拨部分）的 10% 计算。

（4）科研机构运行经费，保障从事基础研究、科研管理等科研机构的运营。

（5）公益性行业科研经费，对公益性科研任务较重的行业部门进行支持，组织开展本行业培育性、基础性科研工作。

（6）区域科技创新环境经费，引导各类科技计划以及区域科技创新环境建设。

（三）世博科技专项行动

2010 年，上海市举办主题为"城市，让生活更美好"的第 41 届世界博览会，这是中国举办的首届世界博览会。中央和地方政府极其重视。从 2005 年起，科技部、中国科学院、中国工程院、上海市政府联合教育部等 10 个部门和单位专门成立世博科技领导小组，启动实施世博科技专项行动，动员和利用全国科技资源、科研力量，提供上海世博会的科技支撑，满足上海世博会建设、环境、安全等领域的科技需求，力争实现上海世博园区的"低碳排放"、生态和谐、引领和带动战略性新兴产业的发展等目标。[①]

世博科技专项带动中央与地方财政投入的效果显著，中央与地方财政科技投入分别达到近 3 亿元、4 亿多元，同时还带动大量社会资金的投入，在建设、环境、展示及安全等六大领域布局实施了科技攻关项目 232 项，近千家科研单位、上万名科研人员参与研发，取得具有自主知识产权的科技成果 1 100 多项，并在世博园区的规划建设和运营管理体系中得到实际应用。

---

① 施勇：《"世博科技专项行动"打造"永不落幕的世博会"》，载《中国科技产业》，2010（4）：32—33。

三、第三阶段（2015 年至今）

2014 年以来，我国经济发展进入新常态，GDP 增速减缓，从高速增长转为中高速增长，依靠要素和投资驱动的发展方式难以为继，只有依靠创新驱动，国民经济才能更有质量的发展。国际方面，金融危机的深层次影响仍在继续，西方发达国家与地区开始反思现有发展模式，并重视科技创新战略，新一轮的科技革命和产业变革正在兴起，互联网日益成为创新驱动发展的先导性力量，科技创新的竞争成为国际经济竞争的重点。

在综合分析国内外形势的基础上，立足我国发展现状和上海具体实际，以习近平同志为核心的党中央对上海工作提出新要求：加快建设具有全球影响力的科技创新中心，提出上海要在推进科技创新、实施创新驱动发展战略方面走在全国前头、走到世界前列，加快向具有全球影响力的科技创新中心进军。这一国家战略的提出也是基于实现条件：当前多中心、多节点、跨国界的全球创新网络加速形成，并逐步呈现系统性东移，上海具备资源、市场、人才、开放、区位、政策等多种优势条件，建设具有全球影响力的科技创新中心既是国家战略要求，也是客观发展机遇。上海作为我国建设中的国际经济、金融、贸易和航运中心，必须服从服务国家发展战略，牢牢把握世界科技进步大方向、全球产业变革大趋势、集聚人才大举措。

另一方面，新一轮的深化科技体制改革开始启动，《中共中央、国务院关于深化体制机制改革加快实施创新驱动发展战略的若干意见》提出优化对基础研究的支持方式、切实加大对基础研究的财政投入，加大对科研工作的绩效激励力度，改革高等学校和科研院所科研评价制度等要求。自 2014 年起，中央财政科技计划（专项、基金等）管理开始深化改革。改革开放以来，国家相继设立了"星火计划"、国家自然科学基金、"863 计划"、"火炬计划"、"973 计划"等，这些计划的设立和实施集中解决了一大批制约经济和社会发展的技术瓶颈问题，为我国经济和社会的发展提供了有力的科技支撑，大幅度提升我国整体科技实力。但是由于各科技计划在不同时期分别设立，越设越多，存在项目设置重复、资金利用效率低等问题，不能够满足创新驱动发展战略的要求。科技部、财政部报请国务院印发了《关于改进加强中央财政科研项目和资金管理的若干意见》（国发〔2014〕11 号）、《关于深化中央财政科技计划（专项、基金等）管理改革的方案》（国发〔2014〕64 号），对中央各部门管理的科技计划（专项、基金等）进行优化整合。

正是在这样的背景下，《关于进一步加大财政支持力度加快建设具有全球影响力的科技创新中心的若干配套政策》（沪府办〔2015〕84 号）出台，提出财政投入、税收政策、科技成果转移转化等方面的配套政策，财政科技投入方面对重新规划科技计划体系布局、完善财政资金投入方式提出了指导性意见，之后为落实加快建设具有全球影响力的科技创新中心的系列政策陆续出台。

专项资金方面，设立人才发展专项资金，主要用于确保上海高层次人才队伍的发展，并推动上海科技创新中心的建设，专项资金向在沪发展的各类高层次人才开放。为培育发展"四新"经济，进一步优化产业结构，实现经济转型升级，2015 年上海市设立产业转型升级发展专项资金，采用以奖代补、无偿资助、贷款贴息、股权投资、保费补贴和购买服务等方式支持产业内涵发展、产业技术创新等方向，并出台了《上海市产业技术创新专项支持实施细则》（沪经信技〔2015〕769 号），对产业技术创新专项资金使用问题进行详细说明。

《上海市科研计划项目（课题）专项经费管理办法》（沪财发〔2017〕9 号）取代《上海市科研计划专项经费管理办法》（沪财教〔2015〕95 号），主要是在简政放权和规范管理方面进行了修改，简化了部分项目的预算编制、明确了结转结余资金留用处理方式等。

自然科学基金管理方面，主要出台了《上海市自然科学基金管理办法》（沪科〔2015〕227 号）、《关于修订〈上海市自然科学基金管理办法〉的通知》（沪科〔2016〕394 号）。基金经费来源主要是由上海市科技发展基金中划出一定额度的专项资金，以资助本市自然科学方面的基础研究和应用基础研究工作。

上海市在这一阶段优化调整市级财政科技计划，根据《本市加强财政科技投入联动与统筹管理实施方案》（沪府发〔2016〕29 号），全市财政科技投入专项优化整合为五类：基础前沿类专项、科技创新支撑类专项、技术创新引导类专项、科技人才与环境类专项，以及新设立的市级科技重大专项。由市级财政预算安排，用于此五项用途的专项资金整合为"上海市科技创新计划专项资金"，《上海市科技创新计划专项资金管理办法》（沪科合〔2017〕11 号）对此专项资金预算编制、审计监督等管理办法进行说明。对于重新规划后的每一类科技投入专项，相继出台了对应的资金管理办法，如《市级财政科技投入基础前沿类专项联动管理实施细则》（沪科合〔2017〕2 号）、《市级财政科技投入科技创新支撑类专项联动管理实施细则》（沪科合〔2017〕3号）、《市级财政科技投入科技人才与环境类专项联动管理实施细则》（沪科合〔2017〕4号）等详细规定了专项支持范围、重点与方式。政府在不同专项支持上扮演不同角色，有政府主导投入、先导投入以及引导投入等，资助方式包括事前或事后补助、绩效分档定额补助、奖励等方式。沪府发〔2016〕29号文件另外提出，要建立布局合理、功能清晰的财政科技投入管理体系和部门科技投入联动协同、重大科技投入统筹聚焦的管理机制，建设统一的市级财政科技投入信息管理平台。

第三章　产学研合作制度变迁的路径分析

通常情况下，科技创新涉及众多主体，科技创新活动由多个环节构成，需要主体间的密切协同和合作。因此，产学研合作以及科技成果转移转化的相关制度也是科技创新制度环境不可或缺的组成部分。

第一节　我国产学研合作制度变迁回顾

产学研合作是科研、教育、生产三种不同社会分工在功能与资源优势上的协同与集成化，是技术创新上、中、下游的对接与耦合。产学研合作对于一个国家的科技进步和经济发展有着至关重要的作用。同时，产学研合作的变迁也和一个国家科技体制、经济体制的变迁密不可分。站在国际视角，经济全球化的浪潮同样也是我国产学研合作体系不断发展和完善的一大动力。

我国早在 1958 年就提出了产学研结合发展的思路，但由于长期计划经济体制及其他因素的影响，直到 20 世纪 80 年代，大规模的产学研合作活动才蓬勃开展起来。①纵观改革开放以来的 40 年，我国产学研合作体系发生了翻天覆地的变化。改革开放以前，我国实行计划经济体制，技术转移机制主要由政府支配，具体体现为政府根据经济计划发布任务给大学及研究院所，研究院所从事相关的科研活动，最终的研究成果再通过政府转移给对应的企业。在这种体系下，技术转移的效率较高，国家的重大科技项目尤其是国防科技项目能得到较快的落实，例如"两弹一星"的成功，这体现了当时的产学研合作机制具有能够集中力量办大事的优势。但是，随着国家经济水平的进一步提高和科学技术的发展，原有的产学研相互分离的弊端日益显现，比如科研活力不足、缺乏创新。计划手段无法解决的各类难题也随之出现。于是，打破产学研之间鸿沟的呼声越来越高，产学研合作便应运而生了。

改革开放以后，我国先后进行了经济体制和科技体制的改革，前者使得市场调节在经济体制运行中取得了一席之地。后者则引导科技工作面向经济建设主战场。经济与科技相融合的优势越来越凸显，比如长江三峡水利枢纽的建成、人类基因组计划 1％基因的绘制、"银河域型"巨型计算机的研制等等，体现了国家整体创新能力的提高。与此同时，政府越来越重视产学研合作，产学研合作的政策体系开始蓬勃发展，中央政府在 1990 年之后的 20 年间出台的相关政策就达 170 项左右。

改革开放 40 年来，随着我国政治、经济、文化环境的变化，产学研政策体系也在不断丰富和完善。为便于对我国产学研合作政策演变的理解，按照我国经济体制改革的进程和产学研在国家创新体系建设中所发

---

① 辛爱芳：《我国产学研合作模式与政策设计研究》，南京工业大学，2004 年。

挥的作用，大致可能将产学研合作政策的发展划分为四个阶段：改革开放初期产学研合作政策的萌芽时期（1978—1991 年）、市场经济体制下产学研合作的政策探索时期（1992—1998 年）、促进企业为主体的产学研合作政策的发展时期（1999—2005 年）、产学研合作上升至国家战略高度的政策繁荣时期（2006 年至今）。①

一、产学研合作政策的萌芽时期（1978—1991 年）

（一）主要政策内容

表 3.1　1978—1991 年我国的产学研合作政策

年　份	名　称	主 要 内 容
1978 年	《1978—1985 年全国科学技术发展规划纲要（草案）》	提出了"全面安排，突出重点"的方针，确定了 8 个重点发展领域和 108 个重点研究项目。
1982 年	《关于我国科学技术发展方针的汇报提纲》	加强各级科学管理部门与各级经济部门的密切配合。
1984 年	《中共中央关于经济体制改革的决定》	增强企业活力，实行政企职责分开。
1985 年	《中共中央关于科学技术体制改革的决定》	使科学技术成果迅速地广泛地应用于生产。
1986 年	《国务院关于进一步推进科技体制改革的若干规定》	进一步放活科研机构和科研人员政策，促进多层次、多形式的科研生产横向联合，推动科技与经济的紧密结合。
1987 年	《高技术研究发展计划纲要（"863计划"）》	发展高科技，规范科研经费使用。
1988 年	国务院《关于深化科技体制改革若干问题的决定》	进一步建立科技与经济紧密结合的机制，促进传统产业技术改造和新技术、高技术产业的形成。
1988 年	"火炬计划"	促进高新技术成果商品化、高新技术商品产业化和高新技术产业国际化。

---

① 蔡嘉伟：《改革开放以来我国产学研合作政策的演变研究》，华南理工大学，2013 年。

如表 3.1 所示，这一阶段官方的政策表述中，并未明确出现产学研合作的字眼。

1978 年，《1978—1985 年全国科学技术发展规划纲要（草案）》首次提出"科研、生产、使用相结合"。1982 年，《关于我国科学技术发展方针的汇报提纲》提出科学技术与经济、社会应当协调发展，并把促进经济发展作为首要任务。1984 年，《中共中央关于经济体制改革的决定》指出改革的基本任务是从根本上改变束缚生产力发展的经济体制，建立起具有中国特色的，充满生机和活力的社会主义经济体制，并提出实行政企分开、杜绝平均主义，有效地提高了企业和员工的积极性。1985 年，《中共中央关于科学技术体制改革的决定》提出促进技术成果的商品化，开拓技术市场，以适应社会主义商品经济的发展，以及调整科学技术系统的组织结构，鼓励研究、教育、设计机构与生产单位的联合，强化企业的技术吸收和开发能力。1986 年，《国务院关于进一步推进科技体制改革的若干规定》提出进一步放活科研机构和对科技人员的政策，促进多层次、多形式的科研生产横向联合，推动科技与经济的紧密结合。1987 年，《高技术研究发展计划纲要》提出提高我国自主创新能力，以前沿技术研究发展为重点，统筹部署高技术的集成应用和产业化示范，充分发挥高技术引领未来发展的先导作用。1988 年，《国务院关于深化科技体制改革若干问题的决定》提出鼓励和支持科研机构以多种形式长入经济，发展成新型的科研生产经营实体、增加国家对基础研究经费的投入、培养选拔科技人才和各类专业技术人才，并充分发挥他们的作用。"火炬计划"的宗旨是实施科教兴国战略，贯彻执行改革开放的总方针，发挥我国科技力量的优势和潜力，以市场为导向，促进高新技术成果商品化、高新技术商品产业化和高新技术产业国际化。

（二）政策特点：尝试性与模糊性

在这一时期，产学研合作政策的最大特点就是尝试性和模糊性，首先，"产学研合作"的概念并未正式提出，有关促进科研机构和企业合作的内容也只是出现在其他科技政策、科技计划中。其次，有关产学研合作的政策内容基本上都是简单一笔带过，并未明确规定各方在合作中的地位、如何合作、合作的利益机制分配等内容。

（三）政策目标：缓解科技与经济建设脱节的矛盾

以上这些公共政策的出台，共同目标都是缓解科技与经济建设脱节，科研机构与生产线相分离的现状，尽管没有出现"产学研合作"字样，却明确了我国科技的总体发展方向，学研部门开始改变原来的计划管理模式，焕发出新活力，相关政策规定的出台打破了产学研主体相互分离的状况，合作资金的筹集渠道也逐步走向市场，部分科研成果开始转化为生产力，产学研合作在社会层面上的摸索也应运而生。在这一摸索过程中，产学研各方逐步打破禁锢，探求多种合作的方式，主要模式包括成果转让、技术服务、技术开发，推动了科研成果的市场化、商品化。

（四）时代背景

1. 国内背景

这一时期国内处于"文化大革命"后的调整时期，百废待兴。"文化大革命"混淆敌我，践踏社会主义民主法制，冤假错案堆积如山的现象亟须消除。改革开放后，党和政府的各级机构、各级人民代表大会和政协组织逐步改变长期的瘫痪和不正常状态；公检法等专政机关和维护社会秩序的机关也开始恢复正常工作；被抛在一边，形同虚文的宪法与法律的权威重新得到重视。国民经济总体情况得到了恢复和好转。同时，党和国家开始认识到科技和知识分子在经济建设中的重要性。"科学技术是生产力"、"知识分子是无产阶级的一部分"的著名论断搬掉了压在知识分子心里多年的石头，其地位和作用重新开始得到了全社会的认可。人们也从"文化大革命"的极左思想中解放出来，从而为改革开放、拨乱反正等一系列新政策、新主张、新思想、新办法的提出，打开了通道，提供了思想空间和条件。进入 20 世纪 80 年代，政治上趋向稳定，随后我国开始进行经济体制改革，进行市场导向的改革，经济发展开始有了活力。同时，旧科技体制的制约性在 20 世纪 80 年代中期逐渐显现，影响了科学技术在经济建设重要作用的发挥，我国随之实施科技体制改革，科技事业发展也出现新局面。这些都为产学研合作政策的产生创造了条件。

2. 国际背景

从国际上看，这一时期和平与发展成为世界的两大主题，这是我国制定新时期的科技政策考虑的重要因素。20 世纪 70 年代前，我国一直把"人民要革命，国家要独立，民族要解放"作为时代的主要潮流和主要特征，这一情况随着国际形势的变化逐步改变。另一方面，20 世纪 40 年代末 50 年代初，人类历史上的第三次科技革命悄然兴起。进入 20 世纪七八十年代后，科技革命进入一个新的更高的发展阶段，各领域都出现了异常活跃的形势。其中以信息技术、新材料技术、生物技术和海洋技术的发展最为突出，赫然构成了一个前所未有的新科技群，标志着生产力质变的狂飙时期到来。另外，20 世纪 80 年代后，世界主要发达国家的产学研合作事业得到了充分发展，引起我国政府的强烈关注，国外产学研合作的成功案例为我国出台产学研合作政策，引导生产部门和科研机构相结合，提供了可参考和借鉴的依据。

二、市场经济体制下产学研合作政策的探索时期（1992—1998 年)

（一）主要政策内容

表 3.2　1992—1998 年我国的产学研合作政策

年　份	名　　称	主　要　内　容
1992 年	《产学研联合开发工程计划》	建立产学研合作联盟，促进科技成果转化。
1992 年	《国家中长期科学技术发展纲领》	阐明我国中长期自然科学技术发展的战略、方针、政策和发展重点，指导我国 2000 年至 2020 年科学技术与经济、社会的协调发展。
1993 年	《科学技术进步法》	促进科学技术成果向现实生产力转化，推动科学技术为经济建设和社会发展服务。
1994 年	《适应社会主义市场经济发展深化科技体制改革实施要点》	建立科技与经济密切结合的新型体制。
1994 年	《关于高等学校发展科技产业的若干意见》	建立现代企业制度，完善财务、人事管理制度，为高校创造科技产业发展的环境和条件。
1995 年	《关于加速科学技术进步的决定》	全面落实科学技术是第一生产力的思想，促进各领域科技进步，加大科技投入。
1996 年	《技术创新工程纲要》	以企业为主体，以市场为导向，以大中型企业为重点，从政府、企业、社会三方面系统推进技术创新工作。
1996 年	《关于"九五"期间深化科学技术体制改革的决定》	完善科技体制总体布局。

1992 年，《产学研联合开发工程计划》旨在进一步密切科研院所、高校与企业之间的关系，调动三者的积极性，发挥各自的优势，加快我国高新技术成果的产业化。《国家中长期科学技术发展纲领》提出加强市场调节的作用，加速科学技术成果向生产的转移，促进科技同经济的结

合，使得科技、教育和生产之间的联系更加密切。1993 年，《科学技术进步法》提出促进科学技术成果向现实生产力转化，推动科学技术为经济建设和社会发展服务，鼓励科学技术研究开发与高等教育、产业发展相结合。1994 年，《适应社会主义市场经济发展深化科技体制改革实施要点》提出要培育、发展技术市场，大力发展民营科技型企业，进一步促进科技成果的商品化、产业化、国际化。《关于高等学校发展科技产业的若干意见》提出我国高校已成为发展高科技、实现产业化的重要力量，高等学校应以学科优势为依托，以市场为导向，积极扶植若干辐射型企业，以利于教育、科技、经济相互渗透，发挥孵化功能和试生产作用，大力推进产学合作联办科技企业。1995 年，《关于加速科学技术进步的决定》提出科技与教育要相结合，要继续推动产、学、研三结合，鼓励科研院所、高等学校的科技力量以多种形式进入企业或企业集团，参与企业的技术改造和技术开发，以及合作建立中试基地、工程技术开发中心等，加快先进技术在企业中的推广应用。1996 年，《技术创新工程》提出要从源头上促进科技与经济的结合。《关于"九五"期间深化科学技术体制改革的决定》指出要推动科研机构、高等学校、企业，集中力量，联合攻关，要稳住一支高水平的科研队伍，开发高技术成果，实现产业化。

（二）政策特点：探索中逐步推广

相对于上一时期，这一时期关于产学研合作专门性政策的出台，使我国产学研合作政策体系建设有了质的飞跃。而且，在法律、财政税收等方面对于产学研合作相关规定的增加也意味着我国的产学研合作政策开始走向全面和系统化。这一时期政府开始转型，政策以项目为主，实施上逐步下放到市场上的中小型企业，政策工具包括财政税收优惠、科技项目资助、法律支持等等，充分调动了合作主体的主动性，引导产学研活动的全面开展。虽然这一时期后期出台的少数政策中有提出以企业作为技术创新的主体，但在这一时期内围绕谁是技术创新主体问题仍存在争论，从 R&D 的相关数据上来看企业尚未成为真正的合作主体，企业与学、研的关系也不明确，科研机构企业化、教育产业化、企业自办研究机构等，都是这一段时期的尝试。从总体上看，关于推进产学研合作的政策设计总体还处于探索之中。

（三）政策目标：促进形成与市场经济体制相适应的产学研合作机制

这一时期的政策重在加强产学研主体的联系，将各方在合作过程中的优势相结合，促进与我国市场经济体制相适应的产学研合作机制的形成，创造新的经济增长点。可以看到，这一时期政策不仅仅关注促进科技成果转化本身，更多的是关注如何在市场经济体制下促进产学研有效合作机制的形成。

（四）时代背景

1. 国内背景

这一时期，我国明确了经济体制改革的目标是建立社会主义市场经济体制，并对经济体制的改革目标和原则进行了系统、具体的说明，形成了社会主义市场经济体制的基本框架。一方面党的十五大阐述了社会主义初级阶段理论，确定了党在社会主义初级阶段的基本经济纲领，即公有制为主体、多种所有制经济共同发展的基本经济制度，改革进一步向纵深发展，这大大激发了我国产学研合作事业的活力。另外，我国首次提出实施科教兴国战略，并将"科教兴国"作为基本国策。以江泽民同志为核心的党中央提出，科教兴国是"科学是第一生产力"著名论断的延续，是将科技和教育放在经济增长重要位置的战略思想，这为我国科教事业的发展提供了清晰的方针指导，也为产学研合作的进一步发展确保了思想根基。此外，就是依法治国基本方略的确立。1997 年 9 月，党的十五大提出党领导人民治理国家的基本方略是依法治国，旨在将我国各方面事业的发展纳入法治轨道，逐步克服过往"人治"的严重缺陷，让一切有法可依、有法必依，实现国家建设和社会发展的制度和规范化。我国社会主义法治社会的建设从此拉开序幕，也促进了产学研合作的法律环境建设。

同时，高校科技园如雨后春笋般涌现。1992 年上海工业大学科技园区建立，随后哈尔滨工业大学、北京大学、清华大学等高校纷纷成立大学科技园。大学科技园成为高校科技成果转化的新方式，成为产学研结合的重要平台。①

2. 国际背景

20 世纪 90 年代以来，国际社会发生诸多重大变化：一是全球化的深入拓展推动了国家与市场利益的进一步统一，国家之间相互依存程度提高，但由于全球化的不平衡发展使得民族主义难以在短期内消除。二是苏联的解体。苏联解体虽然结束了两极格局对立的局面，但是美国霸权影响力并没有增加，和平与发展依然是世界的两大主题，各国为了解决矛盾，寻求发展，倾向于签署共同遵守的国际规则。三是高新科技的发展强烈影响着国家安全观念和格局。国家安全观念首先包括经济安全，集

---

① 何爽、谢富纪：《我国产学研合作的现状与问题分析及相应政策研究》，载《科技管理研究》，2010，30（12）：2。

中表现在对一体化国际市场的占有，在这一时期的国际竞争中表现得越来越明显；其次是文化安全，凭借着科技优势，发达国家的文化影响力越来越大，而这种靠文化传播和渗透的潜在影响不容忽视；再次是国防安全，这一时期高技术已经成为国家军事安全的核心要素和支撑力量，是全球竞争中力量的集中体现；最后是全人类与生态环境的共同安全，在这一时期提到的"安全"，不仅指向人类自身的生存状态，而且包括了人与自然的关系及生态安全。四是技术创新能力成为国际市场竞争中的关键因素。从这一时期的亚洲金融危机中，可以看出技术创新在经济发展中的极端重要性。亚洲"四小龙"中，我国台湾地区受国际金融危机的影响最小，新加坡次之，韩国最重，它们的科技竞争力强弱也和这个顺序基本一致。在科技竞争力的排名表上，我国台湾地区、新加坡、韩国的名次分别是第 7 名、第 9 名、第 28 名。所以，迅速提高科技实力特别是技术创新能力，已经成为发展中国家发展经济、自强自立的当务之急，是事关民族利益、地位乃至民族生存的迫切任务。

三、促进企业为主体的产学研合作政策的发展时期（1999—2005 年）

（一）主要政策内容

表 3.3　1999—2005 年我国的产学研政策

年　份	名　　称	主　要　内　容
1999 年	《关于加强技术创新，发展高科技，实现产业化的决定》	促进技术创新和高新技术，发展科技中介服务，完善科技金融政策。
1999 年	《关于国有企业改革和发展若干重大问题的决定》	推进国有企业改革，建立比较完善的现代企业制度，使国有企业在国民经济中更好地发挥主导作用。

年　份	名　　称	主　要　内　容
2000 年	《关于加速实施技术创新工程以形成以企业为中心的技术创新体系的意见》	进一步加大技术创新力度，加强技术创新体系、机制和能力建设，加快技术进步和产业升级，促进企业的改革和发展。
2001 年	《关于推进行业科技工作的若干意见》	坚持技术创新与体制创新相结合，推动行业科技进步。
2002 年	《国家产业技术政策》	积极推动技术创新能力与产业技术水平的提高，推进我国产业结构优化升级、培育新的经济增长点，进而提高我国经济整体素质。
2005 年	《关于制定国民经济和社会发展第十一个五年规划的建议》	全面贯彻科学发展观，建设社会主义新农村，推进产业结构优化升级，促进对外开放等。

　　1999 年，《关于加强技术创新，发展高科技，实现产业化的决定》提出要促进企业成为技术创新的主体，全面提高企业技术创新能力，要加强企业与高等学校、科研机构的联合协作。《关于国有企业改革和发展若干重大问题的决定》提出要加强企业的科研开发和技术改造，重视科技人才，促进产学研结合，形成技术创新机制，走集约型和可持续发展道路。2000 年，《关于加速实施技术创新工程以形成以企业为中心的技术创新体系的意见》提出要进一步从体制改革入手，突出企业在转化中的主体地位，增强其实际转化能力，加快应用性科研机构的企业化转制。注重对社会科技资源的优化配置，激活现有科技资源，通过多种形式的产学研联合、政策引导和资金支持，积极探索适合我国国情的产学研合作模式和有效的运行机制。2001 年，《关于推进行业科技工作的若干意见》提出要建立以企业为创新主体，产学研相结合的开放型行业科技进步体系，强化具有自主知识产权的科技创新活动，提高可持续发展的创

新能力，用高新技术和先进适用技术改造与提升传统产业，推动高新技术产业化。2002 年，《国家产业技术政策》提出建立以企业为中心、风险共担的产学研结合机制，鼓励归国留学人员创新开发，推进产学研之间科技人员的合理流动，支持科技人员从事成果转化。2005 年，《关于制定国民经济和社会发展第十一个五年规划的建议》提出建立以企业为主体、市场为导向、产学研相结合的技术创新体系，形成自主创新的基本体制架构，继续深化科技体制改革，调整优化科技结构，整合科技资源，加快建立现代科研院所制度，形成产学研相结合的有效机制。

（二）政策特点：以企业为合作主体，走向体系化

这一时期，产学研合作政策的发展方向更加明确，各类政策形成更为全面的体系，其重心逐步从如何在市场经济体制下形成产学研的有效合作机制转向如何促进以企业为主体的产学研合作转变。可见，政策发展有了新的方向和重点，在关注促进科技成果转化活动，加快建立与市场经济体制相适应的产学研合作机制的同时，愈发重视以企业为主体的产学研合作渠道的多元性。首先，为了引导智力、财力、物力流向发展前景广阔和具备核心竞争力的高新技术产业，政府强化了对借助大学科技园等集中创新中心的合作项目的政策保障。其次，鼓励学研部门发挥自身特点和优势，以多样化的模式实现与企业的积极合作，走以企业为主体的产学研合作道路。

（三）政策目标：促进企业为主体的产学研合作机制

由以上的产学研合作政策可以看出，这一时期政策的重点目标主要是把技术创新活动纳入市场经济的体制框架下，加速形成以企业为核心

的技术创新体系，推进产、学、研合作，促进科技成果向现实生产力的转化。

（四）时代背景

1. 国内背景

随着改革开放的深入和社会主义市场经济的发展，这一时期我国的社会生活发生了广泛而深刻的变化。经济上，生产力水平迈上了一个新台阶，商品短缺状况基本结束，市场供求关系发生了重大变化；社会主义市场经济体制初步建立，市场机制在配置资源中日益明显地发挥基础性作用，市场化改革向着纵深化方向发展，其标志性事件是 2001 年 12 月 11 日，我国正式加入世界贸易组织，成为其第 143 个成员；社会经济成分、组织形式、利益分配和就业方式的多样化得到进一步发展。政治上，由于加入世贸组织的关系，政府的职能进一步转变，主要体现在政府与企业、政府与市场关系的调整以及政府自身改革上；政治体制改革逐步深化，法律法规体系逐步建立完善，社会主义民主的建设进程加快；执政党提出了两个重要理论："三个代表"重要思想从根本上回答了在新形势下中国应该建设一个什么样的执政党和怎样建设执政党的问题，阐述了中国的立党之本、执政之基、力量之源。而科学发展观则是在总结了 20 多年改革开放实践经验的基础上，指明了我国未来的发展方向；建设国家创新体系也成为我国这一时期的重要战略目标。这一时期，我国也面临着许多不容忽视的问题：人口过多、环境污染严重、居民收入差距扩大、地区经济发展差距扩大、城乡差距扩大、失业问题突出等等，这些情况构成了我国这一时期的国内背景。总而言之，形成与该背景相适应的产学研合作政策体系以引导和保障产学研合作，对于应对加入世贸组织的冲击，完善社会主义市场经济体制，构建国家创新体系，促进可持续发展等都具有重要的意义。

2. 国际背景

这一时期处于新旧世纪之交，世界发展的新形势给我国的建设事业带来诸多机遇和挑战，尤其是随着我国加入世贸组织，教育、科技、经济等众多领域面临着全面或部分开放巨大的机遇和挑战。在和平与发展依旧是时代主题的这一时期，国际格局显示出新的金字塔型结构特征：美国仍然是全球最具影响力的政治、经济和军事超级大国，居于塔尖位置，俄中日欧位居次席。除了这五大力量以外，其他综合国力偏弱的国家构成金字塔的底部。另一方面，随着经济全球化趋势的进一步发展。旧的国际治理规则将进行修改，新的规则将出台；大国间围绕新国际规则的制订将在加强协调的同时，展开激烈的争夺。面对全球局势发生的重大变化，世界主要国家都在进行新的思考和调整。在全球范围内争取社会发展的重要资源，是发达国家维护它们领先地位的有效途径。而参与全球化的国际市场竞争，则是发展中国家追赶的唯一途径。要维护自身的领先地位，发达国家不仅要夺取资源提高自身的发展速度，而且还要通过各种手段制约和降低对手的发展速度。这些国家制约竞争者的手段包罗万象，包括经济手段、政治手段、文化手段，其中最重要的就是科学技术创新。面对这样的竞争形势，作为发展中国家的我国，企业创新体系是否经受得住考验，成为提高我国国际竞争力的关键。既然要提升企业创新能力，通过政策推动产学研合作显得尤为重要。

四、产学研合作上升至国家战略高度的政策繁荣时期（2006 年至今）

（一）主要政策内容

表 3.4 2006 年至今我国的产学研政策

年 份	名 称	主 要 内 容
2006 年	《中共中央、国务院关于实施科技规划纲要增强自主创新能力的决定》	以增强自主创新能力为主线，以建设创新型国家为奋斗目标，对我国未来 15 年科学和技术发展作出了全面规划与部署。
2006 年	《国家中长期科学和技术发展规划纲要（2006—2020 年）》	促进我国科学技术创新发展，尤其是国防事业、环境保护事业的创新发展，促进全面建设小康社会目标的实现、社会主义现代化建设的成功。
2009 年	《技术创新工程》	形成和完善以企业为主体、市场为导向、产学研相结合的技术创新体系，大幅度提升企业自主创新能力。
2009 年	《关于发挥科技支撑作用促进经济平稳较快发展的意见》	充分发挥国家高新区在引领高新技术产业发展、支撑地方经济增长中的集聚、辐射和带动作用。
2009 年	《关于做好支持科技人员服务企业的通知》	动员广大科技人员深入一线服务企业。
2011 年	高等学校创新能力提升计划	以人才、学科、科研三位一体创新能力提升为核心任务，深化高校的机制体制改革，转变高校创新方式。
2011 年	《关于加强中央企业科技创新工作的意见》	大力实施科技创新战略，全面提升企业核心竞争力，推动企业转型升级，在创新型国家建设中发挥骨干带头作用，实现创新驱动发展。
2012 年	《服务业发展"十二五"规划》	加强金融市场体系建设，有序发展和创新金融组织、金融产品和服务，优化社会融资结构。
2013 年	《国家高新技术产业开发区创新驱动战略提升行动实施方案》	进一步探索有利于科技与经济社会发展紧密结合的体制机制、率先建立以企业为主体的技术创新体系、加快培育和发展战略性新兴产业。

123

续表

年　份	名　　称	主　要　内　容
2014 年	《关于加快国家高技术产业基地创新发展的指导意见》	以科学发展观为指导，以深化改革为路径，以支撑创新发展和产业结构转型升级为目标，发挥市场配置资源的决定性作用和更好地发挥政府作用，加快优化创新发展环境，增强自主创新能力。
2015 年	《深化科技体制改革实施方案》	推动以科技创新为核心的全面创新，推进科技治理体系和治理能力现代化，促进军民融合深度发展，激发大众创业、万众创新的热情与潜力，主动适应和引领经济发展新常态。
2018 年	《关于推动民营企业创新发展的指导意见》	发挥企业主体作用与政府引导作用相结合，推进产学研深度融合，协调推进大中小企业健康发展。

2006 年，《中共中央、国务院关于实施科技规划纲要增强自主创新能力的决定》提出：强化企业在技术创新中的主体地位，建立以企业为主体、市场为导向、产学研相结合的技术创新体系，大力推进产学研相结合，鼓励和支持企业同科研院所、高等院校联合建立研究开发机构、产业技术联盟等技术创新组织。《国家中长期科学和技术发展规划纲要（2006—2020 年）》提出建设以企业为主体、产学研结合的技术创新体系，并将其作为全面推进国家创新体系建设的突破口、建设科学研究与高等教育有机结合的知识创新体系。2009 年，《技术创新工程》提出促进企业技术创新人才队伍建设，引导博士后和研究生工作站在产学研合作中发挥积极作用，引导和支持若干重点领域形成产学研战略联盟。《关于发挥科技支撑作用促进经济平稳较快发展的意见》提出建立以企业为主体、产学研相结合的产业技术创新战略联盟。《关于做好支持科技人员服务企业的通知》提出把动员科技人员深入基层服务企业作为深化改革、

推进产学研结合、加快创新体系建设的重要契机。2011 年，《高等学校创新能力提升计划》提出打破分散封闭、加强协同创新、促进科教结合和产学研用结合等发展理念，这些理念的提出必将对加快国家创新体系建设和人力资源强国建设产生深远的影响。《关于加强中央企业科技创新工作的意见》提出加强产学研结合，建立合作的长效机制，加强企业间、产业链上下游的合作创新，形成优势互补、分工明确、成果共享、风险共担的开放式合作机制，同时还提出加强国际科技合作。2012 年，《服务业发展"十二五"规划》提出加快发展科技成果转移转化服务，提升技术转移机构的市场化运作和增值服务能力，强化产学研合作过程中的技术成果中试和熟化服务，推进技术市场交易模式和机制创新，提升技术市场网络化、信息化、国际化水平。2013 年，《国家高新技术产业开发区创新驱动战略提升行动实施方案》提出深化产学研合作。创新产学研合作模式、健全产学研合作公共信息服务平台。2014 年，《关于加快国家高技术产业基地创新发展的指导意见》提出大力鼓励产学研结合，充分利用产学研联盟等各种有效机制，推动国家高技术产业基地与高等院校和科研院所建立紧密的合作关系，鼓励高校、科研机构在国家高技术产业基地建立分支机构，培育一批产学研紧密结合的重大应用示范项目。2015 年，《深化科技体制改革实施方案》提出鼓励构建以企业为主导、产学研合作的产业技术创新战略联盟，制定促进联盟发展的措施，按照自愿原则和市场机制，进一步优化联盟在重点产业和重点区域的布局，加强产学研结合的中试基地和共性技术研发平台建设。2018 年，《关于推动民营企业创新发展的指导意见》提出充分发挥全国工商联所属商会的作用，组织行业内有代表性的民营企业联合高校、科研机构、国有企业、社会服务机构等共同发起建立产业技术创新战略联盟，完善产学研协同创新机制，推动基础研究、应用研究与技术创新对接融通；搭建产学研合作等创新服务平台。

（二）政策特点：重心下移，服务为主，繁荣发展

这一时期的产学研合作政策一方面坚持了上一时期的政策方向，而且更重视产学研合作活动如何对接企业重大的科技需求，更多地引导企业全过程的参与，确立了企业的主体地位。这一时期的政策也更强调依托国家科技计划和重大专项推动重点领域、优先主题上的产学研联合攻关，着力攻克一批关键国家需求领域的核心技术难关，比如技术创新工程、产业技术创新战略联盟、"2011 计划"。值得一提的是，这一时期产学研合作政策目标有了层次上的提升，政策的重心则由中央政府向地方政府下移，其重点也由注重经济目标向兼顾社会目标迈进，这和我国政府发展观的转变是同步的。产学研合作的政策保障与支持系统由行政性主导向社会化参与转变，提供科技服务的中介机构开始成长，除政府少量的投入外，企业自主筹措技术开发资金成为主要资金来源，银行和国内外风险资本也开始介入科技成果孵化与高新技术产业化等环节，产学研资金投入渠道呈现多元化趋势。产学研合作的方式越来越多样化，并由点到面全面铺开，例如广东省与教育部省部产学研合作的开展。

（三）政策目标：促进自主创新背景下的产学研合作机制

这一时期的政策的核心目标是通过多种方式完善以企业为主体、产学研合作的技术创新体系以提高我国的自主创新能力，加快创新型国家的建设进程，从而合理调整产业结构，转变经济增长方式，推动我国经济又快又好地发展，同时增强综合国力，为在国际竞争中立于不败之地创造关键条件。

（四）时代背景

1. 国内背景

这一时期，我国的经济保持高速发展，丰富的劳动力资源、较高的国民储蓄率为我国经济持续快速发展提供了坚实保障；逐渐提高教育、科技水平及不断完善的基础设施，为产业结构进一步调整提供了有力支撑；社会主义市场经济体制逐步完善，社会政治生态保持长期稳定，城乡居民的消费结构逐步转变升级，现代化建设进程进一步加快，整个社会呈现出良好发展态势。但是，这一时期也出现各种不容忽视的问题，我国仍然处于社会主义的初级阶段，生产力水平还不够高，经济发展与生态环境资源之间的矛盾依然尖锐，建立在资源高消耗基础上的粗放型经济增长模式已经走到了尽头，增长方式急需完成转变，自主创新能力不强的瓶颈更是直接影响了我国经济国际竞争力的提高和可持续发展。因此，通过以自主创新为导向的产学研合作，提高我国经济的国际竞争力和可持续发展能力成为这一时期刻不容缓的主题。

2. 国际背景

近年来，和平、发展、合作仍然是时代的潮流。一方面，世界各种政治力量的抗衡维持了国际环境的整体稳定，和平的国际环境有利于我国政治、经济、社会的进一步发展。另一方面，随着经济全球化趋势逐渐深入，我国与世界各国经济相互联系和影响的程度日益加深，虽然这在一定程度上给我国的经济带来了挑战，但更多的是我们需要把握的机遇：全球日新月异的科技创新致使生产要素流动和产业转移速度加快，这为我国传统产业的改造升级和高新技术产业的快速发展提供了有利条件，我国可以利用两个市场、两种资源提高自主创新能力，以缓解经济发展主要制约因素的影响。另外，2008 年爆发了又一次的国际金融危机，在经济全球化的环境下我国也不可避免地受到了冲击，主要表现为进口业务大幅缩减、对外投资亏损、外来投资减少等等，这也给我国政府和市场敲了警钟，必须提高自主创新能力，拥有核心竞争力，才能在新的金融危机当中把负面影响减到最低，其中产学研合作无疑是最有效的途径。[1]

综上所述，改革开放 40 年来我国产学研合作的发展趋势主要表现为：合作观念进一步转变、合作层次不断深入、合作规模不断扩大、合作内容更加广泛、合作行为更加规范。

第二节　上海产学研合作制度变迁的路径及影响因素分析

产学研合作是科技资源与产业资本相结合，加快科技向现实生产力转化，形成科技创新与经济发展紧密结合的有效途径。[2]上海的产学研合作起始于 20 世纪 80 年代初，发展于 20 世纪 80 年代末至 90 年代，大致经历了四个阶段。

---

① 刘瑞、吴静、张冬平、沙德春、王文亮：《中国产学研协同创新政策的主题及其演进》，载《技术经济》，2016，35（08）：7。

② 许观玉：《基于产业集群理论的视角对上海产学研联盟的思考》，华东师范大学，2007 年。

一、以高校为企业提供"四技"服务为主要科技服务形式的阶段 (20 世纪 80 年代初至 80 年代末)

20 世纪 80 年代初，国家对高校和科研机构的科技拨款体制进行了改革，允许高校通过为企业服务来多渠道筹措科研经费，以弥补科技经费投入不足，并提出了"科学技术要面向经济建设，经济建设要依靠科学技术"的科技发展总方针。同时，国家开始实施由计划经济向市场经济转轨，技术作为商品和资源的地位被承认。企业可以通过市场手段获取相关的技术，高校也可以为企业服务来获取一定的经费，来弥补科技经费的不足。

高校通过为企业提供"四技"服务（"技术服务、技术转让、技术咨询和技术委托"），助力企业的技术创新，推进科技成果的转化，"四技"服务成为当时高校与企业联合的主渠道。1981 年，上海市的 18 所高校发起组织了上海高校科技服务中心，组织全市高校的科技资源开展对口服务和技术洽谈。各高校也相应成立了科技服务部，对高校的科技服务进行归口管理。高校的科技服务工作，极大地促进了高校科技工作的发展，弥补了高校科研经费的不足，上海高校通过科技服务所获得的科技经费占高校科技总经费的比例逐年提高，企业对高校科学研究工作也有了更为深入的了解。

二、以上海市政府组织企业、高校和科研院所开展联合科技攻关 为主要标志的阶段（20 世纪 80 年代末至 90 年代初）

为了加快上海工业结构调整，推动高新技术产业化，增强工业发展后劲，促进科技与经济的结合，1988 年上海市政府率先组织开展了 14 项重点工业项目大会战，并成立了上海市科技结合经济领导小组。组织主要高校、国有大中型企业和科研院所等单位联合开展了针对重点产业的技术攻关。攻关计划以企业为主体，以重点攻关项目为桥梁，以产业化、商品化为目标，以招投标和合同制为手段，突破条块分割，实行高校与企业的联合，这种模式后来成为全国产学研联合的雏形。

重点攻关计划联合了上海各路科技大军进入经济建设的主战场，加速了上海市六大支柱产业的发展。在重点攻关计划中，上海高校发挥了重要的作用，共承担了全部项目的 36.8%，在一些高新技术领域内比例高达 70%。

从 1989 年起连续 11 年，上海市经济委员会（上海市产学研联合工作协调办公室）组织了 11 次重点产品开发和技术难题攻关招标活动，这些技术难题攻关项目突出以市场需求为导向，以经济效益为目标，项目攻关必须由企业提出申请，同时必须有高校或科研机构参加才能立项，每一项科技成果产业化必须明确一家企业来承担，改变了以往科技立项与经济发展脱节的情况。

另外，上海市高校服务中心每年组织多次企业的技术需求和高校技术成果转让双边洽谈活动，分不同的行业由企业提出技术需求，高校提出可转让的科技成果，通过双向的洽谈交流，达成合作意向，帮助企业技术开发和产品升级，后来又发展到外省市，苏浙两省很多企业通过交流洽谈活动，得到了上海高校的技术支持，上海高校和上海化工行业协会至今还保持着每年一次的双边交流。在 11 次技术难题攻关活动中，共达成技术难题合作攻关项目 1 000 多项，项目实施后，新增产值 24.7 亿元，新增利税 3.86 亿元。

三、产学研合作向深层次发展，依托园区，产业趋向集聚，产学研联盟初具雏形的阶段（20 世纪 90 年代初至 2014 年）

20 世纪 90 年代初，国家提出"科教兴国"的基本国策，上海市则提出"科教兴市"的发展战略，进一步促进了产学研工作的发展，产学研工作步入一个快速发展的时期。产学研合作加速了科技成果的转化与产业化，加强了创新创业人才的培养，对上海经济高速发展起到了重要的支撑作用。

通过产学研合作，共同推进成果转化与产业化获得社会更多的支持。上海市根据高校的特点，不断探索产学研联合的模式，出现了工程（技术）研究中心、技术转移中心、大学科技园、联合研究基地、校办高科技企业和共同设立产学研基金等多种形式的产学研联合模式，并向"优势互补、利益共享、风险共担、紧密合作、共同发展"的产学研联盟方向发展。高校通过产学研合作获得的科研经费快速增加，企业已成为高校科研的主要投资方。

（一）知识产权

2001 年加入世贸组织后，我国加大了知识产权保护与管理的力度，并确立了专利战略作为我国科技发展的主要战略，为此科技部和相关部委陆续出台了一系列有关知识产权保护与管理的政策。如《关于加强与科技有关的知识产权保护和管理工作的若干意见》、《关于国家科研计划项目研究成果知识产权管理的若干规定》、《关于加强国家科技计划知识产权管理工作的规定》，这些文件对于将知识产权管理工作纳入科技管理工作起到了积极的推动作用，特别是明确了国家科技计划项目研究成果及其形成的知识产权，除涉及国家安全、国家利益和重大社会公共利益的以外，国家授权项目承担单位依法自主决定实施、许可他人实施、转让、作价入股等，并取得相应的收益。这种类似于美国拜杜法案的规定，是我国科技管理体制上的重大突破，给我国知识产权保护与管理工作带来深刻的影响。

上海一直以来重视并不断加强有关知识产权的立法研究和法规修订。自 2002 年 7 月 1 日上海市首部地方性知识产权法规——《上海市专利保护条例》（2001 年 12 月 28 日，上海市人民代表大会常务委员会公告第 60 号）颁布施行以来，上海市人大对上海知识产权法规的立法研究工作不断增强，对上海有关法规中涉及知识产权工作相关条款的修订力度也不断加大。具体包括《上海市高等学校知识产权管理办法》（2002 年 12 月 31 日，上海市教委、上海市知识产权局，沪教委科（2002）61 号）、《上海市科学技术委员会科研计划项目研究成果知识产权管理办法（试行）》（2003 年 7 月 8 日，上海市科学技术委员会）、《关于进一步加强上海市高等学校知识产权工作的若干意见》（2003 年 9 月 10 日，上海市教育委员会、上海市知识产权局）等。

2004 年 5 月，上海市人大常委会以"科教兴市与上海新一轮发展"为主题，牵头组织开展了"上海市促进科教兴市战略实施立法框架课题研究"工作，知识产权作为 19 个分课题之一列入了研究范围；2004 年 12 月。上海市人大对《上海市（高新）科技成果转化条例》中包括知识产权部分在内的有关条款进行了重大修订，形成《上海市促进高新技术成果转化的若干规定》；2005 年 7 月，上海市人大为做好《上海市科技进步条例》中知识产权相关条款的修订工作，在上海企业中就"自主知识产权创新能力培育与开发"情况进行了调查研究。在这期间，上海市发布了作为"科教兴市"战略的重要组成部分的《上海知识产权战略纲要（2004—2010 年）》（以下简称《战略纲要》）。《战略纲要》共分 5 个部分，即背景、指导思想和基本原则、总目标和分类目标、工作重点和措施、战略实施和评估。《战略纲要》以科学发展观为指导，突破知识产权瓶颈问题，推动上海实现跨越式发展；以坚持制度创新、完善市场机制、实现重点突破为基本原则，提出到 2010 年上海市知识产权工作的发展目标，为未来的知识产权工作指明发展方向。总目标是通过 7 年时间的努力，逐步建立适应社会主义市场经济体制要求、符合市场经济规律和国际规则、科学有效的知识产权工作机制，基本形成知识产权创新体系、保护体系、公共服务体系。主要分类目标有：专利申请量和授权量、商标、版权、集成电路布图、植物新品种五个方面的发展和提高。工作的重点和措施主要有"四大抓手"：激发创新能力、有效保护知识产权、转变政府管理职能和建立健全知识产权服务体系，培养和集聚一大批知识产权优秀人才，以及知识产权的创造、保护、运用和人才培养四个环节。

（二）风险投资

在 1993 年和 1996 年出台的《中华人民共和国科技进步法》、《中华人民共和国促进科技成果转化法》中都还没有涉及风险投资的问题。1998 年 3 月，被称为政协"一号提案"的《关于尽快发展我国风险投资事业的提案》的发表，标志着风险投资已引起政府的重视，并进入了实际的探索与操作。1999 年 5 月 21 日，国家科技部、财政部出台《关于科技型中小企业技术创新基金的暂行规定》，初步涉及风险投资问题。例如，《暂行规定》中提出成立中小企业创新基金管理中心，对科技型中小企业实施贴息贷款、无偿帮助（以 100 万元为限，最高不超过 200 万元）和资本金投入（以 20％的注册资本为限）三种方式。当前，有必要根据我国风险投资实践的要求和国外风险投资立法的经验，加快相关立法步伐，从法律角度为我国风险投资体制创新营造良好的外部环境。

没有一个成熟的资本市场就谈不上风险投资。当时我国的资本市场主要是上市公司的股票交易（国有股还不能流通），范围十分有限，大量非上市公司的资本交易还没有形成一个规范的市场。上海相继出台《上海产权交易规则》、《上海产权交易管理办法》及《实施细则》、《上海产权经纪机构管理暂行办法》等一系列规范非上市公司产权交易的法规。[①]

四、支持产学研结合的政策法规体系架构基本形成阶段（2015 年至今）

近年来，上海一系列促进产学研合作的政策及举措密集出台，支持产学研合作的政策法规体系架构基本形成。2015 年 5 月发布的"科创 22条"，将推动科技成果转移转化、形成以企业为主体的产学研用相结合的技术创新体系作为主要任务重点落实。

2015 年 11 月，上海出台《关于进一步促进科技成果转移转化的实施

[①] 王素征：《上海市政府推进产学研战略联盟的相关政策研究》，华东师范大学，2006 年。

意见》，重点在科技成果处置权改革、转化平台和科技中介服务体系建设、共性技术研发与服务、企业转化主体、科研人员创业五个方面提出19条举措，明确支持企业通过产学研合作方式实施科技成果转移转化。2017年4月，《上海市促进科技成果转化条例》已经由上海市人大常委会审议通过。《条例》中针对关键制度性问题做出的细化规定，充分调动高校积极性，鼓励多元合作模式，明确企业主体地位，强调企业是产学研结合中的主体，对产学研合作的支撑作用明显。

此外，人才政策体系逐步健全。《关于深化人才工作体制机制改革促进人才创新创业的实施意见》（"人才20条"）、《关于进一步深化人才发展体制机制改革加快推进具有全球影响力的科技创新中心建设的实施意见》（"人才30条"）先后发布。《上海市促进科技成果转化条例》则鼓励通过多种形式加强产学研人才合作交流，如通过产学研合作平台吸引企业科技人才到研究机构和高校中兼职任职，加强企业与研发机构、高校之间科技人员双向流动。

科技创新券试点政策进一步激发了企业牵头产学研合作的积极性。2015年4月起，上海市科委依托上海市研发公共服务平台管理中心试点发放上海市科技创新券。试点一年时间里，共向1 790家中小企业和14家创业团队发放总额达9 535万元的科技创新券。实际有828家中小企业使用创新券，购买了9 245次创新服务，研发总支出约为9 042万元，明显激发了中小企业研发的积极性。

这一时期，上海的产学研合作呈现出以下新的特点：

（一）产学研合作向纵深推进

一是上海产学研合作模式呈现多样化趋势。以往短平快的产学研合作项目正在逐年减少,多广深的产学研协同合作模式逐渐兴起。企业与高校、科研院所通过共建联合实验室、技术研发中心、产学研合作示范基地、院士专家工作站、博士后工作站等方式,深入推进产学研合作,出现了科技园区、科技孵化器、技术创新战略联盟等合作模式,形成了政府主导、企业主导、大学主导、科研院所主导等合作类型,总体呈现出多形式、多方位、多层次、多元化的合作新格局。

二是产学研合作程度日益加深。据统计,近年来,在上海高等学校研发投入中,企业资金总量稳步增加,所占比重始终在 30% 以上,2015 年企业资金比重达到 31.46%。大学与企业之间的合作正从简单的科技成果交易向委托研究及合作研究发展。

三是产学研合作创新要素不断集聚。近年来,全市多个重大科技项目落地,科技企业、众创空间如雨后春笋般涌现,各类产业基金在沪设立,大批专业人才涌入,上海创新资源优势进一步做实做强。如张江在推进建设综合型国家科学中心过程中,已先后布局建成上海光源、蛋白质设施等一批国际领先的大科学设施,并积极谋划国家实验室建设、李政道研究所建设,引入国内外一流大学在张江设立分校。

(二)产学研合作的平台服务体系不断优化

近年来,上海若干创新功能型平台建设加快推进,成为产学研协同创新的重要支撑平台。上海产业技术研究院、上海微技术工业研究院、国家技术转移东部中心等一批开放协同的创新功能型平台相继组建,并积极探索行之有效的组织体制和管理体制,引导企业开展科技创新创业,促进产业技术创新。上海生物医药产业技术创新服务平台、石墨烯产业技术功能型平台、上海材料基因组工程研究院等新一批创新功能型平台加快建设。国家技术转移东部中心正在集聚全市层面的综合性科技资源，积极打造汇聚国际国内科技成果转移转化资源的平台。

一批面向市场运作的科技中介服务机构快速崛起，成为产学研合作的新型纽带。2015年以前，基本上是盛知华一家独大。2016年已涌现出40多家市场化、专业化的科技中介服务机构，在成果转化制度体系建设、转移转化模式探索、知识产权商业化评估、投资商引入、知识产权的服务与培育等方面发挥了重要作用。目前，科技中介服务机构主要分为平台型科技中介服务机构、专业型科技中介服务机构、平台兼专业型中介服务机构三类，不同类型的科技中介服务机构根据自身业务形成不同的盈利模式。部分科技中介服务机构还致力于深度挖掘客户需求，以战略合作伙伴形式融入科技项目的各环节，为客户提供"私人订制"服务，创新盈利模式，如上海露台公司探索技术服务入股，与客户企业利益长期捆绑。

(三) 企业技术创新能力明显增强

企业作为产学研合作中的重要主体，科技研发积极性的提高是产学研合作进入良性循环的重要标志。根据统计资料显示，目前在上海，企业拥有70％以上的科技活动人员，60％以上的国家级工程技术研究中心、80％左右的市级工程技术研究中心，企业在产学研合作中执行主体地位基本确立，具体体现在三个方面。一是企业资金已成为上海研发经费的主要来源。2011—2015年，上海研发支出总额中，企业资金占比稳定在60％左右，遥遥领先于政府资金、国外资金和其他资金占比。二是企业成为研发经费的主要执行部门。近年来，上海研发经费各执行部门中，企业支出一直占总数的60％以上，远高于科研机构、高校和其他部门。三是企业成为上海技术合同交易的主力军。2016年1—10月，上海输出技术的卖方以企业为主，企业输出技术总计 8 777 项，成交额达 258.91 亿元，分别占总量的 57.3% 和 90%。上海吸纳技术的买方也以企业为主，企业吸纳技术量和成交额分别占总量的 76.7% 和 90.6%。电子信息技术、生物医药和医疗器械技术、先进制造技术、现代交通、城市建设成为企业关注的主要技术领域。[①]

第三节　我国科技成果转移转化制度变迁回顾

一、解放思想，遵循"依靠、面向"战略的阶段（1978—1984 年）

（一）主要政策内容

表 3.5　1978—1984 年我国科技成果转移转化的相关法律和政策

序号	名　　　称	发布时间
1	《1978—1985 年全国科学技术发展规划纲要》	1978 年
2	《关于开展和保护社会主义竞争的暂行规定》	1980 年
3	《中华人民共和国个人所得税法》	1980 年
4	《关于我国科学技术发展方针的汇报提纲》	1981 年
5	《加强技术转移和技术服务工作的通知》	1983 年
6	《中华人民共和国专利法》	1984 年

此阶段以 1978 年 3 月召开的全国科学大会为标志，大会提出了"科技是第一生产力"的著名论断，确立了现代化的关键是科学技术现代化，

知识分子是工人阶级的一部分的思想，从思想上澄清和提高了对科学技术的认识，并且通过了《1978—1985年全国科学技术发展规划纲要》（简称《八年科技规划》），对自然资源、能源、农业、工业、国防、环境保护、材料、电子计算机、激光、空间、高能物理、遗传工程等27个领域和基础科学、技术科学两大门类的科学技术研究工作做了安排，确定了108个重点研究项目。这一规划同时提出了"学习外国，洋为中用"的开放措施。1978年12月，党的十一届三中全会作出改革开放的伟大决策。同年，《世界经济》杂志第1期发表了唐允斌的《应当研究技术引进中的经济问题》一文。该文转述了美国哈佛大学布鲁克斯对技术转移概念的定义，这是中国首次论及技术转移的概念。

1980年，国务院颁布《关于开展和保护社会主义竞争的暂行规定》，指出技术成果要实行有偿转让，首次肯定了技术的商品属性。1981年，《关于我国科学技术发展方针的汇报提纲》提出，加强技术开发与推广工作。为实现这一方针，同年中共中央中发14号文件提出抓好"四个转移"：科学技术由实验室向生产转移，由单纯军用向军民兼用转移，由沿海向内地转移，由国外向国内转移。1982年，党的十二大确立了经济建设必须依靠科学技术，科学技术工作必须面向经济建设的战略指导思想。1983年，国家科委颁布《加强技术转移和技术服务工作的通知》，标志着我国技术转移市场的初步建立。1984年，《中华人民共和国专利法》颁布实施，鼓励发明创造及其推广应用。

此阶段技术转移的特点是解放思想、改革开放，明确技术的商品属性，开启技术有偿转让，初步建立技术转移市场。围绕"依靠、面向"战略，充分发挥政府主导、市场主体作用。在改革开放背景下，引进国外技术设备，推动科技"四个转移"。①

（二）国内背景

1982 年，全国科学技术奖励大会进一步明确了"经济建设必须依靠科学技术，科学技术必须面向经济建设"的指导方针（简称"依靠，面向"方针）。在这一方针的指导下，国家科委和国家计委对《八年科技规划》的主要内容进行了调整，选择农业、食品及轻纺消费品、能源开发及节能技术、地质和原材料、机械及电子设备、交通运输、新兴技术、社会发展八个方面的 38 个攻关项目、114 个有重大经济意义和社会意义的科学技术课题，以《第六个五年计划科学技术攻关项目计划》（简称《"六五"科技攻关计划》）的形式予以实施，保证了规划的执行。《"六五"科技攻关计划》也是我国第一个被纳入国民经济和社会发展规划的国家科技计划，是我国综合性的科技计划从无到有的标志，成为我国科技计划体系发展的里程碑。

此后，我国在这一时期又相继实施了多项国家计划，如国家技术改造计划（1982 年）、国家重点科技攻关计划（1982 年）、国家重点实验室建设计划（1984 年）、国家重点工业性试验计划（1984 年）等，一定程度上恢复了原有新中国成立后的科技体系及工业技术创新活动（郑巧英，2004）。

这一时期，我国的科技体制仍然沿用新中国成立后实行的苏联计划模式，以科研机构为科技创新主体，政府主导控制创新活动，按计划配置科技资源，按计划调拨科研成果，但科技攻关方向进行了重大调整，

---

① 肖国芳、李建强：《改革开放以来中国技术转移政策演变趋势、问题与启示》，载《科技进步与对策》，2015，32（06）：2。

从国防为主调整到为经济建设服务。在此模式下，我国也取得了不少科技成果，但逐渐暴露了大量科技成果无法推广等问题。①

二、促进科技成果商品化的阶段（1985—1994 年）

（一）主要政策内容

表 3.6　1985—1994 年我国的科技成果转移转化政策

序号	名　　　称	发布时间
1	《关于科学技术体制改革的决定》	1985 年
2	"星火计划"	1986 年
3	《高技术研究发展计划（"863 计划"）》	1986 年
4	《关于进一步推进科技体制改革的若干规定》	1987 年
5	《关于深化科技体制改革若干问题的决定》	1988 年
6	《中华人民共和国科学技术进步法》	1993 年
7	《中华人民共和国公司法》	1993 年

此阶段以《中共中央关于科学技术体制改革的决定》为标志，核心思想是科技成果商品化，突破口是改革科技拨款制度、开拓技术市场，根本目的是促进技术转移迅速应用于生产，充分调动科技人员的积极性。

1986 年初，国家实施"星火计划"，大力推广农村先进适用技术。1986 年，国家实施了高技术研究发展计划（"863 计划"），统筹部署高技术的集成应用和产业化示范。1988 年，国家实施我国高新技术产业指导性计划——"火炬计划"，促进我国高新技术成果商品化、产业化及国际化。国家颁布《关于进一步推进科技体制改革的若干规定》（1987 年）、《关于深

---

① 邓练兵：《中国创新政策变迁的历史逻辑》，华中科技大学，2013 年。

化科技体制改革若干问题的决定》（1988 年），大力提倡和支持技术转移。

1993 年，《科学技术进步法》发布实施，被视为我国科技领域的基本法，在科技领域的全部法律、法规中居于统领地位，发挥核心作用。1993 年，《农业技术推广法》发布实施，进一步促进了农业科研成果和实用技术应用于农业生产。

此阶段科技成果转移转化的特点是：（1）推出"星火计划"、"863 计划"、"火炬计划"等重大科技计划，大力促进技术交易和技术市场发展；（2）聚焦科技成果商品化，注重对科技机构和科技人员的市场经济激励；（3）技术转移的基本法律体系在此阶段基本形成，科技体制改革为科技成果转移转化保驾护航。

（二）国内背景

这一时期，科技政策的主要任务是解决科技与经济相互脱节的"两张皮"问题，以 1985 年《中共中央关于科学技术体制改革的决定》为标志。

20 世纪 80 年代中期，随着改革开放的不断推进和科技创新工作的持续开展，高度集中的计划科技体制的固有缺陷逐渐显露出来。例如，生产中急需解决的技术问题不能很快反映到研究课题中来，科研成果也不能很快推广应用到生产中去，科学研究、技术开发与生产之间出现"两张皮"现象。此外，在僵化的计划体制下，国家管得过多过死，科研人员科研成果与个人经济利益不挂钩，干多干少一个样，科技人员缺乏积极性和创新精神，但又不能合理流动，吃"大锅饭"的现象严重。

为了解决科研机构活力问题，在"依靠、面向"方针指引下，我国在改革开放后第一次实行科技体制改革，并且把这一工作提高到党和国家的重要议事日程，于 1985 年 3 月发布了《中共中央关于科学技术体制改革的决定》。在随后的几年里，一些配套改革措施逐步颁布和实施，科技体制改革工作在全国范围内普遍开展起来，对科技系统的分化和科技型创新企业的萌发等方面产生了深远影响。

与此同时，这一时期国家先后制定了三个科学技术发展规划，分别是《1978—1985 年全国科学技术发展规划纲要》、《1986—2000 年科学技术发展规划》、《1991—2000 年科学技术发展十年规划和"八五"计划纲要》，并实施了"星火计划"、"863 计划"等十几个专项科技计划，在不同程度上对技术成果推广、传统产业的技术改造和高新技术产业的发展都起到了重要推动作用（中国科技网，2012）。

当然，这一时期的科技体制改革仍然是原有科技体制的自我改良，没有改变计划体制的基本特点，没有改变科研机构的创新主体地位，只是在改变拨款制度的基础上，促进科技与经济相结合，并推动科技成果的转移转化。

三、科教兴国战略下的科技成果转移转化阶段（1995—2005 年）

（一）主要政策内容

表 3.7 1995—2005 年我国的科技成果转移转化政策

序号	名　　　称	发布时间
1	《中华人民共和国劳动法》	1995 年
2	《关于加速科学技术进步的决定》	1995 年
3	《中华人民共和国促进科技成果转化法》	1996 年
4	《关于以高新技术出资入股若干问题的规定》	1996 年

序号	名　　　　　称	发布时间
5	《中华人民共和国合同法》	1999 年
6	《关于科技型中小企业技术创新基金的暂行规定》	1999 年
7	《关于加强技术创新，发展高科技，实现产业化的决定》	1999 年
8	《关于促进科技成果转化有关个人所得税问题的通知》	1999 年
9	《关于促进科技成果转化的若干规定》	1999 年
10	《关于大力发展科技中介机构的意见》	2002 年
11	《关于国家科研计划项目研究成果知识产权管理的若干规定》	2002 年
12	《关于深化转制科研机构产权制度改革若干意见的通知》	2003 年
13	《国防专利条例》	2004 年
14	《关于进一步加强高等学校知识产权工作的若干意见》	2004 年
15	《国家中长期科学和技术发展规划和纲要》	2005 年
16	《教育部关于积极发展、规范管理高校科技产业的指导意见》	2005 年
17	《科技型中小企业技术创新基金项目管理暂行办法》	2005 年
18	《关于个人股票期权所得征收个人所得税问题的通知》	2005 年

此阶段以 1995 年《中共中央、国务院关于加速科学技术进步的决定》首次正式提出实施科教兴国战略为标志。1996 年颁布的《促进科技成果转化法》，以法律的形式对科技成果转移转化的基本原则、权利义务关系进行了规范。为有效实施该法，1996 年，科技部与国家工商总局发布《关于以高新技术出资入股若干问题的规定》。1999 年，科技部等 7 个部门联合制定《关于促进科技成果转化的若干规定》，规定高新技术成果作价金额可达 35％，高等学校技术转让收入免征营业税。

1999 年，《中共中央、国务院关于加强技术创新、发展高科技、实现产业化的决定》颁布实施。全国大部分省级政府制定了促进科技成果转移转化的地方条例。2002 年，国家科技部发布《关于大力发展科技中介机构的意见》，原国家经贸委、教育部首批认定清华大学、上海交通大学等 6 所高校的技术转移机构为国家技术转移中心。同年发布的《关于国家科研计划项目研究成果知识产权管理的若干规定》规定，财政性科技成果 IPR 权属归承担单位，由其自主决定转让、入股及收益等。2004 年发布的《关于进一步加强高等学校知识产权工作的若干意见》提出，把发明专利的数量、质量和实施情况作为重要指标纳入高等学校考核评价体系。

此阶段科技成果转移转化的特点是：（1）《促进科技成果转化法》等重要法律政策颁布，对技术入股、技术转移和奖励作出了明确规定；（2）国家高度重视高校在科技成果转移转化中的地位和作用，科技成果转移转化成为评价高校的重要指标；（3）科技中介机构得到较快发展。

（二）国内背景

经过改革开放后将近 20 年的高速发展，我国当时的经济实力有所增强，但经济高速增长和粗放发展中的问题也逐渐暴露出来，而世界科技革命和产业变革正在形成新的浪潮，科技实力成为国家综合国力强弱和国际地位高低的决定性因素。新的问题和新的竞争环境要求加快科技进步和技术创新的步伐，但科技体制自身并不适应这一要求。在 1992 年我国正式开始建立社会主义市场经济体制的大背景下，中共中央、国务院适时作出了加速科学技术进步的决定，并将"科教兴国"作为国家战略，同时发布《"九五"全国技术创新纲要》，提出以企业为创新主体的重大方针政策。从而在政策上彻底改变了新中国成立以来计划经济体制以科研机构为创新主体的苏联模式。

为了落实科教兴国发展战略和以企业为创新主体的基本要求，1996—

2005 年间，国家有关部门相继出台国家重点基础研究发展计划（"973 计划"）、国家大学科技园、西部开发科技专项行动、知识创新工程、社会发展科技计划、国家科技创新工程等十几项重大专项计划。

在企业创新方面，国家从 1996 年就开始实施针对企业的"技术创新计划"，尤其是加大技术引进的力度，同时首次提出了促进民营科技企业发展的政策。这一时期，大量针对企业技术创新的财政、金融、税收政策开始出现。

与此同时，国务院继续深化科技体制改革，科技部、财政部、中组部和人事部先后出台政策，打破科研机构僵化的用人体制和科研机制，支持和促进科研机构加快改革，改制重组。

经过这一时期的密集改革，企业的技术创新意识明显增强，创新活动明显增多，许多科研机构经过改制成为以盈利为目的的企业，在国家大量政策利好的催化下，整个国家的创新氛围得以形成。

四、建设创新型国家战略下的科技成果转移转化阶段（2006 年至今）

（一）主要政策内容

表 3.8　2006—2017 年初我国的科技成果转移转化政策

序号	名　　　称	发布时间
1	《国家中长期科学与技术发展规划纲要（2006—2020 年）》	2006 年
2	《科技企业孵化器（高新技术创业服务中心）认定和管理办法》	2006 年
3	《中华人民共和国企业所得税法》	2007 年

续表

序号	名　　　称	发布时间
4	《关于取消促进科技成果转化暂不征收个人所得税审核权有关问题的通知》	2007 年
5	《关于国家大学科技园有关税收政策问题的通知》	2007 年
6	《关于促进自主创新成果产业化若干政策的通知》	2008 年
7	《教育部直属高等学校国有资产管理暂行办法》	2008 年
8	《关于推动产业技术创新战略联盟构建的指导意见》	2008 年
9	《国家科技计划支持产业技术创新战略联盟暂行规定》	2008 年
10	《关于动员广大科技人员服务企业的意见》	2009 年
11	《关于技术先进型服务企业有关税收政策问题的通知》	2009 年
12	《高校学生科技创业实习基地认定办法（试行）》	2010 年
13	《国家科技成果转化引导基金管理暂行办法》	2011 年
14	《教育部关于全面提高高等教育质量的若干意见》	2012 年
15	《国家重大科技基础设施建设中长期规划（2012—2030 年）的通知》	2013 年
16	《创新型产业集群试点评价指标体系（试行）》	2013 年
17	《国家科技成果转化引导基金设立创业投资子基金管理暂行办法》	2014 年
18	《关于深化体制机制改革加快实施创新驱动发展战略的若干意见》	2015 年
19	《关于新形势下加快知识产权强国建设的若干意见》	2015 年
20	《关于改革和完善国有资产管理体制的若干意见》	2015 年
21	《关于发展众创空间推进大众创新创业的指导意见》	2015 年
22	《科技部关于印发〈发展众创空间工作指引〉的通知》	2015 年
23	《关于进一步推动科技型中小企业创新发展的若干意见》	2015 年
24	《教育部关于进一步规范和加强直属高等学校所属企业国有资产管理的若干意见》	2015 年
25	《国家科技成果转化引导基金贷款风险补偿管理暂行办法》	2015 年
26	《实施〈中华人民共和国促进科技成果转化法〉若干规定》	2016 年
27	《促进科技成果转移转化行动方案》	2016 年
28	《关于实行以增加知识价值为导向分配政策的若干意见》	2016 年

序号	名　　　　称	发布时间
29	《关于深化人才发展体制机制改革的意见》	2016 年
30	《上海系统推进全面创新改革试验加快建设具有全球影响力的科技创新中心方案》	2016 年
31	《关于印发"十三五"国家科技创新规划的通知》	2016 年
32	《关于加快众创空间发展服务实体经济转型升级的指导意见》	2016 年
33	《关于加强高等学校科技成果转移转化工作的若干意见》	2016 年
34	《促进高等学校科技成果转移转化行动计划》	2016 年
35	《教育部关于深化高校教师考核评价制度改革的指导意见》	2016 年
36	《国有科技型企业股权和分红激励暂行办法》	2016 年
37	《关于股权激励和技术入股所得税征管问题的公告》	2016 年
38	《关于完善股权激励和技术入股有关所得税政策的通知》	2016 年
39	《中国科学院关于新时期加快促进科技成果转移转化指导意见》	2016 年
40	《印发关于深化科技奖励制度改革方案的通知》	2017 年
41	《关于印发国家技术转移体系建设方案的通知》	2017 年
42	《国家技术转移体系建设方案》	2017 年
43	《关于强化实施创新驱动发展战略进一步推进大众创业万众创新深入发展的意见》	2017 年
44	《财政部关于〈国有资产评估项目备案管理办法〉的补充通知》	2017 年
45	《人社部关于支持和鼓励事业单位专业技术人员创新创业的指导意见》	2017 年
46	《国家科技成果转移转化示范区建设指引》	2017 年
47	《教育部办公厅关于进一步推动高校落实科技成果转化政策相关事项的通知》	2017 年
48	《中共教育部党组关于加快直属高校高层次人才发展的指导意见》	2017 年
49	《教育部人才工作领导小组 2017 年工作要点》	2017 年
50	《教育部等五部门关于深化高等教育领域简政放权放管结合优化服务改革的若干意见》	2017 年

此阶段以 2006 年全国科技大会首次明确提出建设创新型国家战略及《国家中长期科学与技术发展规划纲要（2006—2020 年）》颁布为起点。《纲要》强调，要促进企业之间、企业与高校、企业与科研院所之间的知识流动和技术转移。《科学技术进步法》的第 20 条、第 21 条对财政性科技成果规定作了重大突破，被誉为中国大陆版的"拜杜法案"。2009 年，国家修订《专利法》，以专利制度激励技术转移、市场化及产业化。

2011 年，南京市颁布实施《南京市促进技术转移条例》，这是中国第一个促进技术转移的地方性法规。2012 年，南京市制定《深化南京国家科技体制综合改革试点城市建设打造中国人才与创业创新名城的若干政策措施》（简称"科技九条"）。2012 年，武汉市制定《关于促进东湖国家自主创新示范区科技成果转化体制创新的若干意见》（简称"黄金十条"）。2014 年，北京市颁布实施《加快推进高等学校科技成果转化和科技协同创新若干意见（试行）》（简称"京校十条"），高校可自主对科技成果转让、对外投资进行审批。2014 年 7 月 2 日，国务院常务会议决定，深化科技成果使用处置和收益管理改革试点，大力支持开展技术转移，其所得收入全部留归单位自主分配。

本阶段的主要特点是：（1）科技成果转移转化的法制政策环境更加优化，对以《科技进步法》、《专利法》及《促进科技成果转化法》为代表的科技成果转移转化基本法律进行了全面修订和完善；（2）地方性科技成果转化政策陆续出台；（3）以科技成果转移转化为桥梁和纽带的协同创新正在兴起。

（二）国内背景

进入 21 世纪后，我国提出了全面建设小康社会的发展目标，但这一目标能否得以顺利实施，遇到了两个方面的挑战。一方面，我国改革开放 20 多年来支撑持续快速发展的低成本要素比较优势和高投入、高消耗、高污染和低附加值的经济增长方式难以为继。劳动力成本显著上升，人口红利逐渐消失，土地成本大幅上升，环境破坏、资源浪费严重，能源效率低下等因素成为我国经济发展的重要障碍，转变经济增长方式日渐成为唯一的出路，经济增长方式由要素驱动型向创新驱动型转变，科学发展、和谐发展，成为我国经济社会发展必然的战略选择。另一方面，21 世纪科技竞争越来越激烈，科技实力和科技创新能力成为影响国家经济国防安全和竞争优势的核心力量，知识产权、关键技术、核心技术已经成为决定国际产业分工地位和全球经济格局的关键因素。但相比之下，我国当时的科技创新态势明显适应不了国际竞争需要。相关研究报告显示，2004 年在科技创新能力方面，我国在占世界国内生产总值 92% 的 49 个主要国家中仅排名第 24 位。此外，当时全世界 86% 的研发投入、90% 以上的发明专利多掌握在发达国家手里。我国科技进步对经济增长的贡献率仅为 39%，对外技术依存度高达 50%，我国发明专利总量只占世界发明专利总量的 1.8%，我国在美国获得的发明专利授权仅占非美国人授权发明专利的 0.2%，在制造技术领域，我国的专利发明数量只有美国和日本的 1/30，韩国的 1/40。而我国十几年的"市场换技术"的实践也证明核心技术难以引进，同时关键技术和核心设备引进也给国家安全带来隐患。

在这种形势下，我国适时再一次召开了全国科学技术大会，贯彻落实科学发展观，发布了《国家中长期科学和技术发展规划纲要（2006—2020 年）》，总结了"自主创新，重点跨越，支撑发展，引领未来"16

字指导方针，全面实施自主创新、建设创新型国家战略。这次大会成为我国创新政策制订的一个新起点。随后，国务院在 2006 年 2 月 26 日颁布《实施〈国家中长期科学和技术发展规划纲要〉（2006—2020 年）的若干配套政策》（以下简称《配套政策》），在科技投入、税收激励、金融支持、政府采购、引进消化吸收再创新、创造和保护知识产权、科技人才队伍建设、教育与科普、科技创新基地与平台、统筹协调十个方面提出了 60 条相关政策。科技部、国家发改委、教育部等部门分工合作，研究制定了 99 条《配套政策》实施细则，改变了过去创新政策不配套、不衔接的问题，解决了相对完整的政策体系。

2012 年 7 月，中共中央召开了全国科技创新大会，再次强调要大力实施科教兴国战略和人才强国战略，坚持自主创新、重点跨越、支撑发展、引领未来的指导方针，全面落实国家中长期科学和技术发展规划纲要，以提高自主创新能力为核心，促进科技与经济社会发展紧密结合为重点，进一步深化科技体制改革，着力解决制约科技创新的突出问题，充分发挥科技在转变经济发展方式和调整经济结构中的支撑引领作用，加快建设国家创新体系，为全面建成小康社会进而建设世界科技强国奠定坚实基础（国务院印发深化科技体制改革意见，2012）。随后，在 2012 年 9 月份，中共中央、国务院印发了《关于深化科技体制改革加快国家创新体系建设的意见》（以下简称《意见》），再一次就科技体制改革明确了相关政策。《意见》的突出政策特点就是将强化企业技术创新主体地位，促进科技与经济紧密结合放到了首要地位，首次规定要吸纳企业参与国家科技项目的决策，产业目标明确的国家重大科技项目由有条件的企业牵头组织实施，优先在具备条件的行业骨干企业布局国家级技术研发平台。

改革开放以来，科技成果转移转化政策演变趋势和特点如下：

（1）政策重心由中央下移地方，政策主体呈多元化、协同化趋势。

第一阶段（1978—1984 年）与第二阶段（1985—1994 年）政策的主要发起者是中共中央、国务院及全国人大常委会。第三阶段（1995—2005年）与第四阶段（2006 年至今）政策发布机构主要是国务院部委、地方政府或人大，发改委、科技部、教育部、财政部、税务总局是政策制定的核心部门。南京"科技九条"、武汉"黄金十条"及北京"京校十条"等地方性法规和政策不断涌现，并对科技成果转移转化活动产生重要影响。

政策主体呈现多元化协同化趋势。从第一阶段（1978—1984 年）相对单一的政策发起者扩展到由国家发改委、科技部、教育部、人事部、财政部、中国人民银行、国家税务总局、中国工商行政管理局、国家知识产权局、工业和信息化部、农业部等十几个部门独立或联合颁布科技成果转化政策，地方政府、党委及人大在制定和执行技术转移政策方面表现日益活跃，政策协同性不断增强。为有效执行《科技成果转化法》，科技部与国家工商总局发布《关于以高新技术出资入股若干问题的规定》，科技部等 7 个部门联合制定了《关于促进科技成果转化的若干规定》。1999 年颁发的《中共中央、国务院关于加强技术创新、发展高科技、实现产业化的决定》，对相关财政政策、税收政策、人事政策、专项政策作了安排，较好地体现了政策之间的统筹、协调及互动。

（2）政策核心由引进跟踪转向自主创新，由政府主导转向市场驱动。

政策的核心目标从引进跟踪转向自主创新。第一阶段（1978—1984年）和第二阶段（1985—1994 年）基本是市场换技术的战略和思维，认为对外开放，放开国内市场，可以引进大批技术。在激烈的国际竞争中，核心技术难以直接引进或购买，应更加注重提高自主知识产权和高新技术成果的商品化率和产业化率。

　　改革开放以来，我国科技成果转移转化的前三个阶段都比较强调政府的主导作用。第四阶段（2006 年至今）更加注重激发科技成果转移转化主体的活力，充分发挥市场驱动作用，探索并出台了许多行之有效的政策，譬如，武汉将科技成果转让收益的 70％奖励给成果完成人及其团队。党的十八届三中全会提出，市场在资源配置中起决定性作用，市场驱动在技术转移中的作用更加明显，并强调打破行政主导，由市场决定技术创新项目、经费分配及成果评价，从而促进科技成果资本化、产业化。

第四节　上海科技成果转移转化制度变迁的路径及影响因素分析

一、起步阶段（1980—1999 年）

（一）主要政策内容

　　在改革开放大背景下，上海出台首部关于技术转让的法规《上海技术有偿转让管理暂行办法》，明确了科技成果转化的重要性。紧接着，在首部《专利法》（1985）颁布的大背景下，上海于 1986 年出台第一部涉及科技成果转移转化的法规《上海市技术转让实施办法》，首次规定"技术也是商品，单位、个人都可以不受地区、部门和经济形式的限制，进行技术转让"，并对技术转让合同构成要件、转让费计算方式、人员奖励制度、中介机构报酬、税收政策等做了详细规定。①

表 3.9　1980—2000 年上海的科技成果转化政策

序号	名　　称	发布时间
1	《上海市技术转让实施办法》	1986 年
2	《上海市扩大地方独立科研机构自主权的暂行规定》	1986 年
3	《上海市鼓励引进技术消化吸收暂行规定》	1987 年
4	《上海市技术服务和技术培训管理办法》	1988 年
5	《上海市技术合同登记管理暂行办法》	1990 年
6	《关于扶植上海技术市场的补充规定》	1992 年
7	《上海市技术市场条例》	1995 年
8	《上海市科学技术进步条例》	1996 年
9	《关于加快本市高科技产业发展的若干意见》	1997 年
10	《上海市促进高新技术成果转化的若干规定（1998）》	1998 年
11	《上海市高新技术成果转化项目专项贷款财政贴息试行办法》	1998 年
12	《上海市产权交易管理办法》	1998 年
13	《上海市产权交易管理办法实施细则》	1999 年
14	《上海市产权经纪机构管理暂行办法》	1999 年
15	《上海市科学技术进步条例》	2000 年
16	《上海市科技型中小企业技术创新资金管理办法》	2000 年
17	《关于外商投资设立研发机构的暂行规定》	2000 年
18	《上海市促进高新技术成果转化的若干规定》	2000 年
19	《关于本市鼓励软件产业和集成电路产业发展的若干政策规定》	2000 年
20	《上海市经纪人条例》	2000 年
21	《上海市鼓励引进技术的吸收与创新规定》	2000 年

① 常旭华：《上海科技成果转化政策评价及建议》，同济大学上海国际知识产权学院，2017 年。

（二）国内背景

1978 年是我国历史上十分神圣的一年，不仅开创了国家改革开放的新时代，也开启了上海科技创新制度改革的新步伐。多年来，我国创新制度方面累积了很多瓶颈问题和弊端，党的十一届三中全会给出了明确而科学的路线指引。自此，一系列的改革措施逐渐从科研机构内部到科研机构外部、从微观层面到宏观层面展开。1985 年 3 月，党中央发布《中共中央关于科学技术体制改革的决定》，再一次为上海科技体制改革提出了新思路和新指引。在国家政策的引导下，上海一直着力解决科研与生产不能有机结合的问题，上海在调动科研人员的创新积极性和增强高校和科研院所的创新活力方面进行了深入的探索和实践。

1992 年 8 月，中共上海市委、市政府作出《关于发展科学技术，依靠科技进步振兴上海经济的决定》，顺应了改革开放新形势的发展要求，为上海 20 世纪 90 年代到 21 世纪的科技工作明确了目标和方向。在总体目标的指引下，上海市科委提出了上海科技工作"六个新"的具体要求和措施，即高新技术产业化上新台阶、科技企业发展创新规模、技术市场有新发展、各行各业技术进步有新举措、科技体制改革有新势头、基础研究上新水平，真抓实干，开创上海科技新局面。20 世纪末，上海积累了前期改革开放的经验，吸取了试错的教训，努力打破旧的模式，开创新的机制，逐步建立科学的、可持续的、符合科技自身发展规律的科技新体制。

新体制的逐步建立为上海的科技创新发展带来了欣欣向荣的新变化，这一时期的科技创新制度主要有以下四大特点：科技与经济的融合发展更加密切，大科技的格局已经形成，科技成果开始成为商品，国际科技合作已经成为上海科技发展的必由之路。这一阶段的科技创新制度发展为 21 世纪的科技发展奠定了坚实的制度基础，是上海科技创新制度发展史的重要阶段。①

在科技任务和经费方面，之前的由政府计划主导的陈旧单一模式被打破，科研经费的申请和筹集出现了多层次、多渠道的富有生机和活力的局面；经济杠杆运用于技术活动，竞争机制引入研究与发展的组织细胞，使科研机构内部的管理发生了质的变化，研究机构逐步成为不依赖政府部门的独立的科技商品生产者；竞争机制的作用和社会需求的增强，使得传统的科技人员管理制度在一定程度上受到了冲击，科研人员的潜能和创新活力得以释放；随着改革的不断深入，科学技术的开放程度也越来越高，上海的科学技术参与国际竞争的程度也越来越深，科技成为外向型经济的新支柱。

(三) 特点

"文革"期间，上海科研工作和科技发展遭受巨大挫折。"文革"之后，特别是党的十一届三中全会以后，随着党和国家工作重心转移到经济建设上来，上海科技工作开始得到恢复和发展。伴随着国家由计划经济向市场经济的转向，科技发展和科技创新管理在注重政府规划引导的同时，开始引入市场机制，重视发挥市场的作用，注重调动科研机构和科技人员的积极性。

一是继续发挥政府的战略规划和引导作用。1978 年 2 月，上海召开了"文革"后的首次科学大会，决定开展 10 项重点项目科研会战（简称

---

① 刘瑾：《上海市科技创新制度环境研究》，上海工程技术大学，2016 年。

"十大会战",包括大规模集成电路、计算机技术及应用、光纤通信、超导技术、环境保护、肿瘤防治、水稻良种选育、催化剂筛选技术、精密仪器、遥感技术及应用)。1980 年 8 月,上海市科委提出《上海科学技术十年长远规划的初步意见》,提出大力开展应用研究和发展研究,促使科学技术转化为生产力;加强新兴科学技术的开发性研究和基础研究,为今后经济发展提供科学储备。1984 年,《上海市科技长远发展规划》和《上海市"七五"科技发展计划》颁布,确定重点发展微电子、新材料、光纤通信、激光、生物工程、机器人和海洋工程七大新兴技术,并组织相应的科技会战;同年 5 月,上海市政府召开市科技工作会议,副市长刘振元作题为《加快科技发展步伐,迎接新的挑战》的报告,提出"七五"计划期间上海科技发展战略、目标和任务。1985 年 2 月,国务院在批转《关于上海经济发展战略的汇报提纲的通知》中提出:"力争到本世纪末把上海建设成为开放型、多功能、产业结构合理、科学技术先进、具有高度文明的社会主义现代化城市。"1995 年 8 月,上海召开科学技术大会,作出了实施"科教兴市"战略的决策。1996 年,市科委组织编制《上海市科技发展"九五"计划和 2010 年长期规划》,主要内容概括为"四大战略"、"九大计划"、"五大领域"、"八大举措"。

"四大战略"即以市场为导向的科技经济一体化战略,引进消化与技术创新并举的创新战略,跨越式的赶超战略,促进科技改革和发展的协同推进战略。"九大计划"即上海"信息港"计划、高新技术及其产业发展计划、先进制造技术开发推进计划、基础性研究计划、绿色技术计划、城建科技发展计划、科技先导产业发展计划、科普工作发展计划、跨世纪科技标志设施建设计划。"五大领域"即信息计算机技术、现代生物科学技术、先进制造技术、新材料、绿色技术。"八大举措"即加强对科技发展的宏观规划和协调管理;深入改革,建立科技新体制;建立创新机制,逐步使企业成为技术开发的主体;拓宽资金渠道,大幅度增加科技投入;加速人才培养,造就一批高水平科技人才;办好高新技术园区,推进高新技术健康发展;重视引进技术,开展广泛的国际合作;加强科技法制和知识产权保护。

二是推动科技面向经济建设,促进科技经济融合。第一,确立了技术是商品的观念。1993 年,上海诞生了我国第一家技术交易所,开辟了技术商品交换的通道,开拓和发展技术市场,建立了技术交易和配套服务体系,促进了技术交易、技术市场的发展;改革科研院所管理体制,所有权与经营权分离,试行承包经营责任制、经济核算制、促进"科研、生产、经营一体化"和"一所两制"。第二,确立了科学技术转化为直接的和现实的生产力的观念,创建和发展科研生产联合体,推动形成产学研结合的机制,鼓励有条件的研究机构进入企业或企业集团。第三,确立了建设创新体系、提高自主创新能力的观念,实现了从以技术引进为主向自主创新为主的历史性转变。

三是以科技体制机制改革为契机,激发科技人员和科研机构活力。"文化大革命"后,上海科技界全面落实知识分子政策,恢复科技群团组织,重建职称评定制度,建立科技奖励制度,调动了科技人员的创新能动性。1985 年 3 月,中共中央发布《关于科学技术体制改革的决定》,提出对不同类型的研究机构实行分类管理,对基础类、开发类和公益类研究机构,分别实行科学基金制、技术合同制和预算包干制;积极推进开发型科研机构包括工效挂钩、全员聘用合同等方面的综合改革;同时,采用行政手段和经济手段相结合的方式，组织重大技术项目的攻关；探索新型科技宏观管理机制改革，推行以重大项目为核心的计划、论证、评估、预决算和审计制度；探索由政府、科研机构、企业和社会结合的多元化科技投入模式，建立科技投资新机制；推行科研项目社会招标制，改革科技评价制度，为增强上海城市科技实力和综合竞争力提供了切实保障。

从总体上看，这一时期上海科技创新系统发生了一系列重大的历史性变化。在科研院所（开发类）体制上，由科技人员走向市场办企业向整体转制为企业方面发展；在技术进步上，由科研院所、大专院校为主体格局向企业为主体格局方面发展；在企业技术开发上，由依靠自身力量为主向建立以企业为主体、市场为导向、政产学研用密切结合的技术创新体系方面发展；在产业发展上，由研究开发新兴技术，改造传统产业向发展高新技术产业化，形成新的支柱产业方面发展；在科技经费投入上，由政府拨款为主向建立政府、企业和社会多元化投入机制方面发展；在科技服务上，由建立专项服务平台向建立以资源共享为特征的科技服务体系方面发展；在科技政策上，由出台单项政策为主向制定系统配套政策方面发展；在政府功能上，由批项目、分经费的微观管理向抓规划全局、政策导向、组织协调的宏观管理方面发展；在科技对外开放上，由一般的交流、合作向共建方面发展；在科技发展战略上，由推动科技进步向建设创新型城市方面发展。这些重大变化体现了上海科技发展过程是一个由低到高、由浅入深、由表及里、由微观到宏观的深化发展过程。可以说，上海科技创新生态系统的发展已由计划经济背景下的科技种植园转向了市场转型背景下的创新体系构建。

二、建立阶段（2001—2005 年）

（一）主要政策内容

这一阶段，上海在国家基础性法律和部门法基础上，开始全面落实科技成果转化工作。2000 年，上海连续出台了 7 部与科技成果转移转化有关的法规和行政规章，包括《上海市科学技术进步条例》、《上海市促进高新技术成果转化的若干规定》、《上海市鼓励引进技术的吸收和创新规定》等，在此基础上，2002 年又陆续出台了《上海市专利保护条例》、《上海市科学技术委员会科研计划项目研究成果知识产权管理办法（试行）》等。至 2005 年，这一阶段共出台了 14 部法律法规。其中，最具代表性的《上海市促进高新技术成果转化的若干规定》历经 4 次修订（1998 年 5 月发布、1999 年 6 月、2000 年 11 月、2004 年 12 月），被称为上海科技成果转化"十八条"。

表 3.10　2001—2005 年上海出台的科技成果转移转化政策

序号	名　　　称	发布时间
1	《关于鼓励软件产业和集成电路产业发展促进高新技术成果转化的若干实施意见》	2001 年
2	《上海市促进张江高科技园区发展的若干规定》	2001 年
3	《上海市专利保护条例》	2001 年
4	《上海市鼓励外国跨国公司设立地区总部的暂行规定》	2002 年
5	《〈上海市鼓励外国跨国公司设立地区总部的暂行规定〉实施细则》	2003 年
6	《上海市技术市场条例》	2003 年
7	《上海市科学技术委员会科研计划项目研究成果知识产权管理办法（试行）》	2003 年

序号	名　　　　称	发布时间
8	《上海市关于鼓励外商投资设立研究开发机构的若干意见》	2003 年
9	《上海市产权交易市场管理办法》	2004 年
10	《上海市促进高新技术成果转化的若干规定》	2004 年
11	《上海市技术合同认定登记工作程序（暂行）》	2005 年

（二）国内背景

随着社会主义市场经济体制的不断成熟以及上海科技创新体系的不断完善，特别是 2004 年以后"创新生态"理念在全球的兴起，如何培育适应成熟市场经济的创新生态系统、推进创新治理能力和创新治理体系现代化，成为上海科技创新和科技体制机制改革的重要议题。

三、深化改革阶段（2006 年至今）

（一）主要政策内容

这一阶段为上海科技成果转化的各项制度改革逐步走向深入，上海市出台了技术合同认定登记、创业投资、农业科技进步、大学生创业、产权交易、财政科技投入机制、高校科技成果转化及其股权激励与分红、科技中介服务体系等规章制度，丰富和完善了原有的科技成果转化政策体系。

《上海中长期科学和技术发展规划纲要（2006 年）》提出，到 2015 年，上海成为国家重要的知识生产中心、知识服务中心和高新技术产业化基地；到 2020 年，知识竞争力名列亚洲前列，进入世界先进地区的第二集团。

2012 年 7 月，全国科技创新大会发布《中共中央、国务院关于深化科技体制改革加快国家创新体系建设的意见》，提出要加快建设中国特色的创新体系。党的十八届三中全会对深化改革进行了全面部署，提出要推进国家治理体系和治理能力现代化，对深化科技体制改革也做出了部署。

为贯彻落实国家科技创新体制机制改革的相关部署，2012 年 8 月，上海召开了全市科技创新大会。2015 年，上海在《上海科技创新"十三五"规划（征求意见稿）》中明确提出，要培育与具有全球影响力的科技创新中心相适应的创新生态系统，并把培育创新生态系统作为"十三五"乃至更长时期内上海科技创新的重大工程之一。①

表 3.11   2006—2018 年初上海出台的科技成果转移转化政策

序号	名 称	发布时间
1	《上海市高新技术成果转化项目认定程序》	2006 年
2	《高新技术成果转化专项资金扶持办法》	2006 年
3	《上海市创业投资风险救助专项资金管理办法（试行）》	2007 年
4	《上海市促进农业科技进步若干规定》	2007 年
5	《上海市人民政府关于进一步做好本市促进创业带动就业工作的若干意见》	2009 年
6	《关于进一步推进科技创新加快高新技术产业化的若干意见》	2009 年
7	《关于进一步加大对大学生创业扶持力度的试行意见》	2009 年
8	《上海市产权交易市场管理办法实施细则》	2009 年
9	《上海市高新技术成果转化项目认定程序》	2009 年
10	《关于鼓励和促进科技创业实施意见》	2010 年

① 张仁开：《上海创新生态系统演化研究》，华东师范大学，2016 年。

续表

序号	名　　　　　称	发布时间
11	《上海市技术合同登记管理暂行办法》	2010 年
12	《关于改革和完善市级财政科技投入机制大力促进科技成果转化和产业化实施意见》	2011 年
13	《上海市教育委员会系统高等学校科技成果转化及其股权激励暂行实施细则》	2013 年
14	《张江国家自主创新示范区企业股权和分红激励试行办法》	2013 年
15	《张江国家自主创新示范区企业股权和分红激励试点实施细则》	2013 年
16	《关于改革和完善本市高等院校、科研院所职务科技成果管理制度的若干意见》	2014 年
17	《关于推进上海高等学校科学研究分类评价的指导意见》	2014 年
18	《关于加快建设具有全球影响力的科技创新中心的意见》	2015 年
19	《关于试点开展 2015 年度上海市科技中介服务体系建设工作的通知》	2015 年
20	《关于进一步促进科技成果转移转化的实施意见》	2015 年
21	《关于改革和完善本市高等院校、科研院所职务科技成果管理制度的若干意见》	2015 年
22	《关于进一步加大财政支持力度加快建设具有全球影响力的科技创新中心的若干配套政策》	2015 年
23	《关于深化人才工作体制机制改革促进人才创新创业的实施意见》	2015 年
24	《关于完善本市科研人员双向流动的实施意见》	2015 年
25	《上海市教育委员会关于进一步促进高校科技成果转移转化工作的指导意见》	2015 年
26	《张江国家自主创新示范区推进具有全球影响力科技创新中心建设的总体行动计划（2015—2020 年）》	2015 年
27	《关于本市发展众创空间推进大众创新创业的指导意见》	2015 年
28	《关于推进科技类社会组织在上海加快建设具有全球影响力的科技创新中心中发挥重要作用的若干意见》	2015 年
29	《关于加快推进中国（上海）自由贸易试验区和上海张江国家自主创新示范区联动发展的实施方案》	2015 年
30	《关于加强知识产权运用和保护支撑科技创新中心建设的实施意见》	2016 年

续表

序号	名　　　　称	发布时间
31	《关于完善市属公办高校专业技术人员校外兼职和在岗离岗创业工作的指导意见》	2016 年
32	《关于进一步加快转制科研院所改革和发展的指导意见》	2016 年
33	《张江国家自主创新示范区企业股权和分红激励办法》	2016 年
34	《上海市加强财政科技投入联动与统筹管理实施方案》	2016 年
35	《优化促进科技成果转化有关个人所得税受理事项管理规程（试行）》	2016 年
36	《上海市科技创新计划专项资金管理办法》	2017 年
37	《进一步支持外资研发中心参与上海具有全球影响力的科技创新中心建设的若干意见》	2017 年
38	《上海市专利资助办法》	2017 年
39	《上海市促进科技成果转移转化行动方案（2017—2020）》	2017 年
40	《上海市促进科技成果转化条例》	2017 年
41	《关于本市推进研发与转化功能型平台建设的实施意见》	2018 年

（二）国内背景

2006 年，在 21 世纪的新发展背景下，胡锦涛同志对上海提出了实现"四个率先"的要求，明确了上海发展的战略目标，即"创新驱动，转型发展"。中共上海市委、市政府深入学习贯彻落实中央精神，将国家乃至国际的发展形势与自身的发展实际相结合，把握先试先行的良好契机，利用中国加入世贸组织和上海成功申办 2010 年世博会的发展机会，积极稳健地探索科技创新、转型发展之路，将科技创新作为改革发展的重要支柱，全力推动经济和社会的健康、有序、和谐发展。

近年来，上海不断发挥科技创新的引领作用，完善科技体制机制，推动高校、科研机构和企业的协同创新；引进、培育出一批批优秀的创新、创业人才，激发人才的创新活力，营造出"大众创业、万众创新"的良好氛围。

第四章　产权制度变迁的路径分析

产权制度，尤其是知识产权制度，可以稳定科技创新主体的"军心"，调动其积极性，因此，一直以来被视为科技创新制度环境的基石。本章主要就上海产权制度及知识产权制度环境的变迁展开研究。

第一节　我国及上海产权制度变迁回顾

一、产权理论基础

（一）产权

产权，或财产权（Property rights）一词最早是从西方引进的，从英文翻译来看产权是多种财产权利的总称。西方经济学家关于产权的定义有许多，具有代表性的定义是《新帕尔格雷夫经济学大辞典》中所述："产权是一种通过社会强制而实现的对某种经济物品的多种用途进行选择的权利。"该定义强调产权包括所有权、支配权、使用权、收益权和转让权等。产权是以法律形式存在的财产所有权,在社会再生产中表现为生产要素所有权,是所有权的核心和主要内容,包括物权、债权、股权和知识产权等各类财产权,是行为主体对产权的所有、支配、使用、收益和转让的权利。根据经济学理论,产权是对经济主体财产行为权利的法律界定。市场经济是一个不同利益取向的经济主体在产权明确界定的条件下进行公平自由交易的经济系统。在市场经济中,产权用以界定人们在交易中如何受益、如何受损以及如何补偿的行为权利。现代产权理论认为,产权的本质是一种排他性权利。

(二)产权制度与所有制

所谓产权制度是制度化的产权关系或对产权关系的制度化,是划分、界定、确定、保护和行使产权的一系列规则①,是贯穿整个产权生命周期并能对产权关系实行有效的组合、调节和保护的制度安排。产权制度最主要的功能在于降低经济活动中的交易费用,提高资源的配置效率。

马克思认为所有制是指生产劳动主体把他从事生产或者再生产的条件以及由此而形成的生产关系看成是他所有的。生产资料的所有制就是人们之间,在生产资料上或者通过生产资料形成和建立的经济关系,它是生产关系的基础。在所有制中,最重要的是财产关系或者财产关系的法律形式——财产所有权。因此,我国关于产权概念的主流观点认为,产权是所有制的核心和主要内容。产权制度是由于产权统一和分离存在着不同情况,呈现不同的组合结构和配置格局,这些产权格局规范化、规律化、制度化而形成的制度体系。用一句话来概括两者的关系,那就

---

① 黄少安:《产权经济学导论》,山东人民出版社 1995 年版,第 102 页。

是所有制是根本的产权制度，产权制度是所有制的具体化。因此，产权制度与所有制密不可分，要认识产权制度的发展，必须和国家的所有制发展结合起来看。

二、我国产权制度的变迁

新中国成立后到党的十一届三中全会召开前的相当长的一段时间里，我国虽然建立起强大的社会主义公有制制度，但是并没有建立起科学、合理的产权制度。在当时的计划经济时代，"平均主义"盛行，吃"大锅饭"思想严重，产权概念不清、产权意识不存、产权界定不明、产权流转不能。特别是"反右"、"大跃进"和人民公社化运动以及1966—1976年"文化大革命"时期的左倾错误，将个体经济当成资本主义的温床，全面绞杀了处于萌芽阶段的私营经济，严重制约了我国经济社会的健康发展。到1978年，公有制经济占99%，非公有制经济只占1%，工业领域几乎100%为公有制。虽然国民经济总体是增长的，但是人们的劳动积极性不高，经济效益低下，国家财政赤字严重，国民经济几乎到了崩溃的边缘。

直到1978年，党的十一届三中全会，实现全党工作重心向经济领域转移后，产权的问题开始为越来越多的人所重视，产权制度的变革与完善也日渐成为事关改革开放成败的中心议题和关键环节。可以认为，党的十一届三中全会不仅开启了我国经济制度的新时代，也开辟了产权制度改革的新时代。

由此，伴随着改革开放的不断深入，我国产权制度的变革和发展经历了以下阶段。

（一）第一阶段（1978—1984 年）——公有制基础上的产权多元化萌芽

1978 年党的十一届三中全会后，我国采取一系列重大经济措施，对经济管理体制和经营管理方法着手改革。在此期间，通过"放权让利"以及相关利税的改革，一方面促使人们思考制约国企改革和影响其效率提升的原因；另一方面，一些有超前意识的企业管理者在转让企业产权方面开始了探索，但更多是自发性的。或政府为了把一些严重亏损企业并入优势企业，以达到扭亏为盈的目的；或企业从其自身发展需要而产生的冲动，因而总体处于产权改革的萌动时期。

经营权、受益权开始向企业"归位"，国有产权开始分离。在此期间，改革是在企业恢复性和建设性整顿的基础上，调整改革国家与企业间的利益分配关系，实行多种形式利润留存。扩大企业经营自主权，开始实行企业内部经营责任制。①党的十一届三中全会指出，我国经济管理体制的严重缺陷就是权力过于集中，应该让地方和企业获得更多的经营管理自主权。在试点基础上，1979 年 7 月国务院颁布《关于扩大国营工业企业经营管理自主权的若干规定》，开始在全国推广扩大企业经营自主权试点，规定并赋予企业拥有部分计划、销售、设定工资等权力，调动了企业积极性，并于 1980 年扩大到 6 600 个企业。1983 年 4 月，国务院颁布《国有工业企业暂行条例》，明确了企业的 15 项权力。

---

① 王建梅：《改革开放 30 年我国国有企业产权制度改革评述》，载《经济研究参考》，2008（49）：33—44。

扩大经营自主权的试点是国有企业产权初步分离，是占有权、使用权、收益权向企业回归的开始，使企业有了独立的利益和内在动力，开始追求利益最大化。

为落实企业经营自主权，将国家和企业的利益分配关系用税法固定下来，1983年进行利改税试点，企业经营自主权进一步扩大。利改税方向无疑是正确的，但因为税太高，企业承受不了，没有收到显著效果。企业承包责任制反而成为企业管理重点，1982年，首钢率先试点，并迅速在3.6亿家企业中展开。此外，1979年我国开始实行拨改贷，国务院批准《关于基本建设投资试行贷款办法的报告》，1980年全面实行基本建设拨改贷制度。1981年12月，第五届全国人民代表大会第四次会议通过实行经济合同法，确立了我国的经济合同体制。这些措施是金融市场、产品市场和就业市场的最初的形式，使国家对企业的行政管理权和企业产权分离开，为企业产权逐步独立开辟了通路。

外资经济和个体私营经济初步发展。外资进入中国，非公有制经济迅速发展，产权制度开始取得重大突破。起初，改革开放引进外资的目的是利用我国的土地、劳动力等资源引进资本主义国家的资金，引进先进的设备、技术、管理经验，为搞活国营企业经营机制提供经验，但外资进入的作用远不止这些，它从踏上我国土地的第一天起，就丰富了我国产权的构成，改变了产权结构，并和公有制经济发生了千丝万缕的联系，推动了我国产权改革的进程。虽然在所有制的认识上，我国全方面强调公有制经济。但在产权实践上，实践远远超过理论的发展。1979年7月，第五届全国人大二次会议通过《中华人民共和国中外合资经营企业法》，允许非社会主义公有制的外资经济在我国发展，外国私营产权获得了在我国存在的合法地位。此后，中外合资、合作、独资企业如雨后春笋般出现。1983 年，我国"三资"企业已达 1 361 家，外商投资金额达 10.16 亿美元。此外，个体、私营经济也迅速发展。1980 年，我国已有 40 万人从事个体经营。1982 年 9 月，党的十二大提出建设中国特色社会主义，提出我国还处于社会主义初级阶段，应有多种经济成分并存。国务院决定对 160 种小商品市场放开，私营经济在小商品市场领域迅速发展，开始原始资本积累，并由小商品销售到小商品加工、运输，在增加就业、发展第三产业方面表现出惊人的活力，为私营经济后来向各个领域进军打下基础。

外资经济和个体私营经济的发展，开始改变我国社会的面貌。原来宪法规定的产权制度已不适应生产力发展需要，产权制度改革势在必行。1982 年 12 月，我国颁布新宪法，即 1982 年宪法，其中对经济制度和个体经济的规定如下。

新宪法规定：中华人民共和国的社会主义经济制度的基础是生产资料社会主义公有制，即全民所有制和集体所有制。国营经济是社会主义全民所有制经济，是国民经济中主导力量。国家保障国营经济的巩固和发展；国家保护城乡集体组织的合法的权利和利益，鼓励、指导和帮助集体经济的发展。

关于适当发展个体经济，第十一条规定：在法律规定的范围内的城乡劳动个体经济，是社会主义公有经济的补充，国家保护个体经济的合法的权利和利益。第十八条规定：中华人民共和国允许外国的企业和其他经济组织或者个人依照中华人民共和国法律的规定在中国投资，同中国的企业或者其他经济组织进行各种形式的合作。它们的合法权利和利益受中华人民共和国法律的保护。

虽然 1982 年宪法肯定了私营经济的存在权，但在发展上很谨慎，没有明确提出发展权，但随即在 1983 年明确提出了"适当发展个体经济是经济生活的需要"，为个体经济的发展开辟了道路。个体私营经济及私有产权的发展权第一次得到肯定，但提法只是说适当发展，其发展的领域受到严格限制。

农业方面开始实行家庭联产承包责任制。党的十一届三中全会后，安徽凤阳小岗村的农民率先开始了家庭联产承包责任制的试点，就此拉开了集体所有、统一经营使用的土地产权制度转变为集体所有、家庭联产承包经营使用的土地产权制度的序幕。1982 年，国家在农业方面本着首先解决温饱问题的原则，确定了以粮食为主，积极发展多种经营的结构调整思路，通过推行以家庭经营为主的联产承包责任制，代替人民公社集体经营制度。[1] "包产到户"的产权制度承认了农户对剩余产品的所有权。土地产权和农民的距离拉近，极大调动了农民的积极性，解放了农村生产力，促进了农业生产的发展，使粮食、水果的产量有了剩余，这部分剩余产品从开始的仅仅满足农户的温饱，到后来积累成可投资的经济资源，为 20 世纪 80 年代中后期农村个体经济、村办企业、乡镇企业的异军突起奠定了经济基础，也为我国工业经济的发展埋下伏笔。

———————————

[1] 杜威漩：《论中国农地产权制度的变迁——以农地家庭联产承包责任制的建立和变迁为例》，载《商业研究》，2009（02）：211—216。

虽然这个阶段产权的形式发生了很大变化，政府在产权改革方面也进行了一些探索，但是当时我国的经济体制尚未根本改变，模式僵化。国有企业政企不分，条块分割，国家统管企业，忽视商品生产价值规律和市场作用，分配中的平均主义严重，造成企业缺乏应有的独立性和自主权。企业吃国家"大锅饭"，职工吃企业"大锅饭"，严重压制了职工群众的积极性、主动性、创造性，使经济失去活力。[①]造成这种现象的根本原因就是落后的产权制度。一方面，国家作为国有产权的拥有者，直接指挥生产，多层委托，成本高，效率低；另一方面，劳动者没有自己的产权，在劳动过程中无法体现个人意志和主观能动性，只能被动执行生产指令。换句话说，这个阶段的产权和具体人是脱节的，并且相去甚远。

（二）第二阶段（1984—1988 年）——各种产权经济共同发展，产权由国家流向个人

1984 年 10 月 20 日，党的十二届三中全会通过《中共中央关于经济体制改革的决定》，提出有计划的商品经济，提出在公有制为主体的前提下，发展多种所有制经济。1987 年，党的十三大提出社会主义初级阶段理论，为产权制度改革提供了依据，开创了产权改革新时代。小企业转让试点，一部分国有产权的所有权开始变化，由国家流向个人。合作企业发展到一定规模的同时，国有企业产权进一步分离，私营经济进一步得到发展。

国有企业改革方面，国有产权进一步分离。1984 年 5 月，国务院颁布《关于扩大国营工业企业经营管理自主权的若干规定》，使企业拥有生

---

① 颜蕾：《我国产权制度的变迁及其趋势》，载《乡镇经济》，2004（11）：42—44。

产经营、计划、产品销售、价格、物资采购、资金使用、用人等方面的自主权，企业变成相对独立的经济实体。在1983年第一步利改税试点的基础上，1984年10月实行完全利改税逐步过渡到以税代利，企业成为自主经营的实体。1984年10月，党的十二届三中全会通过《中共中央关于经济体制改革的决定》，提出有计划的商品经济，提出两权分离。1987年10月，党的十三大报告中明确指出，一些中小型全民所有制企业的产权，可以有偿转让给集体和个人，全面推行承包制。1988年2月，国务院颁布《全民所有制工业企业承包经营责任制暂行条例》，旨在推进承包制规范化，1989年实行全员抵押承包制，年底77％的企业进入二期承包。1988年4月，通过《中华人民共和国全民所有制工业企业法》，提出企业是商品生产和经营单位，实行所有权和经营权分离，使企业对其财产权享有占有、使用和处分权力。1985年，制定《全民所有制小型工业租赁经营暂行条例》。1988年，《企业破产法》生效。1989年，国务院颁布《关于出售国有小型企业产权的暂行办法》。1992年，国务院通过《全民所有制工业企业转换经营机制条例》，将企业自主权细化为14项，推动政企分开。

1988年，国务院组建国有资产管理局，同年8月设立郑州企业产权交易市场。上海飞乐公司成为第一家规范的股份公司。四川省1 842户企业产权转让，1989年底2 315户企业兼并2 559户企业，1989年6月股份制企业6 000家，集资60亿元。1990年、1991年，上海和深圳证券交易所相继成立。承包责任制的实行，使国家与企业之间的责权利用合同形式明确下来，是二者关系市场化的最初表现和国有产权分离的第一步。但承包责任制存在较多缺陷，主要有包盈不包亏，双方责任不对等，国有资产大量流失等。由于这一阶段消费水平提高，市场需求巨大，导致投资膨胀、信贷膨胀、企业职工消费基金迅速增加，经济出现过热，在这一期间，由于继续实行承包制，税代利实际上被承包制取代，财政收入滑坡严重。

外资企业和私有经济进一步发展。"三资"企业在进一步开放中发展尤为迅速。1984 年以后，我国进一步放宽利用外资政策。1984—1986年，共批准设立中外合资企业 14 587 家、合作企业 8 349 家、独资企业 546 家。企业家数和引进外资额大幅上升。私有经济在宪法上的地位得到肯定后，个体私营经济开始快速发展。国家在政策上也加以扶持。党的十三大报告指出，目前全民所有制以外的其他经济成分，发展还很不够，关于城市合作经济、个体经济和私营经济，都要继续鼓励它们发展，这样有利于促进生产，活跃市场，扩大就业，更好地满足人民多方面的生活需要。到 1988 年底，全国个体工商户已达 1 455 万户，从业人员 2 304 万人，注册的私营企业 4 万家，从业人员 75 万人。

各种产权经济的发展，使得我国产权内容进一步丰富，并对产权制度提出挑战。尤其私有产权需要在宪法中重新定位，为此 1988 年对宪法进行了修改。

1988 年宪法修正案对宪法第十一条增加规定，国家允许私营经济在法律规定的范围内存在和发展，私营经济是社会主义公有制的补充，国家保护私营经济的合法的权利和利益，对私营经济实行引导、监督和管理。这第一次正式确定私营经济的发展地位，突破了个体经济的范畴，使各种产权趋于平等。

1988 年 6 月，国务院颁布《中华人民共和国私营企业暂行条例》。虽然私营经济的地位在宪法上得到确立，但在实际中，对私营经济仍然有很大偏见，还有"姓资姓社"的问题，认为私有产权是属于资本主义的，和社会主义公有制不相融，产权歧视较重。个体、私营企业不得不挂靠在国有企业或集体企业名下，避免政策反复。全社会还没有形成大力发展私营经济的气候。

（三）第三阶段（1988—1992 年）——产权改革停滞期

20 世纪 80 年代末，国际发生了东欧剧变、苏联解体等重大事件，此时的中国正处于体制转型期，旧的体制没有完全消失，新的体制框架尚未形成，新旧体制并存的二元体制构成了投资膨胀的新环境，企业所有权与经营权的分离导致了企业行为与投资行为的不合理。由于 1979 年开始的农村生产关系的调整所产生的制度效益潜能到 20 世纪 80 年代中后期已基本释放，到 1986 年，农业主要产品生产与农业收入的增长趋于停止。为了增加农业的投入，保证农业的基本稳定，国家首先提高了农产品价格，由此，以农产品为原料的轻工产品成本增加，价格上升。同时，民营企业的蓬勃发展大大促进了就业，但是这种畸形的就业结构使得生产配置受到就业刚性的硬约束，不仅增加了企业的生产成本，也形成了较大的通货膨胀压力。因此，20 世纪 80 年代末，我国出现了严重的通货膨胀，经济整体上滑入低谷，延缓了产权改革的进程。

在金融和产业政策上，体制外蓬勃成长起来的民营企业一直遭遇着极大的困难，其所有的改革成果一直被希望装进国有资本这个大箩筐里。与此同时，民营企业——特别是发起于农村的乡镇企业又被寄予承担起改造农村、共同富裕的公共责任的厚望。为此，地方政府在很多方面对其进行了扶持。于是，乡镇企业遍地开花。为了保护自己，同时也为了继续得到政策支持，这些乡镇企业通常都会挂在乡集体下面，"红帽子"①企业由此产生。"公皮私骨"非常形象地概括了这个时期民营企业的产权性质。1989 年后的三年，是我国民营经济的彷徨岁月。来自政治和经济方面的双重压力，引发了私营企业主的极大恐慌。在民营经济最为发达的广东省，甚至出现了一次企业家出逃的小高潮。

产生这些问题的主要原因，就是缺乏产权制度改革的理论框架。这种缺乏在处理公有制与私有经营关系方面、处理中央政府与地方政府关系方面引起政策的混乱。同时，政策激烈摇摆，形成利益独占。这两方面问题结合起来——由于缺乏道德建设而加剧——导致腐败现象的滋生，合法与非法的界限模糊，产权制度改革随之停滞。

（四）第四阶段（1992—1997 年）——国有产权改革深化，多种产权经济长足发展

就在我国经济发展陷入困顿的 20 世纪 90 年代初，1992 年，邓小平同志进行了南方谈话，解决了对于"姓资姓社"问题的不正确理解，摆正了公有制与私营经济的关系，这是产权认识上的重大飞跃。过去我们认为一个经济要么属于社会主义要么属于资本主义，事实上，产权是一个客观实在，并无先天的"姓资姓社"的问题。私有产权，民族的和外来的，都要接受我国法律的约束，都要依法纳税，都能提供就业机会。一个国家的经济是有机的统一体，不同主体产权之间是相互联系的，公私产权都是社会主义市场经济的组成部分。至于追求利润，那是产权的

---

① "红帽子"企业是指由私人资本投资设立，而又以公有制企业（包括国有和集体企业）的名义进行注册登记的企业，或者挂靠在公有制企业之下的企业，即名为公有制企业，实为私有制企业。

固有属性，国有产权也不例外。

公有制经济改革方面，1992 年 10 月 12 日召开的党的十四大，提出我国经济体制改革的目标是建立社会主义市场经济体制，以利于进一步解放和发展生产力。1993 年 11 月，党的十四届三中全会通过《中共中央关于建立社会主义市场经济体制若干问题的决定》，提出建立现代企业制度的目标。现代企业制度的基本特征是：产权清晰，权责明确，政企分开，管理科学。提出抓大放小，为国有企业改革找到方向，对大企业国有产权重组，改工厂制为现代公司制，落实企业法人财产权；对中小企业采取联合、兼并、子公司改造、股份合作制改造，并租赁、出售、承包给私营企业或个人。为规范企业改革，1993 年 12 月 29 日，第八届全国人民代表大会常务委员会第五次会议通过《中华人民共和国公司法》。1993 年，全国股份制试点企业达 12 860 户，其中股份有限公司 3 261 户，上市公司 183 家。

1994 年，党中央、国务院采取一系列政策措施，包括成功推出完善宏观经济管理体制改革的若干重大举措，为深化国有企业改革创造了条件。国务院选择 100 家企业试点，主要按《公司法》的要求，加强企业的公司制改造，加强国营产权的监管，加大用工制度、分配制度、内部管理制度改革。重点在降低企业负债率、股权多元化、富余人员裁减、兼并破产方面，争取在改革的重点难点方面取得突破。在产权制度方面，主要的突破是实现了国有产权出资者产权与企业法人财产权的分离，企业建立了较规范的管理体制。1997 年仅上市公司就达 740 家，市值占当年 GDP 的 24%。同时，国有中小企业通过股份制、兼并、合并、出售、承包、租赁与委托经营等进行重组，一部分国有产权开始通过市场向个人转移。

　　私有产权方面。1992 年，党的十四大进一步强调，个体经济、私营经济、外资经济都是公有制经济的补充。1993 年，党的十四届三中全会通过的《中共中央关于建立社会主义市场经济体制若干问题的决定》进一步提出要鼓励个体、私营、外资经济的发展。1993—1995 年，私有制经济开始悄悄地摘掉"红帽子"，不再冠以集体企业或挂靠集体企业。1992 年到 1996 年，个体、私营经济固定资产投资年均增长 17％以上，工业总产值年均增长速度 66.5％，高于国有企业的 12.7％，成为我国经济的新增长点。1996 年，全国个体工商户已达 2 704 万户，从业人员 5 017 万人，注册的私营企业 81.4 万家，从业人员 1 171 万人，有 30 多家企业销售收入过亿元，超过同期的许多国有企业。在此期间，外商投资年均增长 20％以上。1996 年末，全国共有外商投资企业 240 447 家，注册资本 4 415 亿美元。在产权制度上，1993 年 3 月宪法作出重大修改，我国开始实行社会主义市场经济，在国有企业和集体企业的规定上有所不同。

　　1993 年宪法修改规定：国有企业在法律规定的范围内有权自主经营；集体经济组织在遵守有关法律前提下，有独立进行经济活动的自主权，决定经营管理重大问题，在经济管理上提出实行社会主义市场经济。国家加强立法，完善宏观调控。废除了国家在社会主义公有制基础上实行计划经济的提法。为国有企业政企分开，建立现代企业制度提供宪法保障。对私有产权的提法，维持 1988 年宪法修正案的提法。

实践中，在国有企业公司制改造中，过分强调国有产权的绝对控股地位，导致股权比例失衡，使得改造后的企业和原来纯国有企业没有什么两样。在公私产权方面，产权歧视现象依然存在，许多领域私有产权不能进入，可进入的领域门槛很高。

从 1992 年到 1996 年，我国对产权的认识逐步升华，不再以社会主义经济和资本主义经济对产权进行属性划分，以公有制为基础的多种经济成分共同发展的局面形成。改革开放取得新的突破，按照建立社会主义市场经济的要求，大步推进了财政、税收、金融、外贸、外汇、计划、投资、价格、流通、住房和社会保障制度等诸多领域的改革，市场在资源配置中的作用明显增强，宏观调控体系框架初步建立。国有企业在试点的基础上积极推进，私营经济发展迅速，以国有产权为主、多种产权共同发展的局面进一步发展。5 年中，GDP 平均增长 12.1%，没有出现大起大落。1996 年，全国 GDP 达到 67 884.6 亿元，人均 6 054 元。

（五）第五阶段（1997—2002 年）——我国基本经济制度形成，产权制度更加明确

1997 年，党的十五大确立了非公有制经济是我国社会主义市场经济的重要组成部分，第一次明确提出公有制经济为主体和多种所有制经济共同发展是我国现阶段基本经济制度。再一次提出"解放思想，实事求是"，提出了是否有利于发展社会主义的生产力、有利于增强社会主义国家的综合国力、有利于提高人民生活水平的"三个有利于"标准。一切"三个有利于"的所有制形式都可以而且应该用来为社会主义服务，倡导先富带动后富。

关于公有制，提出要全面认识社会主义公有制经济的含义，公有制经济不仅包括国有经济和集体经济，还包括混合经济中的国有和集体成分。公有制经济的主体地位主要体现在：公有资本在社会总资产中占有优势，国有经济控制国民经济命脉，对经济发展起主导作用。这种主导作用主要体现在控制力上，要从战略上调整国有经济布局，在体现公有制经济为主体的前提下，国有经济比重减少一点，不会影响社会主义性质。

关于国有企业，提出建立现代企业制度是国有企业改革方向，要按照"产权清晰、权责分明、政企分开、管理科学"的要求，对国有大中型企业实行规范的公司制改革，使企业成为适应市场的法人实体和竞争主体。①国家按投入的资本数量享有所有者权益，对企业债务承担有限责任，企业依法经营，自负盈亏。解除了国家对国有企业的无限责任。提出抓大放小，实行战略改组，以资本为纽带，通过市场形成具有较强竞争力的跨地区、行业、所有制和跨国经营的大企业集团。采取改组、联合、兼并、租赁、承包等方式加快国有中小企业改革。党中央、国务院提出以建立现代企业制度为契机，用三年时间搞好国有大中型工业企业，主要有加大破产力度、降低负债率、减员增效、增加投入和技术改造、改变工厂制，建立规范的公司制。

1999 年，党的十五届四中全会通过了《中共中央关于国有企业改革和发展若干重大问题的决定》，提出从战略上调整国有经济布局，要同产业结构的优化升级和所有制结构的调整结合起来，坚持有进有退，有所

---

① 鲁志国、黄永康：《国有企业产权制度改革的现实路径》，载《江汉论坛》，2017（11）：30—34。

为有所不为。国有经济需要控制的行业和领域主要包括：涉及国家安全的行业，自然垄断行业，提供重要公共产品和服务的行业以及支柱产业和高新技术产业中的重要骨干企业。大多数不再强调企业中国有产权的绝对控股地位，私有产权开始参与国有企业改革。

关于私有经济，1997 年，党的十五大明确个体与私营经济是社会主义市场经济的重要组成部分，要建立以公有制为主导、多种所有制并存的所有制体制，强调非公有制经济是社会主义市场经济的重要组成部分，对个体私营经济要继续鼓励、引导，使之健康发展。这对满足人们多样化的需要，增加就业，促进国民经济健康发展有重要作用，为私有制经济的发展开辟了广阔的道路。私有制经济迅速发展。1999 年，全国人大通过宪法修正案，把私营经济纳入我国基本经济制度。这是产权制度的又一次重大改革。会议决定公有制经济从许多领域退出，这是对私人产权的又一次解禁，使私人产权可以进入更广阔的领域，私人产权的发展获得了更广阔的空间。党的十五大以后，对私营经济的发展的支持列入各级政府的议事日程，成为政府工作重要方面。

在这一阶段，国家对公有产权的认识不断深化，提出收缩公有制产权战线，调整公有制产权布局，许多领域向私有产权开放，产权制度更加民主。

（六）第六阶段（2003—2015 年）——现代产权制度建立，产权制度改革取得质的突破

2003 年 10 月，党的十六届三中全会通过的《中共中央关于完善社会主义市场经济体制若干问题的决定》中指出，要"建立健全现代产权制度，产权是所有制的核心和主要内容，包括物权、债权和知识产权等各类财产权。建立归属清晰、权责明确、保护严格、流转顺畅的现代产权制度,有利于维护公有财产权,巩固公有制的主体地位;有利于保护私有财产权,促进非公有制经济发展,有利于各类资本的流动和重组,推动混合所有制经济发展;有利于增强企业和公众创业创新的动力,形成良好的信用基础和市场秩序。"其第一次把产权制度提到如此的高度,充分反映了我国的经济体制改革已推进到了产权制度变革的核心层面,将为我国的产权制度改革带来实质性突破。

这一时期,国有企业改革的进展主要体现在以下几个方面:一是国有资产管理体制的重大变革。新的国有资产管理体制坚持了"国家所有、分级代表"的原则,中央和地方分别成立专门的国有资产监督管理机构履行出资者职能,管人、管事和管资产相统一,坚持政企分开,所有制和经营权分离,企业自主经营。2003 年 5 月,国务院颁布《企业国有资产监督管理暂行条例》,2006 年颁布《地方国有资产监管工作指导监督暂行办法》。到 2006 年年底,从中央到地市全部组建了国有资产监督管理机构,出台了 1 200 多个相关监管规章和条例,涉及企业产权管理、企业资产和财务监督、企业负责人业绩考核和选聘薪酬制度、法律事务管理等各个方面。2007 年,国务院下发《关于试行国有资本经营预算的意见》,国有资本经营预算制度初步建立。二是国有经济布局和结构调整取得积极进展。一批特大型国有企业重组部分资产在国外上市,通过主辅分离和改制推进了一大批大中型企业重组。2006 年年底,国务院国资委出台《关于推进国有资本调整和国有企业重组的指导意见》,明确了中央企业集中的关键领域和重组的目标。党的十七大进一步明确通过公司制股份制改革优化国有经济布局，随后国有企业进一步集中。到 2006 年，全国国有工商企业数量为 11.9 万家，比 1998 年减少了一半。中央企业的数量从 2003 年的 196 家降低到 2012 年的 112 家。三是国有企业公司制股份制改革进一步推进，混合所有制经济有了长足发展。到 2012 年，我国工业企业中股份有限公司达到 9 012 家，各类有限责任公司达到 65 511 家，混合所有制工业企业数量占规模以上工业企业单位数的 26.3%，资产占 44.0%，主营业务收入占 38.8%，利润总额占 41.8%。截止到 2012 年年底，中央企业及其子企业引入非公资本形成混合所有制企业，占到总企业数的 52%。

　　在私营经济的发展方面，这一阶段，如何处理非公有制经济与公有制经济的关系问题成为理论探讨和政策制定的重点。非公有制经济经过多年发展，逐步壮大起来，在许多领域占有绝对优势，非公有制经济的地位和作用在改革中得到进一步提升，出现了个体、私营、外资与公有制经济相互渗透、相互融合的趋势，如非公有制经济在行业分布上从以制造、建筑、运输、商贸和服务业等领域为主，开始向基础设施、公共事业等领域拓展。[①]非公有制经济与公有制经济之间的冲突时有发生，如石油行业的民营资本问题。此外，外资企业在我国迅速扩张，外资的并购问题成为各界关注的焦点。非公有制经济遇到了重新定位和判断的问题，发展面临巨大的挑战。为了正确处理非公有制经济与公有制经济的关系，2005 年 2 月国务院颁布《关于鼓励支持和引导个体

---

　　① 王雪野：《从产权制度沿革看我国产权制度改革的途径与意义》，载《科学社会主义》，2005（02）：60—62。

私营等非公有制经济发展的若干意见》(简称"非公 36 条")。该政策一定程度上给予了非公有制经济更大的发展空间,并消除了人们对非公有制经济去向问题的担忧。

(七)新阶段(2016 年至今)

2016 年后,我国改革开放逐步进入攻坚区和深水区。2016 年 11 月,国务院颁布《中共中央、国务院关于完善产权保护制度依法保护产权的意见》(以下简称《意见》)。这是我国首次以中央名义出台产权保护的顶层设计,在短期、中期、长期三方面都对我国经济增长具有重要意义。《意见》明确指出,产权制度是社会主义市场经济的基石,保护产权是坚持社会主义基本经济制度的必然要求。有恒产者有恒心,经济主体财产权的有效保障和实现是经济社会持续健康发展的基础。同时,提出了一条重要原则,就是坚持平等保护,公有制经济财产权不可侵犯,非公有制经济财产权同样不可侵犯。

在国有企业改革方面,新时期全面深化国有企业改革的主体制度框架初步确立。国务院于 2015 年 10 月印发《关于改革和完善国有资产管理体制的若干意见》,对推进国有资产监管机构职能转变、改革国有资本授权经营体制、提高国有资本配置和运营效率、协同推进相关配套改革提出原则性的要求。2016 年,先后出台《国有科技型企业股权和分红激励暂行办法》和《关于国有控股混合所有制企业开展员工持股试点的意见》。截至 2016 年底,中央企业及其下属企业中混合所有制企业占比接近 70%,省级国有企业及其下属企业中混合所有制企业占比达到 47%。2017 年又发布了《国务院国资委以管资本为主推进职能转变方案》,明确了国资监管事项，迈出了从以管企业为主的国资监管体制向以管资本为主的国资监管体制转变的重要一步。此外，还推进一批国有资本投资运营公司试点，这些试点公司在战略、集团管控与业务板块授权等方面作了有益的探索。同年 5 月，《国务院办公厅关于进一步完善国有企业法人治理结构的指导意见》提出，到 2017 年年底前，国有企业公司制改革基本完成。与此同时，国资监管部门向建有规范董事会的国有企业，陆续下放发展决策权、经理层成员选聘权、业绩考核权和职工工资分配及重大财务事项等重要权限，促进这些企业加快完善市场化经营机制的步伐。

2017 年 10 月，党的十九大报告指出，经济体制改革必须以完善产权制度和要素市场化配置为重点，实现产权有效激励、要素自由流动、价格反应灵活、竞争公平有序、企业优胜劣汰。"完善产权制度"被列为新时代经济体制改革的重点，并强调要"实现产权有效激励"。党的十九大报告中所涉及的产权，除了人们熟悉的物权、债权、股权，还包括自然资源资产产权①、各种人力资本产权（如知识产权）等。从理论上讲，将完善产权制度作为新时代经济体制改革的重点，是由产权制度在整个经济体制中的重要地位决定的。抓住完善产权制度这个重点，就抓住了经济体制改革的关键。经过 40 年改革，我国现代产权制度的主体框架初步确立，产权制度的完备度和成熟度还不够，农村集体产权、自然资源资产产权、知识产权制度方面仍存在一些短板。因

---

① 自然资源资产是指国家拥有或控制的、预期会给国家和人民带来经济利益的、能以货币计量的自然界各种物质财富要素的总称，包括各种自然资源财富和权力。自然资源资产按属性可分为生物、农业、森林、国土、海洋、气象、能源和水八大类。

此，新时代的经济体制改革必须以完善产权制度为重点，实现产权有效激励。

三、上海产权制度的变迁

总体上，上海产权制度的变迁主要以国家产权制度改革为背景，主要是对国家法律条文等国家意志的执行，拥有较少的自由裁量权。从 20 世纪 90 年代开始了一些探索，并出台了一些地方性的操作细则和办法。其中较为突出的是在现代企业制度和农村集体产权制度等领域进行了改革，下面就以这两个领域为例进行介绍。

（一）上海的现代企业制度改革

上海的现代企业制度改革基本与全国同步，从 1993 年开始至今，形成了两级政府管理、三个层次的国有资产管理体系；形成了管资产、管人、管事相统一，责权利相结合，分级行使出资者所有权的国有资产管理制度。在培育和完善产权交易市场的过程中，建立了三大产权交易所（上海技术产权交易所、上海技术交易所、上海产权交易所），形成了初级形态的产权市场；建立了结构较为合理、流通较为顺畅的产权制度。①一系列法律、行政法规、行政规章和上海的地方性法规、规章相继出台，为落实产权制度提供了基本依据。

从法律和行政法规角度看，1986 年 4 月 12 日颁布的《民法通则》规

---

① 周杰普、何玉长：《论上海产权制度改革与法律支持》，载《上海财经大学学报》，2006（05）：26—32。

定的法人制度、企业财产权制度把国有企业从行政附属的地位中解放出来，使其成为独立的财产权利享有者。此后颁布的《全民所有制工业企业法》和《企业破产法（试行）》为国有企业进入和退出市场提供了法律上的可能性。1993 年，党的十四届三中全会提出，国有企业改革的方向是建立适应市场经济要求的"产权清晰、责任明确、政企分开、管理科学"的现代企业制度，并第一次提出了"法人财产权"的概念。1994年 7 月 1 日实施的《公司法》，为国有企业实施公司制改革和法人财产权的确立提供了法律上的依据。从企业"经营权"到"法人财产权"的变迁，为我国现代企业制度建设提供了初步的法律保障。

从行政性规章角度的看，国家有关部门先后发布了《企业国有资产监督管理暂行条例》、《行政事业单位国有资产管理办法》、《国有企业监事会暂行条例》、《国有资产产权界定和产权纠纷处理暂行办法》、《城镇集体所有制企业、单位清产核资产权界定办法》、《劳动就业服务企业产权界定规定》、《企业国有产权纠纷调处工作规则》、《上市公司收购管理办法》、《合格境外机构投资者境内证券投资管理暂行办法》、《外资投资者并购国内企业暂行规定》、《企业国有产权转让管理暂行办法》、《保险机构投资者股票投资管理暂行办法》等，分别从不同侧面对产权改革进行了界定和规制。

从地方性法规、行政性规章角度看，主要出台了以下规范性文件，为上海进行产权改革提供了有效、可行的法律依据。

上海市以国际集团、国盛集团为主搭建国资流动平台，两家平台公司累计持有股权涉及资产总额约 500 亿元，盘活资本近 400 亿元。上港集团、上汽集团、上海建工等先后实施各类股权激励 43 项。

表 4.1　上海市现代企业制度改革法律文件

年　份	名　　　称
1996 年	《上海市国有资产产权纠纷调处办法》
1996 年	《上海市企业国有资产产权登记实施办法》
1998 年	《上海市产权交易管理办法》
1999 年	《上海市产权交易管理办法实施细则》
1999 年	《上海市产权经纪机构管理暂行办法》
1999 年	《上海市企业国有资产产权界定暂行办法》
1999 年	《关于进一步推进国有资本从小企业中退出工作的若干意见》
2002 年	《关于外资并购本市国有企业若干意见的实施细则》

（二）上海的农村集体产权制度

农村集体产权制度改革，是我国实行家庭联产承包制后农村生产关系的又一次重大变革。党的十八届三中全会明确提出，要赋予农民更多财产权利，保障农民集体经济组织成员权利，积极发展农民股份合作，赋予农民对集体资产股份占有、收益、有偿退出及抵押、担保、继承权。上海是经济率先发展地区，也是城市化推进比较快的地区，因此自 20 世纪 90 年代起就开始探索推进这项改革。中共上海市委、市政府高度重视农村集体经济组织产权制度改革，截至 2016 年上半年，全市实行集体经济组织产权制度改革的村已达 1 547 个，占总数的 92% 左右；17 个镇完成了镇级产权制度改革。全市参加镇、村两级农村集体经济组织改革的成员达到 500 万人。2015 年度分红总额超过 12 亿元，110 万人不同程度分享了农村改革的红利。①就总体而言，上海的农村集体产权制度改革探

---

① 王晓霞：《上海市农村集体经济组织产权制度改革的基本模式与问题研究》，上海交通大学，2014 年。

索可以分为以下四个阶段：

一是初步探索阶段。20 世纪 90 年代初，伴随城市化地域扩张带来的村镇合并，上海制定出台了推进产权制度改革的相关政策。1995 年，闵行区虹桥镇虹五村等率先实行股份合作制改革。1997 年，上海市政府批转市农委《关于加强本市农村集体资产管理工作意见的通知》要求，切实加强农村集体资产管理，维护好广大农民的利益。此后，市政府发布的《上海市撤制村、队集体资产处置暂行办法》（1996）和市政府批转的市农委《关于〈上海市撤制村、队集体资产处置暂行办法〉的补充意见》（1998）对上海市撤制村、队的资产处置进行了相关政策规定。

二是规范发展阶段。2003 年 5 月，上海市相关部门下发文件，明确规定改革试点的基本形式、主要条件和关键环节。2005 年 7 月，市政府召开座谈会并要求在条件允许的地方进行村级集体经济股份合作制改革试点工作。2006 年，市农委制定了进一步加强农村集体资产管理工作的意见，明确提出要进一步深化农村集体资产的改革，要坚持三个原则，即"依法、规范、公正"，通过明晰股权，让成员享受股金分配，建立农村集体资产新型法人治理结构，健全农村集体资产的民主管理制度和有效监督机制。要通过改革，不断巩固壮大农村集体经济实力，促进农民收入不断增长。

三是加快推进阶段。2009 年，根据党的十七届三中全会文件精神，上海市农委、市发展改革委、市工商局通过颁布《关于本市推进农村村级集体经济组织产权制度改革工作的指导意见》进一步推进农村产权制度改革工作。根据中共上海市委、市政府的部署，不少区县明确将农村集体资产产权制度改革纳入了"十二五"发展纲要。据调查统计，至

2010 年底，50 个村（队）集体经济组织建立了 46 个公司或社区股份合作社。发展到 2013 年底，15 个镇级、242 个村级集体经济组织建立了 237 家新型集体经济组织，各项工作稳步推进，改革进展顺利。

四是法治化阶段。2014 年 10 月 24 日，根据中央对农村产权制度改革的总体部署，上海市政府发布《关于推进本市农村集体经济组织产权制度改革若干意见》，决定在上海市全面推行改革，其中重点对农村集体经营性资产进行股份合作制改革，明晰产权归属，将资产折股量化到本集体经济组织成员，发展多种形式的股份合作。到 2017 年，全市已实行产权制度改革的村达 1 636 个，占总村数的 98％左右；完成改制的镇有 62 个，超过总镇数的 50％。全市已完成改制的村都实行了村民委员会与集体经济组织事务分离、账户分设。已改制的集体经济组织年总分红 15 亿元，惠及社员 148 万人，人均分红 1 015 元。[①]为进一步巩固改革成果，上海市第十四届人民代表大会第四十一次会议全票通过《上海市农村集体资产监督管理条例》。这是继 2016 年底《中共中央、国务院关于稳步推进农村集体产权制度改革的意见》文件发布之后的全国首部地方性法规，这也标志着上海农村产权制度改革正式走上法治化的轨道。

四、上海产权制度变迁的动因和逻辑

产权制度是任何形式经济体制的基础，我国的经济体制改革的核心

---

① 邱秀娟：《助力农村发展，推动上海市农村产权制度改革》，载《上海法治报》，2016-06-06（A07）。

实质上是产权改革。明确的产权是市场经济中企业存在的前提条件，而产权制度上的缺陷正是我国计划经济时代中企业低效率的重要原因。社会主义市场经济体制的建立和完善，无论如何都绕不过产权制度改革这一关。

（一）产权制度变革根本动因——生产力的发展

马克思在《资本论》中指出，生产力决定生产关系，经济基础决定上层建筑，生产关系又会反作用于生产力的发展，上层建筑也会影响经济基础。作为生产关系基础的生产资料所有制、产权制度以及由它们决定的产权关系同样也是随着生产力的发展而不断变化着的。

马克思认为，生产力的各个因素中，最主要的是生产工具和生产技术。工具和技术进步了，人们的劳动方式和劳动经济状况就会随之改变，人与生产资料的关系以及人们之间的相互关系也会发生变化，产权制度和所有制也会随之改变。

生产力的不平衡发展决定了一个社会可能同时存在多种所有制，一种所有制可能出现多种具体的产权制度，即多种实现形式。不过，在这种情况下，总会有一种所有制或具体产权制度比较适应最先进的生产力。所有制和产权制度的变迁过程必然伴随产权的分离和重组。马克思在《资本论》第3卷中深入分析了生产力发展到资本主义阶段货币借贷、土地和工厂租赁以及企业主委托专门的经理人员经营企业的关系，论述了完整产权的分解和不同情况的产权分离。马克思对于产权的分离和重组主要有以下几点认识：第一，一个承担全部责权利，拥有完整产权的主体，可能根据自己的能力、时间、财产规模以及对预期经济利益的衡量，在取得一定收益的条件下，把一部分权利让渡给他人，如拥有大量财产的主体可将部分财产租给他人使用，收取利息、租金等；第二，随着新的经济活动和形式的出现，某一特定的产权总可以派生出新的或者比较具体的细分的产权，如有股权派生出来的股票转换权、配股权等；第三，根据资产运作需要，已经分离的一些产权可能重新组合，形成一种新的产权，如占有权、使用权和一定的支配权可以结合在一起成为经营权。

所以，产权制度发生变革的根本原因在于生产力的发展，这就要求任何一个国家和地方都必须关注产权制度的改革，使它适应生产力的发展趋势，促进经济健康、持续地发展。

（二）产权制度变革的逻辑——"渐进式"改革

从产权制度的历史沿革看，我国的基本产权制度是建立在公有制基础上的，以国有产权的安排为主要内容。这一产权制度的基本内容是：财产权利不是基于经济主体权利平等来确定，而是根据所有者的性质来确定：国家拥有绝对性的财产权利，其财产权利大于其他一切财产权利；个人财产权利缺乏明确的定义和保护。同时，由于国家拥有广泛的政治权利，完全可以通过政治或行政权力来行使财产权利，因而国家的财产权利事实上是一种不受约束或限制的财产权，能够控制全社会绝大部分经济资源或生产要素的财产权。

当我国实行了以市场经济体制为取向的经济体制后，与市场经济体制相匹配的私有产权主体开始出现并逐渐成长壮大，但由于我国遵循的是一条渐进式改革的道路，其产权制度的改革也必然服从渐进式改革的制度安排，而不是服从私有产权发展要求的制度安排。渐进式改革的基本特征是一种诱致性制度变迁，改革之初并无具体战略规划与时间表，但在客观过程与效果上同样要最终达到制度变迁的目的，其过程特点是在旧体制存量难以改动时，先在其旁边发展起新体制或新经济成分，随着这部分经济成分的发展壮大、经济结构和体制环境的不断变化，再回头逐步改革旧体制。与激进式改革的"存量改革"不同，渐进式改革的基本含义是"增量改革"或"以增量改革带动存量改革"。①这里所说的增量是指非公有制经济。我国 20 世纪 90 年代以前基本上维持了传统的产权制度。20 世纪 90 年代以后，非公有制经济在市场经济的沃土中茁壮成长，增量的壮大已对存量产生了巨大的影响，传统的产权制度已经成为制约非公有制经济的主要因素。因此，20 世纪 90 年代以后，我国加快了产权制度改革的速度，各种有关产权的法律法规和党的重要文件都进行了相应的修改。但是，与非公有制经济的发展相比还有比较大的差距，产权制度变革的现实要求开始变得越来越迫切，要求产权制度体现市场经济中各经济主体平等的产权地位和相应的法律保障。

第二节　我国及上海知识产权制度变迁回顾

一、知识产权和知识产权制度

（一）知识产权

"知识产权"一词是来源于西方，英文全称为 Intellectual Property。在世界知识产权组织成立之前，很多大陆法国家将"知识产权"称为

---

① 颜蕾：《我国产权制度的变迁及其趋势》，载《乡镇经济》，2004（11）：42—44。

"无体财产权"，属于财产权，并与物权、债权并列。1967 年，世界知识产权组织成立，"知识产权"一词开始频繁出现。知识技术成果保护发展至今，知识产权已经成为一个约定俗成的专有名词。关于知识产权的概念和定义，目前是国内通常采用列举法对知识产权的权利范围加以描述，确定其法律覆盖范畴。业界常用的代表性表述是：知识产权就是个体享有的依靠专业知识和智慧进行创新活动所带来的独特成果及其经济效益的权利。[①]

知识产权的概念一般采用 1967 年签订的《关于建立世界知识产权组织的公约》对知识产权范围的定义，主要包括：文艺创作作品及相关权利；表演、录像、录音及广播相关权利；发明创造及相关权利；科学研究成果及相关权利；产品外观设计及相关权利；商标、标志等标志性标记及其权利；反不正当竞争权利；其他依赖于智力创造得来的成果及其相关权利。由此可见，广义的知识产权覆盖范围非常广。从以上定义可知，知识产权是一种无形财产，具有专有性、时间性、地域性和法定程序性等特点。

(二) 知识产权制度

知识产权制度是智力成果所有人在一定的期限内依法对其智力成果享有独占权，并受到保护的法律制度。没有权利人的许可，任何人都不得擅自使用其智力成果。实施知识产权制度可以起到激励创新，保护人们的智力劳动成果，并促进其转化为现实生产力的作用。知识产权制度

---

① Coe，D. T. and E. Helpman and A. W. Hoffmaister. "North-South R&D Spillovers". *The Economic Journal*，1997，107（440）：134—149.

是一种推动科技进步、经济发展、文化繁荣的激励和保护机制。[①]

我国知识产权制度的立法体系如图 4.1 所示。

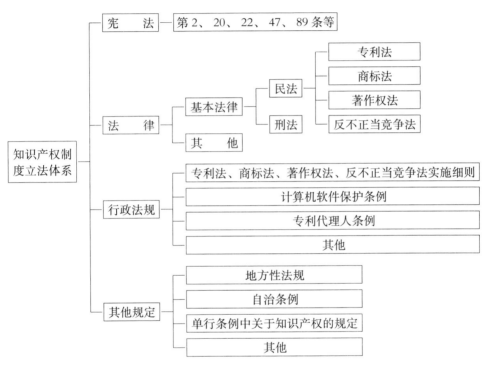

图 4.1　我国知识产权制度的立法体系

二、我国知识产权制度的变迁

虽然在新中国成立初期，我国制定了一些与知识产权有关的条例，但无论认识和理解都十分有限。1973 年 11 月，时任贸促会法律部部长任建新率四人以"观察员"身份列席 WIPO 年会，新华社发回来的报道中

[①]　吴汉东：《知识产权基础理论研究》，知识产权出版社 2009 年版，第 21 页。

采用了"知识产权"的概念。一直到 1978 年改革开放后，我国开始重启多个领域的外交活动，恰在此时中美因知识产权问题陷入贸易僵局，引起我国政府对于知识产权保护问题的重视。对外开放和国际贸易的需要让我国逐步开始了知识产权制度体系建设的探索。可以说，我国知识产权制度的历史，是一部从"逼我所用"到"为我所用"的法律变迁史，也是一部从"被动移植"到"主动创制"的政策发展史。我国知识产权制度发展主要经历了四个阶段：被动立法期（1978—1993 年），被动调整期（1993—2001 年），探索适应期（2001—2008 年），主动调整期（2008 年至今）。

（一）被动立法期（1978—1992 年）

改革开放以前，美国利用其在国际社会上的经济和政治地位，强令发展中国家推行其严格的知识产权保护制度体系，以确保其在海外市场的利益和对国际贸易的控制。我国真正接触并了解知识产权概念及其保护制度，是随着 1979 年中美正式建立外交关系而开始的。1979 年，中美正式建交，并签订《中美贸易关系协定》。①协议中规定每一方提供的专利、商标和著作权的保护，应与对方给予自己的此类保护相适应。从此时起，我国开始意识到必须开展系统的知识产权立法。1980 年，我国加入世界知识产权组织，开始着手建立我国的知识产权制度。1982 年，我国颁布实施了第一部《商标法》，随即又于 1984 年通过《专利法》。1988 年，美国对于我国的知识产权保护表示不满，认为缺乏计算机软件专门保护，没有著作权法，对药品等专利保护不力，以拟启动"特别 301 条

---

① 李宗辉：《历史视野下的知识产权制度》，知识产权出版社 2015 年版，第 57 页。

款"进行贸易制裁相威胁。经谈判磋商，双方签署知识产权保护的谅解备忘录，我国政府承诺制定《著作权法》，修订《专利法》，并于1990年9月通过《著作权法》，1991年颁布《计算机软件保护条例》。1992年我国加入《保护文学和艺术作品伯尔尼公约》和《世界版权公约》，1993年加入《专利合作条约》，1993年颁布《反不正当竞争法》。由此，基于中美贸易关系发展的需要，我国关于知识产权保护的法律和管理体制迅速发展起来，初步建立了较为完整的知识产权保护体系。表4.2是我国建立知识产权制度体系主要法律的立法过程。

表4.2　我国知识产权领域主要法律的立法过程

名　称	时　间	机　构	关键事件
《商标法》	1981年5月	国家工商总局	成立起草小组
	1982年8月	第五届全国人民代表大会常务委员会第二十四次会议	通过颁布《商标法》
《著作权法》	1979年	国家出版局	起草《著作权法》
	1985年	国务院	批准成立版权局
	1990年9月	第七届全国人民代表大会常务委员会第十五次会议	通过颁布《著作权法》
《专利法》	1979年3月	国家科委	成立起草小组
	1980年	国务院	批准成立国家专利局
	1984年3月	第六届全国人民代表大会常务委员会第四次会议	通过颁布《专利法》
《反不正当竞争法》	1992年	国家工商总局	成立起草小组
	1993年9月	第八届全国人民代表大会常务委员会第三次会议	通过颁布《反不正当竞争法》

在这一期间，国家专利局、外交部、国家科委于1986年2月颁发《关于我国学者在国外完成的发明创造申请专利的规定》，规定我国学者

在中外科技合作中，在国外期间形成的发明创造的权属和专利申请问题。1987 年，《中华人民共和国技术合同法》（1999 年纳入新《合同法》）开始实施，规定了技术合同在知识产权方面的一些内容。例如，技术成果转让的自由约定原则，不得妨碍合法竞争和技术进步原则，遵守保密义务，委托发明创造的权属，等等。

（二）被动调整期（1992—2001 年）

1992 年，党的十四大决定建立有中国特色的社会主义市场经济体制，同时中国积极为"复关"做准备，知识产权立法进入被动调整期。这一时期主要是由于外来压力所导致，其中影响最大的乃是中美知识产权争端。

中美知识产权问题，最早可见于 1979 年的《中美贸易关系协定》。中美知识产权争端开始于 20 世纪 80 年代末，双方在知识产权问题上存在长期、经常性的摩擦，进行了多轮谈判和磋商，其中几轮磋商都面临谈判破裂、引发贸易战的边缘。可以说，知识产权问题是中美经贸关系的一个重要方面。[1]1989 年，我国被美国列入"观察国家"名单，5 月达成非正式意向书，原则上希望中国在 1990 年以前出台《著作权法》；1990 年，我国被美国列入"重点观察国家"名单。20 世纪 90 年代，中美之间的三场知识产权争端，直接促进了我国知识产权的立法与修改。其一是 1991 年 4 月美国针对中国的版权立法问题发起了"特殊 301 调查"；其二是 1994 年美国对我国的知识产权执法问题，主要是针对我国严重的盗版问题，再次对我国发起"特殊 301 调查"；其三还是针对盗版

---

① 陈美章：《对我国知识产权战略的思考》，知识产权出版社 2004 年版，第 25 页。

问题，第三次宣布对我国进行"特殊 301 调查"。三次争端中美双方最终和解，并于 1999 年 3 月 12 日正式签署《中美知识产权协议》。

在中美知识产权争端带来的巨大压力下，我国在这一时期对知识产权立法进行了全局性的修改，以适应发展中的国际知识产权环境。具体调整修法情形如下：《专利法》分别于 1992 年和 2000 年进行了两次修改，1992 年的修改增加了本国优先权和外国优先权的相关规定。2000 年的修改加大了专利保护的力度，简化了专利审批程序，按《与贸易有关的知识产权协议》（TRIPS）进一步调整完善了我国专利法的有关规定；《商标法》于 1993 年和 2001 年也进行了两次修改，2001 年的修改扩大了商标的范围，将集体商标、证明商标写入商标法，增加了一系列有关优先权的规定等；《著作权法》于 2001 年进行了一次修改；1997 年颁布了《植物新品种保护条例》；2001 年颁布了《集成电路布图设计保护条例》。

1994 年 4 月，我国正式签署 WTO 的 TRIPS，这对我国加强知识产权保护工作是一个极大的促进。[1]为了适应加入 WTO 的要求，1994 年 7 月，国务院发布《关于进一步加强知识产权保护工作的决定》（以下简称《决定》），该《决定》提出要使知识产权工作贯穿于科技发展计划项目的立项、成果保护以及商品化、产业化和国际化的全过程。1995 年，中共中央、国务院发布《关于加速科学技术进步的决定》，提出实施科教兴国的战略。《决定》还要求"依法保护知识产权，保护科研机构、科技人员、发明创造者的合法权益不受侵犯"。1995 年 10 月，《知识产权海关保护条例》颁布施行。1997 年 4 月，国务院知识产权办在北京召开全国企

---

① 郑成思：《WTO 知识产权协议逐条讲解》，中国方正出版社 2001 年版，第 15 页。

事业单位知识产权保护试点工作会议，北京大学、清华大学等被列入首批知识产权保护试点单位。

知识产权基本规则来源于条约和发达国家的已有做法（当今世界的主流规则），具有很强的国际共通性。我国对此表明了明确的态度，如1994年我国首次发布的《中国知识产权保护状况》（白皮书）表明了我国的基本态度：出于扩大开放的需要，我国积极履行保护知识产权的国际义务，努力使知识产权保护水平向新的国际标准靠拢，采取了许多重大措施，进一步提高我国现行的知识产权保护水平。①

然而事实上，从改革开放开始到2001年，我国在知识产权立法、修法过程中也走了一些弯路，积累了不少的经验教训。例如国内品牌在引进外资过程中的教训——"活力28，沙市日化"，曾几何时响彻大江南北，但最终被市场遗弃。"活力28"在鼎盛时期和其他企业一样，扩大产业规模急缺资金，于是寻求合资，1996年与德国美洁时公司合资，但合资设立后的新公司将"活力28"商标雪藏起来，彻底放弃了"活力28"品牌在国内市场上积累的声誉，最终导致"活力28"淡出国内市场。虽然我国企业之后成功回购"活力28"商标，但已无力回天。此外，王致和、北京同仁堂等中国传统品牌也遭遇了诸多坎坷。由于对知识产权法律制度的不了解，在引进外资的过程中，一些欧美国家企业和其他国际著名公司，瞄准我国的巨大潜在市场以及国内民族传统品牌的庞大营销网络和稳定的客户群体，千方百计地通过合资、收购等方式隐形地"掠

---

① 夏辰旭：《中国知识产权法律制度的历史发展与变革》，载《人民论坛》，2013（14）：128—129。

夺"了民族品牌的知识产权等无形资产。

（三）探索适应期（2001—2008 年）

尽管从知识产权保护的建立过程和动因上看具有一定的被动性，但我国也因此快速形成了知识产权法律体系和执法体系，初步建立了知识产权理论体系。2001 年，我国加入世界贸易组织（WTO），同时随着国民经济和科技创新工作的飞速发展，我国知识产权立法进入适应期，知识产权制度开始逐渐为本国经济的发展服务。

我国按照世贸组织相关条约要求和"入世"承诺，有针对性地修改了《专利法》、《商标法》等主要知识产权法律，这些修改并未表现出明显的自主性。2002 年，国务院修订《商标法实施条例》、《著作权法实施条例》和《计算机软件保护条例》；最高人民法院通过《关于审理商标案件有关管辖和法律使用范围问题的解释》、《关于审理商标民事纠纷案件适用法律若干问题的解释》和《关于审理著作权民事纠纷案件适用法律若干问题的解释》，并全面清理了有关规章和规范性文件，使得我国初步建立起符合社会主义市场经济需要和世界贸易组织规则的统一、完备、透明的知识产权法律法规体系。我国在知识产权保护方面，积极采取措施，提高执法效能，严厉打击侵犯知识产权的违法行为，切实维护有利于形成自主知识产权、有利于吸引投资的市场秩序。虽然这一时期我国的知识产权制度还不完善，但是已开始国际规则接轨。

20 世纪末到 21 世纪初，随着立法的不断推进，国家和社会对于知识产权保护的意识不断提升，但从 20 世纪末开始，"山寨"产品和假冒伪劣产品的泛滥使得商品市场鱼龙混杂，意识和现实的二元冲击引起了我国政府的高度重视。①这一时期，恰逢 2008 北京奥运会和 2010 上海世博会召开，为了更好地展示中国形象，我国政府加大了对于知识产权的保护力度，并开始规范企业经销知识产权商品。

2003 年，我国继续完善知识产权法律体系，修改了《中华人民共和国知识产权海关保护条例》、《驰名商标认定和保护规定》、《集体商标、证明商标注册和管理办法》，制定了《专利实施强制许可办法》和《专利代理管理办法》等。我国政府在履行"入世"承诺，打击侵犯知识产权行为方面的态度是坚决的，知识产权保护方面存在的一些问题越来越得到国家及有关部门的重视。

2004 年，政府继续强化知识产权保护工作，国务院成立了以吴仪副总理为组长的国家保护知识产权工作组，并在全国范围内组织开展了为期一年的保护知识产权专项行动。在立法方面，我国不断完善知识产权保护法律体系，2004 年制定了《世界博览会标志保护条例》②、《著作权集体管理条例》、《国防专利条例》等一系列知识产权法规、规章。2014 年 12 月，最高人民法院，最高人民检察院颁布《关于办理侵犯知识产权刑事案件具体应用法律若干问题的解释》，降低了知识产权案件的刑罚门槛，进一步加大了知识产权刑事保护力度，切实履行了我国对国际社会的庄重承诺，树立了良好的国际形象。

---

① 毛牧然：《完善知识产权制度环境提升我国创新主体的创新能力》，载《科技管理研究》，2017，37（05）：21—26。

② 邓建志、单晓光：《2010 年上海世博会知识产权的行政保护》，载《中国法学》，2006：18。

2008 年，我国对《专利法》进行第三次修改①，同时颁布实施《反垄断法》。至此，从 1978 年到 2008 年，我国用仅仅 30 年的时间制定了一套比较完备的知识产权法律制度，完成了许多西方国家花几十年乃至一百多年的时间才完成的知识产权立法过程。

（四）主动调整期（2008 年至今）

这一时期，国内经济继续发展，相关法律政策进一步完善。2008 年 6 月，国务院正式印发《国家知识产权战略实施纲要》，提出了到 2020 年把我国建设成为知识产权创造、运用、保护和管理水平较高的国家的战略目标，并指出要制定适合中国国情的知识产权政策措施，完善相关法制建设，提升知识产权竞争力。2010 年，我国超越日本，一跃成为全球第二大经济体。2012 年 11 月，党的十八大明确提出，"科技创新是提高社会生产力和综合国力的战略支撑，必须摆在国家发展全局的核心位置"，强调要坚持走中国特色自主创新道路，实施创新驱动发展战略，加强知识产权保护。

表 4.3　我国历届人大会议关于知识产权制度的内容

时　　间	会　　议	内　　　容
1992 年 10 月	党的十四大	不断完善保护知识产权的制度
1997 年 9 月	党的十五大	实施保护知识产权制度
2002 年 11 月	党的十六大	完善知识产权保护制度
2007 年 10 月	党的十七大	完善知识产权保护制度
2012 年 11 月	党的十八大	实施创新驱动发展战略；实施知识产权战略，加强知识产权保护

① 吕薇：《创新驱动发展与知识产权制度》，中国发展出版社 2014 年版，第 214 页。

从表 4.3 可以看出，从单一强调知识产权保护制度到将知识产权制度上升为国家战略，党和国家对知识产权工作越来越重视。2012 年，我国发明专利申请量（约 50 万件）跃居世界首位；截至 2012 年底，我国国内有效发明专利拥有量已达 43.515 1 万件，每万人口发明专利拥有量达 3.2 件；我国全社会 R&D 支出达 10 240 亿元，占 GDP 比重达 1.97%，其中，企业 R&D 支出占 74%以上；研发人员总量达 320 万人，居世界首位。[①]

2008 年开始的全球金融危机使国际经济陷入持续低迷，而我国已经成为全球第二大经济体，国际经济的复苏在一定程度上需要仰仗中国市场。此时，我国产生了自身的知识产权利益诉求，开始主动修改本国的知识产权立法体系，运用国际贸易中的知识产权规则维护自身利益并开始为新一轮科技革命和产业变革进行知识产权布局。

三、上海知识产权制度的变迁

改革开放以来，我国政府不断加强知识产权保护，认真履行我国加入世贸组织的庄严承诺，全国各地政府也都积极秉承国家的意志开展了一些地方改革的探索。尽管上海改革进程与全国的改革阶段基本上相符，但仍然具有自己的特点。上海的知识产权保护在 20 世纪 90 年代初之前主要是以传达国家意志、履行国家法律为主。1990 年，党中央决定开发开放浦东。从此，上海作为我国改革开放的排头兵和科学发展的先行者，

---

① 《国家知识产权局 2012 年年报》。

迈出了建立和完善地方知识产权保护制度的步伐。

从 1990 年开始，上海陆续建立了证券交易所（1990 年）、金属期货交易市场（1992 年）、上海市人才服务中心（1992 年）、技术交易市场（1993 年）和中国外汇交易中心（1994 年）。[1]从 1993 年开始，上海开始探索建立现代企业制度，推进国有企业改革，私营企业得以迅速发展。

为适应加入世界贸易组织后的客观形势要求，上海市制定了《2002年上海知识产权应对入世行动计划》，积极采取措施加强知识产权保护，推动知识产权工作健康发展。2002 年，上海 19 个区县相继设立了知识产权局，至此上海市不仅拥有了市级知识产权管理和执法机构以及联席会议协调机制，还建立了覆盖区县的知识产权管理网络，知识产权管理体系基本形成。

为了贯彻落实国家专利法律制度，2001 年 12 月，上海市第十一届人民代表大会常委会第三十五次会议通过了《上海市专利保护条例》。为落实这一条例，规范专利行政执法行为，上海市知识产权局制定了《专利纠纷处理和调节规定》、《查处冒充专利行为办法》，并采取了系列措施，如对查处黑名单及时进行网上公布，知识产权局官网提供"专利纠纷调解申请表"，还专门设立咨询台答复有关知识产权的各种问题。

2003 年，上海市新一届政府高度重视知识产权工作，围绕实施科教兴市战略，不断推进创新，针对知识产权保护中的突出问题，开展打击知识产权违法行为的专项治理。2003 年 7 月，上海市知识产权联席会议

---

[1] 韩华林、包蕾萍：《上海知识产权发展：SWOT 分析和制度创新》，社会科学出版社 2005 年版，第 38 页。

第三次工作会议制定《关于进一步加强本市知识产权工作的若干意见》、《关于加强对外经济贸易中知识产权保护的意见》、《关于加强本市高等院校知识产权工作的若干意见》等一系列政策性文件。其中，第一项意见共有 23 条，规定政策优惠向发明专利及其产业化倾斜，强调进一步维护专利发明人的权益，强化科技工作知识产权导向，旨在通过 5 年努力，建立适应社会主义市场经济体制要求的知识产权工作运行机制，使上海市知识产权创造、运用、管理和保护在 2010 年达到与国际大都市相适应的水平。为了明确专利认定，早日实现专利产业化发展目标，上海市政府又于 2004 年 9 月颁布由市经委、市财政局、市知识产权局共同制订的《上海市专利新产品认定实施办法》。2005 年，颁布了《上海市专利资助办法》，旨在鼓励专利转化。

根据《上海实施科教兴市战略行动纲要》的总体要求，2004 年 9 月，上海在全国率先出台《上海知识产权战略纲要（2004—2010 年）》（以下简称《战略纲要》）。《战略纲要》从四个方面明确了上海自 2004 年到 2010 年知识产权发展的规划，涉及人才培养、知识产权创新、中介服务、执法四个方面。通过多年的努力，《战略纲要》的主要指标全面实现，如每百万人口发明专利授权量，2004 年为 125 件，2010 年为 299 件，高于战略目标 150 件；有效商标注册量 2004 年为 87 886 件，2010 年达到 21 万件，高于战略目标 15 万件，集成电路布图设计登记量从 2004 年的 47 件增加到 2010 年的 905 件，全社会的知识产权意识普遍提升。①

2008 年 4 月 17 日，上海市知识产权局颁布《上海市知识产权援助办

---

① 上海市政府：《上海知识产权战略纲要（2004—2010 年）》，2004 年 9 月。

法（试行）》，着手组建上海市知识产权援助中心。2009 年 6 月，上海市知识产权局、上海市商务委员会、上海市食品药品监督管理局、上海市工商行政管理局、上海市版权局共同制定了《关于倡导本市商业系统开展"销售真牌真品，保护知识产权"承诺活动的意见》，随后上海市商业联合会在上海市商业系统开展了"销售真牌真品，保护知识产权"承诺活动。2009 年 7 月，颁布《上海市商业企业知识产权管理工作制度参考文本》，为企业提供了知识产权商品管理的参考和依据。2009 年 12 月，上海市版权局正式发布《上海市版权公开交易管理办法》。

为深入贯彻实施《国家知识产权战略纲要》，进一步提升上海知识产权创造、运用、保护和管理能力，充分发挥知识产权在上海加快实现"四个率先"、加快建设"四个中心"，建设创新型城市和社会主义现代化国际大都市中的支撑保障作用，2012 年 7 月，上海市在 2004 年战略纲要的基础上，制定了《上海知识产权战略纲要（2011—2020 年）》。战略纲要的总体目标是：到 2020 年，力争把上海建设成为"创新要素集聚、保护制度完备、服务体系健全、高端人才汇聚"的亚洲太平洋地区知识产权中心。战略纲要中还规定了分类目标，具体包括到 2015 年每百万人口发明专利授权量达 600 件，到 2020 年在 2015 年基础上增长 50％；国内有效注册商标量 2015 年达 30 万件，2020 年达 40 万件。软件著作权年登记量 2015 年达 12 000 件，2020 年在 2015 年的基础上增长 50％左右。①

2009 年，上海市人民政府办公厅转发市金融办等七部门《关于本市促进知识产权质押融资工作实施意见的通知》。2010 年，上海市财政局、

---

① 上海市政府：《上海知识产权战略纲要（2011—2020 年）》，2012 年 7 月。

上海市金融服务办公室和上海市知识产权局联合颁布《上海市知识产权质押评估实施办法（试行）》和《上海市知识产权质押评估技术规范（试行）》，并于 2010 年 7 月 1 日起正式实施。

为了加快培育和发展战略性新兴产业，进一步促进知识产权优势集聚，全面提升上海市企业知识产权创造、发展的实力和水平，规范知识产权优势企业认定工作，2011 年 12 月 13 日，上海市经信委等六部门联合出台《上海市知识产权优势企业认定办法》。

为了规范上海市著名商标认定工作，保护上海市著名商标所有人、使用人和消费者的合法权益，2012 年 2 月 20 日，上海市人民政府第 135 次常务会议通过《上海市著名商标认定和保护办法》。2012 年 7 月，上海市知识产权局第五次办公会议通过了《关于加强本市服务外包产业知识产权工作的若干意见》。同年，上海市财政局颁布《上海市企事业专利工作试点和示范单位认定和管理办法（试行）》，这项政策后于 2017 年转为正式管理办法施行。

2013 年 9 月 10 日，上海市知识产权局印发《上海市知识产权试点和示范园区评定与管理办法》，其根据国家知识产权局《关于知识产权试点示范工作的指导意见》和《国家知识产权试点示范园区评定管理办法》的精神制定，强调重点支持战略性新兴产业和文化创意产业发展。

为全面落实中央关于上海要加快向具有全球影响力的科技创新中心进军的新要求，认真贯彻《中共中央、国务院关于深化体制机制改革，加快实施创新驱动发展战略的若干意见》，立足国家战略推进创新发展，2015 年 5 月，中共上海市委、市政府发布《关于加快建设具有全球影响力的科技创新中心的意见》，即上海加快建设全球科技创新中心的"科创

22 条"。2016 年 2 月 19 日，上海召开知识产权联席会议工作会议，会议围绕贯彻落实国务院《关于新形势下加快知识产权强国建设的若干意见》和中共上海市委、市政府《关于加强知识产权运用和保护促进科技创新中心建设的实施意见》，总结了"十二五"时期的工作完成情况并部署了"十三五"期间的知识产权工作，指出"十三五"时期上海知识产权工作重点是聚焦加强保护、促进运用、完善服务、深化改革；坚持以五大发展理念为引领谋划工作，以知识产权强国建设为契机推动工作，以上海科创中心建设为重点改进工作，努力实现知识产权创造从"数量"向"质量"转变，知识产权保护从"加强"向"严格"转变，知识产权运用从"单一"向"多元"转变，知识产权工作模式从"分散"向"集中"转变，知识产权领域改革从"探索"向"攻坚"转变。2016 年 2 月 25 日，经中共上海市委常委会和市政府常务会议审议通过，《关于加强知识产权运用和保护支撑科技创新中心建设的实施意见》（以下简称《实施意见》）正式发布。《实施意见》是上海贯彻《中共中央、国务院关于深化体制机制改革，加快实施创新驱动发展战略的若干意见》、《国务院关于新形势下加快知识产权强国建设的若干意见》的具体举措，是新时期落实《中共上海市委、上海市人民政府关于加快建设具有全球影响力的科技创新中心的意见》的重要内容。《实施意见》的亮点是以改革的方式加强知识产权运用和保护。一是着力体制机制改革，提出完善知识产权民事、刑事、行政案件"三审合一"，探索跨地区知识产权案件异地审理机制；二是推动知识产权平台搭建，着力组建同济大学上海国际知识产权学院和上海知识产权交易中心，探索建立集专利、商标、版权等信息和服务于一体的公共服务平台。

四、上海知识产权制度变迁的影响因素分析

改革开放以来，我国经济、社会环境发生巨大变化，由于非公有制经济的蓬勃发展、外资的快速进入以及技术创新时代的来临，都对知识产权制度体系的建立和完善提出越来越高的要求，而其中经济发展、科技进步、政治角力、社会文化等方面都会对知识产权制度的演化产生深刻的影响。从我国及上海知识产权制度的变迁来看，直接诱导或强制知识产权制度发生变化的主要原因来自经济、科技与政治的交互作用。

（一）上海知识产权制度演变的经济动因

经济动因主要分为两个方面。国家层面，我国经济体制的变化是上海知识产权制度变迁的根本经济动因。改革开放以来，随着我国的经济体制从计划经济逐步迈向以公有制经济为主，多种所有制经济共同发展的社会主义市场经济。非公有制经济在四十年时间里在全国遍地开花，不仅丰富了我国市场经济的内容，也极大地促进了我国商品经济的发展。随着商品经济和文化市场的兴盛，技术成果、文学艺术作品转化为商品，成为赚取利润的工具。智力成果的创造者自然而然地产生了强烈的法律保护要求，以保障其垄断智力成果的经济利益。从社会发展角度来看，若是不界定智力成果的产权归属，使其处于放任自流的状态，人人皆可得而用之，从长远看，人们开展知识创新的积极性必将受到沉重的打击。可以想见，如果没有一个完善的知识产权制度体系，知识创新活动必将受到严重的阻碍，这也将对社会经济的发展、科技的进步和文化事业的繁荣造成极大的威胁。

地方层面，经济结构的不断优化和非国有经济的持续发展是上海知识产权制度变迁的直接经济动因。1990年，上海浦东开发开放后，上海实现了从改革"后卫军"到"先行者"的突破。邓小平同志发表南方谈话和中共中央关于建设社会主义市场经济体制的决议使得上海的经济增长速度再次冲向峰值，1992年和1993年，上海的经济增速分别达到14.8%和14.9%①，反超了全国平均水平。一方面，经济的快速发展导致人民生活水平不断提高，同时全面的价格管制逐渐被取消，消费快速增长。中央政府不再是投资的唯一主体，企业和地方政府形成了强大的投资动力。在市场力量和政府产业政策的共同作用下，上海第三产业的发展逐渐加速，比重不断提高，上海的经济结构不断优化；另一方面，个体经济、私营经济、外资经济借着上海改革的春风，不断在这片土地上生根发芽。有调查发现，非国有企业员工的工作积极性要远远高于国有企业员工，因此，非国有企业具有比国有企业更高的生产力和生产效率。改革以来，上海市非国有经济的发展速度明显快于国有经济。

（二）上海知识产权制度演变的技术动因

知识产权制度的发展史，实际上也是科学技术的发展史。上海作为我国改革开放的排头兵和科学发展的先行者，于21世纪初首先迈出了建立和完善地方知识产权保护制度的步伐。1985年3月以后，上海市人民政府出台了《技术转让实施办法》，此后上海技术市场的发育大大加快。在国家科学技术委员会的参与下，1993年11月，上海建立了国家级的上海技术交易所，各类技术交易活动如技术信息的发布和技术展览都在此

---

① 赵秋星：《上海市制度变迁与经济增长》，东北财经大学，2013年。

举行。一方面，技术的进步不断拓展着知识产权的外延。科技的发展使得知识产权制度在既有的法律框架内增加了新的保护对象，比如著作权的保护由最初的印刷作品，发展到录音录像、电影电视作品，继而又发展到如今的计算机软件、多媒体作品和电子数据库等。同时，科技发展也开辟了新的知识产权保护领域，比如集成电路布图设计、植物新品种等，大多都是在原有的法律框架之外制定专门的法律予以保护。另一方面，技术进步深刻地改变了知识产权的内容。在知识产权的权利保护范围和权利实施方式上，科技发展都带来了深刻的影响。比如，传播技术的发展不断改变和丰富了复制权的内涵，传统的复制权仅限于手工复制和机械复制，后来出现了静电复制、数字化复制，复制权的内涵也自然随之延伸。可以说，科学技术的发展对知识产权制度的影响是全面且深远的。

技术进步在丰富和发展知识产权制度的同时，也给知识产权保护工作带来了新的挑战。在著作权法领域，技术进步带来的震荡最为激烈。由于 20 世纪 90 年代互联网的兴起，作品的个人复制和传播越来越便捷，严重危及著作权人和出版商的经济利益。这就对知识产权的保护提出了更高的要求，知识产权保护的制度也越来越受到社会各界的关注。在 WIPO 缔结《世界知识产权组织版权条约》和《世界知识产权组织表演及录音制品条约》之后，我国中央政府和地方政府采取了一系列措施加强知识产权保护工作，无论是打击假冒伪劣产品，引导市场健康发展，还是通过法律援助知识产权，支持技术转化并促进创新发展。可以认为，技术进步带来的负效应反向促进了我国加快完善知识产权制度体系的步伐。

（三）上海知识产权制度演变的政治动因

知识产权制度的出现是经济发展与技术进步双重作用下的必然结果，但就国家而言，在制定或者修改知识产权法律时，都有其政治利益方面的考量。由于知识产权在国际贸易中的地位日益重要，使得知识产权领域的国际政治机构的斗争日益激烈。[①]从我国的知识产权制度改革进程中，也可以清楚地看到国际政治关系的深刻影响。可以说，外生高压是改革开放四十年来知识产权制度变迁的主导因素。20世纪80年代，我国迸发出的保护知识产权的热情，与其说来自知识产权保护自身的需要，不如说是由于外来经济和政治压力的结果。从一片空白发展到目前相对成熟的保护体系，我国花了40年的时间走完了西方上百年才走完的路程，显然还不能摆脱被动的局面。中美关于知识产权问题的三次谈判，导致我国修改和颁布了一系列知识产权相关法律条文，并且被迫强化对知识产权的立法和执法保护，从中不难看出，中美知识产权谈判不仅仅是一个经济问题，它已上升为一个政治问题。同样，WTO的加入准备和TRIPS协议，也对我国知识产权制度提出了更多更高要求，为了跟上国际步伐，也是为了我国国际地位的稳固，我国政府加快了知识产权制度发展的节奏。可见，知识产权保护领域的斗争不仅是一个法律问题，也是一个政治问题。

1990年以来，中共上海市委、市政府积极采取一系列措施，不断开展改革，加强知识产权保护工作，无论是加快完善知识产权保护体

---

① 王景、段欣：《中国知识产权制度建设的经济动因探究》，载《科技和产业》，2018，18（03）：66—69。

制，建立产权交易市场和知识产权示范园区，服务知识产权工作开展，还是两次出台上海知识产权战略纲要和"科创 22 条"以及其他的意见和细则。可以说上海在积极地响应国家号召和要求的同时，也根据自身不同阶段的发展要求发展和完善了其地方知识产权制度体系。这两者都构成了上海知识产权制度发展的政治动因。

第五章　科技创新教育制度变迁分析

在科技创新过程中，教育始终扮演着知识供给和人才培养的核心角色。教育制度是科技创新制度环境的重要侧面。本章将主要围绕高等教育、职业教育、教育国际化以及科普等关键词对上海科技创新教育制度的变迁进行分析和讨论。

第一节　我国科技创新教育制度变迁回顾

经济社会日益全球化、信息化、知识化，各国综合国力竞争日趋激烈，科技创新日新月异。科学技术渗透于经济发展和社会生活的各个领域，成为推动现代社会生产力发展的最活跃因素。科技创新已经成为一个国家国民经济持续发展的基石，成为决定一个国家综合国力强弱及其在国际竞争及世界总格局中地位的重要因素，缺乏科学储备和科技创新能力的国家和民族，将失去知识经济带来的机遇。

科学技术发展和创新的根本是人才，科技创新人才是国家科技创新的生力军，是一个国家科学技术发展的未来和民族发展的希望。培养具有较高素质的科学技术创新人才，将先进科学技术尽快地转化为社会生产力，是推动我国经济繁荣发展和社会全面进步、赶超先进发达国家、建设社会主义和谐社会的重要保障。

科技创新教育是创新人才培养的基础，是时代发展的要求，具有关系国家兴衰成败的重要战略意义。在"科教兴国"和现代化建设战略实施过程中，科技创新教育占据极其重要的地位。实施科技创新教育，是我国教育界多年来一直强调的问题，是学生对素质教育的迫切要求，是教育工作者不断努力的方向，也是我国 21 世纪教育改革的必然方向。

科技创新教育的落脚点在教育制度。其实，即使是先知先觉者所取得的思维创新成果，也只有获得教育制度条件的支持，成为现实的教育制度安排，才能获得社会的认同并加以推广，才能融入公众现实的社会实践。改革我国传统的教育制度，实现教育观念创新，才能培养出顺应时代潮流，具有创新意识、创新思维、创新能力的各种科学技术创新型人才。[1]教育制度创新是技术创新与思维创新的重要前提条件，教育制度创新构成了技术创新与思维创新的社会动力保障。技术创新不是教育制度创新的简单派生物，但技术创新只有在相应的教育制度体系的依托和支撑下，才能真正转变成为变革社会的现实力量。[2]改革开放以来，我国政府把科教兴国、教育为本作为经济发展和民族振兴的根本战略，大力

① 王庆鸾：《新时期我国科技创新教育发展的思考》，载《中国科技信息》，2008（08）：244—245。

② 田正平、李江源：《教育制度变迁与中国教育现代化进程》，载《华东师范大学学报（教育科学版）》，2002（01）：39—51。

加强教育设施建设并进行教育制度改革。

　　制度变迁是指制度诸要素或结构随时间推移、环境变化而发生的改变，是制度的替代、转换和交易过程。一般来说，新制度主义将制度变迁分为两类：诱致性制度变迁与强制性制度变迁。所谓诱致性制度变迁是指个人和群体为追求自身利益而自发倡导组织的制度变迁，而强制性制度变迁是指由政府主导的自上而下强制实施的，由纯粹的政府行为促成的制度变迁。二者的主要区别有：（1）实施主体不同。强制性制度变迁的实施主体是国家，而诱致性制度变迁的主体是个人（或个人组成的群体）、企业（或利益集团）和政府。（2）实施机制不同。强制性制度变迁的实施具有强制性和激进式的特点，通常是国家使用强制力自上而下实施的。而诱致性制度变迁具有营利性、自发性和渐进性的特征，是一种自下而上，从局部到整体的制度变迁过程。[①]

　　从制度变迁的角度来分析我国科技创新教育制度发展情况，可以有效观察制度变迁的效应及制度本身的力量。以下主要从高等教育、职业教育和教育国际化三个方面进行分析。

一、高等教育

　　改革开放以来，我国高等教育制度变迁总体可以分为以下四个阶段：恢复与酝酿阶段（1978—1984 年）、改革与发展阶段（1985—1998 年）、

---

　　①　曹安照、徐荣：《从制度变迁视角看我国教育制度创新》，载《高等农业教育》，2005（06）：11—13。

调整与深化阶段（1999—2005 年）、持续发展与全面提升阶段（2006—2018 年）。

（一）恢复与酝酿阶段（1978—1984 年）

1978 年，随着我国经济体制改革和对外开放的启动，恢复高等教育的正常秩序也被提上议事日程。当年，恢复全国高校招生统一考试，高等教育伴随着全国范围内的"拨乱反正"，秩序得以逐步恢复。

与恢复高等学校招生考试制度基本上同步，我国大学生科技创新教育始于 20 世纪 80 年代初，在此阶段，主要是依托学生社团，开展各种有益的学习、文化、娱乐、体育活动，使大学生在以校园文化为主体内容的文体活动中，开阔视野、陶冶情操、发展身心。[1]

（二）改革与发展阶段（1985—1998 年）

由于改革开放之前我国实行高度集中的计划经济体制，高等教育也是国家集中统一领导，由中央有关部门和地方政府或行业分别办学，并直接管理高等学校，即由政府统包统管，学校没有自主权。改革开放以后，随着我国社会结构的深刻变动，社会主义市场经济体制逐步确立，原来仿效"苏联模式"的高等教育体制的弊端日益凸显，该体制导致高校缺乏责任感和动力，缺乏特色和活力，割断了高校与社会和市场的有机联系，严重影响了高校办学的积极性，也阻碍了科技创新教育的发展和对科技创新人才的培养。

高校外部环境的剧烈变化引发了传统高等教育制度的危机，将高校

---

[1] 王洪波：《试论大学生科技创新素质教育》，载《华中农业大学学报（社会科学版）》，2011（04）：119—123。

推入了势不可挡的变革洪流之中。为使高等教育适应社会主义市场经济发展对人才及科技的需求,高等教育制度的变革被提上日程。在改革与发展阶段,我国高等教育领域的制度变迁主要体现在自主权扩大和重点大学建设方面,科技创新教育制度也随之不断发展。

1. 自主权扩大

早在 1979 年 12 月 6 日《人民日报》就发表了复旦大学校长苏步青等几位著名大学校长、书记关于《给高等学校一点自主权》的文章,但高等教育体制正式进入改革的阶段始于 1985 年。1985 年 5 月,全国教育工作会议在北京隆重召开,邓小平同志发表《要把教育工作认真抓起来》的著名讲话。邓小平同志指出:"我们国家,国力的强弱,经济发展后劲的大小,越来越取决于劳动者的素质,取决于知识分子的数量和质量。一个十亿人口的大国,教育搞上去了,人才资源的巨大优势是任何国家比不了的。"这是一次在我国教育史上具有历史意义和深远影响的会议。会前,《中共中央关于教育体制改革的决定》颁布,这是继《中共中央关于经济体制改革的决定》和《中共中央关于科学技术体制改革的决定》后,中共中央颁布的又一重大纲领性文件,是我国教育发展史上的重要里程碑。《中共中央关于教育体制改革的决定》指出了我国当时高教体制的弊端是:"在教育事业管理权限的划分上,政府有关部门对学校主要是对高等学校统得过死,使学校缺乏应有的活力;而政府应该加以管理的事情,又没有很好地管起来。"《中共中央关于教育体制改革的决定》第一次摆脱了多年来我国高等教育体制在集权与分权上兜圈子的旧框框,明确提出:"当前高等教育体制改革的关键,就是改变政府对高等学校统得过多的管理体制,在国家统一的教育方针和计划的指导下,扩大高等学校的办学自主权,加强高等学校同生产、科研和社会其他各方面的联系,使高等学校具有主动适应经济和社会发展需要的积极性和能力。"随后逐步扩大了高等学校在教学、科研、人事和经费等方面的自主权。教育与社会发展之间的关系,从单纯为政治斗争服务转变为以经济建设为中心的社会全面进步服务。这是我国第一次突破了高等教育体制仅仅局限在狭小的领导管理权限划分的既有框架,揭开了社会主义市场经济体制下高等教育体制改革的序幕。

高等教育体制改革序幕的拉开逐步提高了高校的办学活力,高等教育领域的科技创新教育也在不断探索起步。1989 年下半年,在团中央的支持下,清华大学、北京大学等 31 所高校联合召开了第一届"挑战杯"大学生课外科技活动成果展览暨技术交流会,这标志着我国大学生科技创新教育迈入比较系统的轨道。在这个阶段,以"崇尚科学、坚持真理、勤奋学习、迎接挑战"为宗旨,发掘和培养了一批在学术科技上有潜力的创新人才,产生了一大批优秀的学术科技成果,其中一些成果被应用于社会生产中,产生了积极的社会和经济效益。"挑战杯"历经近 30 个寒暑,已成为大学生科技创新教育的一面旗帜,成为高校人才智力资源与社会需求整合的一个平台。

1992 年初,邓小平同志发表南方谈话,同年召开的党的十四大确定了建立和发展社会主义市场经济的目标,从而为高等教育体制改革指明了方向。同年召开的第四次全国高等教育工作会议分析了我国高等教育"国家集中计划和政府直接管理体制"的弊端,提出高等教育要"建立国家宏观管理,学校面向社会依法自主办学的体制"。

1992 年 8 月,国家教委发布了《关于国家教委直属高校深化改革扩大办学自主权的若干意见》，主动给国家教委直属高校下放 16 项办学自主权。不久后，国家教委负责人在全国普通高等教育工作会议上明确指出："各省市自治区可参照这 16 项办学自主权向所属高校下放权力。"这一时期，高校管理体制改革的中心是政府与高等学校之间权力关系的调整，虽然对扩大高校办学自主权、提高高校的办学活力起了一定的积极作用，但改革也只是在高等教育计划体制内的国家政府各部门（中央政府各部门、中央政府与地方政府）之间的重新分权，可理解为对原有体制的合理化改造。

1992 年 12 月，国家教委根据党的十四大精神，起草《关于加快改革和积极发展普通高等教育的意见》，国务院于 1993 年 1 月转发了此《意见》。《意见》中提出了当时高等教育改革和发展的目标为"规模有较大发展，结构更加合理，质量上一个台阶，效益有明显提高。"

1990 年至 1992 年，党的十三届四中全会召开后，根据中央做出的治理整顿、深化改革的重要决策，国家教委相应地调整了高等教育的工作部署，提出了"坚持方向，稳定规模，调整结构，改善条件，深化改革，提高质量"的工作方针。在《全国教育事业十年规划和"八五"计划要点》中提出，研究生教育、本科教育和专科教育在"八五"前期基本稳定现有规模，"八五"后期根据需要和可能，适当发展专科教育。

1993 年 2 月，中共中央和国务院颁布《中国教育改革和发展纲要》（以下简称《发展纲要》），这是一项标志性的重要法规，对此后我国高等教育改革和发展有着十分重要的推动作用。《发展纲要》的发表，为高等教育改革指明了道路："在政府与学校的关系上，要按照政事分开的原则，通过立法，明确高等学校的权利与义务，使高等学校真正成为面向社会自主办学的实体……学校要善于行使自己的权利，承担相应的责任，建立起主动适应经济建设和社会发展需要的自我发展、自我约束的运行机制。"《发展纲要》提出对高等教育计划体制进行三方面的改革，一是要"改变政府包揽办学的格局，逐步建立以政府办学为主体、社会各界共同办学的体制。"二是"逐步建立政府宏观调控、学校面向社会自主办学的体制。"三是改革高等学校的招生和毕业生就业制度，即"改变全部按国家统一计划招生的体制，实行国家任务计划和调节性计划相结合"；"改革高等学校毕业生'统包统分'和'包当干部'的就业制度，实行少数毕业生由国家安排就业，多数由学生'自主择业'的就业制度。"

为了进一步落实《发展纲要》精神，1994 年召开的全国高等教育管理体制改革座谈会提出，要理顺中央与地方、政府与高校之间的关系，确立国家统筹规划、政府宏观管理、学校面向社会自主办学的新体制，必须淡化计划经济体制下形成的单一的高校隶属观念，加强地方对本地区高等教育的统筹与协调，变条块分割为条块结合，充分发挥部门和地方的办学积极性，逐步过渡到中央与地方两级管理，多渠道筹措经费，最终实现高校向社会自主办学的适应社会主义市场经济发展要求的新体制。国务院 1994 年 7 月发布的《中国教育改革和发展纲要的实施意见》提出："高等教育要走内涵发展为主的道路，使规模更加适当，结构更加合理，质量和效益明显提高。"

在 1995 年 3 月 18 日颁布的《中华人民共和国教育法》中，国家鼓励社会团体、其他社会组织及公民个人依法创办学校及其他教育机构。这体现了我国高等教育办学由原来的单一化的政府办学主体向多元化的办学主体发展。《教育法》公布实施之后，1998 年《中华人民共和国高等教育法》（以下简称《高教法》）通过并实施，使得高校办学自主权不断扩大。《高教法》以法律的形式确认了高等学校法人主体地位和4个方面办学自主权。"高等学校的法人地位"一说，在《高教法》中以法律的形式得到了确认，这是在大学与政府关系立法上的显著的进步，使高等学校获得了新中国成立以来从未有过的办学自主权。[①]

实践证明，这一阶段以政府为主导的自上而下的强制性制度变迁是成功的，强制性制度变迁模式的选择是合理的。但是，强制性制度变迁也有其不足的一面。由于政治经济环境和制度非均衡决定着制度的变迁，那么不同的条件下需要采用不同的制度变迁方向。改革开放之后，随着市场机制引入，人力资本在数量、质量、层次和结构需求上发生了巨大变动。这一需求变动，导致我国的教育制度出现严重非均衡状态。同时，随着市场经济体制的逐步完善，政府作为教育制度创新主要供给者的角色正在发生变化，政府的作用在逐渐下降，从教育的许多领域中逐步淡出，或让位于市场，转向间接的宏观调控。在此背景下，原有的制度变迁方式显然是不能适应经济的发展的。首先，政府的理性有限，信息不对称，不可能准确掌握微观组织内部的具体情况，难以发挥微观组织优势，使微观组织获得最大化收益，容易导致效率损失、国有资源流失和内部交易费用上升等情况的发生。我国的教育机构，大都属于全民或集体所有，所有者与管理者之间是委托—代理关系，管理者对所在组织的教育资源没有完整的产权，导致管理者对其所经营管理的资产的保值与增值缺乏积极性。其次，由于所有者代表（中央政府和各级地方政府教育行政管理机构主要负责人）

---

① 石婷婷：《高等教育制度变迁60年》，载《当代社科视野》，2009（10）：21—28。

与管理者之间的"距离"太远，或者由于所有者代表直接领导的管理者人数太多，难以获得必要且充分的管理者行为的信息，导致所有者发挥职能的效率大打折扣。第三，政府在制度创新中存在一定的局限，政府习惯于从政治或经济角度考虑问题，在一定程度上会像安排政治制度或经济制度一样安排教育制度，从而破坏教育发展的内在独特性。政府常常为了处理当前的社会问题，追求眼前的利益而牺牲长远的利益。因而，教育制度安排也以追求短期的实用效益为主，政府因为教育的准公共性产品或公共性产品性质而缺乏对教育成本的合理计算，从而造成教育资源配置的失调和不同程度的浪费。这些局限不是政府自身能够克服的，需要靠教育实践中的制度创新来解决。

2. 重点大学建设

1990 年，"211 工程"开始酝酿。1990 年 6 月，国家教委在制定全国教育事业十年规划和"八五"计划时，即研究了在"八五"期间集中力量办好一批重点高校的问题，当时提出在二到三个五年计划内，有计划地重点投资建设 30 所左右的重点大学。后来考虑到要形成一批行业带头学校，经过多次研究，确定了到 2000 年前后，重点建设高等学校 100 所左右，并要求将此当作 21 世纪的大事来抓。这项发展高等教育的重要措施开始简称为"211 计划"，后来定名为"211 工程"。

1991 年 4 月，重点办好一批大学和一批重点学科被列入七届全国人大四次会议批准的《国民经济和社会发展十年规划和第八个五年计划纲要》。1991 年 12 月，国家教委会同有关部门就"工程"问题向国务院和有关领导做了专门报告。1992 年 8 月 26 日，国务院第 111 次常务会议纪要明确提出，"会议原则同意教委和有关部门提出的面向新世纪，重点办好一批所高等院校的'211 工程'规划意见"。1992 年 10 月 29 日，中央政治局常委会议由江泽民同志主持，讨论了《中国教育改革和发展纲要》。会议认为，"纲要"提出要办好重点大学，这很重要，把这些学校办好可以把整个高等学校带动起来。

1993 年 1 月，国务院批转国家教委《关于改革和积极发展普通高等教育的意见》，文件中明确了"211 工程"的建设目标。1993 年 2 月 13 日，党中央、国务院正式发布《中国教育改革和发展纲要》，其中明确指出："要集中中央和地方等各方面的力量办好 100 所左右重点大学和一批重点学科、专业。"1993 年 7 月，国家教委颁布《关于重点建设一批高等学校和重点学科点的若干意见》，决定设置"工程"重点建设项目，即面向 21 世纪，重点建设 100 所左右高等学校和一批重点学科点。

1995 年 5 月，江泽民同志在全国科技大会上的讲话中提出了实施"科教兴国"的战略，确立科技和教育是兴国的手段和基础的方针。该方针大大提高了各级干部对科技和教育重要性的认识，增进了对科学技术是第一生产力的理解。实施"科教兴国"战略，既要充分发挥科技和教育在兴国中的作用，又要努力培植科技和教育这个兴国的基础。要着重加强和扶持科技与教育，为国家的近期发展和长期稳定发展打好基础。提高生产者对经济增长的贡献率，尽快地建立起高科技企业，同时要加强提高国民素质，加强基础教育，注重人才的培养，重视创造性的科研工作。科技和教育具有双重的功能，既能为当时社会经济的发展提供各种手段，又为持续的、长远的发展提供必要的基础。

高校自主权的下放释放了高校的办学活力，为科技创新人才的培养创造了良好的管理环境，而重点大学和重点学科的建设则为科技创新教育提供了良好的学术环境。在这一阶段，科技创新教育不断深化发展，为经济和社会的发展培养优秀的科技创新人才。

（三）调整与深化阶段（1999—2005 年）

在调整与深化阶段，我国高等教育的着力点落在"提量"和"提质"两方面，在扩大高等学校招生规模的同时注重提升高等教育质量。在这样的背景下，科技创新教育制度也得以进一步深化。

1999 年 1 月出台的《面向 21 世纪教育行动振兴计划》提到"积极稳步发展高等教育，加快高等教育改革步伐，提高教育质量和办学效益"；"到 2010 年，高等教育规模有较大发展，入学率接近 15％的目标"。同时明确提出，要"创建若干所具有世界先进水平的一流大学和一批一流学科"，简称"985 工程"。"211 工程"和"985 工程"的实施，是政府推进高等教育发展，促进高等教育与经济社会发展相适应的重要举措，其实质是为我国经济和社会发展培养高层次人才，对提高国家高等教育水平，加快国家经济建设，促进科学技术和文化发展，增强综合国力和国际竞争能力，实现高层次人才培养基本立足于国内具有极为重要的意义。高校在国家宏观政策的指引和激励措施的刺激下，从过去简单听从国家的计划安排和行政管理转变为开始主动适应可以提供资源的群体需求，加强了自身的资源竞争力。①

在此背景下，我国高教领域的科技创新制度不断调整深化。1999 年，团中央、中国科协、全国学联决定在全国范围内开展首届"挑战杯"中国大学生创业计划大赛，这标志着我国大学生科技创新教育迈上了一

---

① 李晓倩：《新制度主义视角下我国高等教育制度变迁》，大连理工大学，2008 年。

个新台阶，进入深化发展阶段。在这个阶段，科技创新不再是学生个人的行为，而是以实际科技为背景、跨学科的团队之间的综合较量；不再是教师对学生已掌握知识的训练或考试，而是以市场经济为背景的创业准备和推动科学技术向现实生产力转化的实践尝试。虽然大学生科技创新教育取得了显著成绩，并且受到了社会的高度关注。但是，由于教育体制、科技体制以及经济体制的束缚，大学生科技创新教育依然还存在着一些不可回避的问题。当时世界，科学技术突飞猛进，知识经济时代已见端倪，国力竞争日趋激烈。教育在综合国力的形成中处于基础地位，国力的强弱越来越取决于劳动者的素质，取决于各类人才的质量和数量，这对于培养和造就我国 21 世纪的一代新人提出了更加迫切的要求。我国正处在建立社会主义市场经济体制和实现现代化建设战略目标的关键时期。

1999 年，《中共中央、国务院关于深化教育改革全面推进素质教育的决定》颁布，其指出："高等教育要重视培养大学生的创新能力、实践能力和创业精神，普遍提高大学生的人文素质和科学素质。"贯彻"科教兴国"战略，培养高素质创新性人才，是贯彻党的教育方针，迎接知识经济和新科技革命的需要，也是建设社会主义现代化、实现中华民族伟大复兴的需要。大力开展创新教育，是对我国旧的教育思想、教育体制、教育内容、教育方法等方方面面的革命。通过创新教育，才能改变教育大环境，形成浓厚的重视教育、尊重人才的良好氛围，进而促进教育的发展和社会的进步。①

---

① 卫玉彩、赵振军、张树彬：《大学生科技创新教育的现状和对策》，载《社会科学论坛》，2006（05）：127—131。

在这之后，素质教育成为教育改革的重中之重，越来越受到党和国家以及各类学校的重视，加强大学生的综合素质教育也成为高校推行素质教育的宗旨。大学生的综合素质主要体现在四个方面：思想素质、专业素质和人文素质、科技创新素质、身心素质。由此可见，科技创新素质成为大学生的综合素质不可或缺的一项重要内容。提高学生的科技创新素质，一直以来就是素质教育的重要目标之一，大学生综合素质的增强，离不开科技创新素质的提升。新时期国家战略的实施对高校新时期科技创新型人才培养提出了新要求，赋予了新使命，高校在提升大学生综合素质的过程中，要更加强调科技创新素质培养的重要性。因此，创新人才特别是科技创新人才的培养是加强大学生综合素质教育必然和根本的要求。为了应对激烈竞争的知识经济时代，必须加强对人才，尤其是创新型人才的培养。创新型人才的培养是高校的当务之急，而培养创新人才的核心在于培养大学生的科技创新能力。

1999 年夏，我国高等教育开始扩大招生规模（以下简称为高校"扩招"），这是新中国成立以来我国高等教育史上的重要事件。2001 年 7 月，《全国教育事业第十个五年计划》提出："根据'发展是硬道理'的原则，努力满足国家和人民群众对教育的需求"，"积极扩大高中阶段和高等教育的规模"。自此，高校"扩招"开始轰轰烈烈地进行，速度之快，规模之大出乎许多人的意料之外。

随着高校"扩招"，进入高校学习的学生人数逐年增加，党和政府对科技创新教育制度改革和科技创新人才培养的重视程度也不断提高。

2000 年 1 月 5 日，教育部印发《关于贯彻落实〈中共中央、国务院关于加强技术创新，发展高科技，实现产业化的决定〉的若干意见》。同年，科技部、教育部联合印发《国家大学科技园"十五"发展规划纲要》。

2002年6月28日，科技部、教育部联合印发《关于充分发挥高等学校科技创新作用的若干意见》。

2003年3月5日，第十届全国人民代表大会第一次会议在北京开幕。时任国务院总理朱镕基在政府工作报告中强调，要继续加大对科技、教育的投入。深化教育体制改革，坚持教育创新，全面推进素质教育。加快发展各级各类教育，提高教育质量。继续实施人才强国战略，培养和吸引各类人才特别是高层次急需人才，为其充分发挥聪明才智和干成事业创造良好条件。同年，中国共产党第十六届中央委员会第三次全体会议通过了《中共中央关于完善社会主义市场经济体制若干问题的决定》，提出要深化科技教育文化卫生体制改革，提高国家创新能力和国民整体素质。

2004年11月15日，教育部印发《高等学校中长期科学和技术发展规划纲要》。

2005年9月21日，教育部、国家外国专家局发出《关于高等学校学科创新引智计划"十一五规划"的通知》。

在这一阶段，高校规模发展和内涵发展并重，科技创新教育的制度体系也随之进一步深化和完善。

（四）持续发展与全面提升阶段（2006—2018年）

在持续发展与全面提升阶段，高等教育的质量提升进一步受到党和国家的重视。与此同时，高等教育领域的科技创新教育进入发展的黄金时期。

2006年初，国务院颁布《国家中长期科学和技术发展纲要》，提出了要"把建设创新型国家作为面向未来的重大战略选择"，目的在于将发展战略重点转移到创新上来。自此，高等教育领域的科技创新教育进入黄金发展期。

各高校都将培养大学生科技创新能力提上重要议程，以响应建设创新型国家的号召，以向国家输送高素质的创新人才为己任。各高校纷纷设立大学生科技创新基金，激励和支持大学生开展科技创新活动，各层次各学科的科技创新竞赛也如火如荼地举办起来，为培养大学生的科技创新能力提供各种机会和平台。各省、自治区、直辖市也在此基础上举办了一系列提升大学生科技创新能力的科技竞赛活动，譬如江苏省大学生物理及实验科技作品创新竞赛、江苏省青少年科技创新大赛等。各高校也根据自己的实际情况举办了适应不同层次需求的科技创新活动，活动内容不断丰富，涵盖了部分学科领域，组织机构涉及各级教育主管部门、政府科技管理部门等，组织形式也多种多样，推陈出新，具有鲜明的时代特征。[①]2006 年 12 月 6 日，科技部、教育部联合印发《国家大学科技园"十一五"发展规划纲要》。

2007 年 1 月 25 日，教育部、财政部联合举行新闻发布会，正式启动"高等学校本科教学质量与教学改革工程"（以下简称"质量工程"）。"质量工程"以提高高等学校本科教学质量为目标，以推进改革和实现优质资源共享为手段，按照"分类指导、鼓励特色、重在改革"的原则，加强内涵建设，提升我国高等教育的质量和整体实力。

2007 年 5 月发布的《国家教育事业发展"十一五"规划纲要》，将"适当控制招生增长幅度，相对稳定招生规模"作为"十一五"期间高等

---

① 朱萍：《大学生科技创新能力培养的现状与对策研究》，扬州：扬州大学，2012 年。

教育事业发展的目标之一。①

2007 年 10 月，党的十七大报告提出："教育是民族振兴的基石，要全面贯彻党的教育方针，提高高等教育质量，办好人民满意的教育。"

在 2010 年颁布的《国家中长期教育改革和发展规划纲要（2010—2020 年）》中，提出在稳定规模的同时，施行低速增长的方针。②同时明确指出，要坚持以人为本、全面实施素质教育，着力提高学生勇于探索的创新精神和善于解决问题的实践能力。培养高素质专门人才和拔尖创新人才，已成为摆在高校教育工作者面前一项重大而紧迫的任务。

2012 年，党的十八大提出"推动高等教育内涵式发展"，围绕"内涵式发展"，提高教育质量。2017 年，党的十九大指出，"人民日益增长的美好生活需要和不平衡不充分的发展之间的矛盾"是我国当今社会的主要矛盾。其实，我国高等教育发展的现状，正是这一主要矛盾在高等教育领域的生动体现。这一阶段，"有学上"的问题初步解决了，"上好大学"的问题又凸显了；一些大学和学科与世界一流水平的差距缩小了，不平衡的问题又突出了；东部地区发展了，中西部地区发展不充分的问题又凸显了……这些矛盾是伴随着高等教育的快速发展而产生和发展的，解决这些矛盾的办法就是要下大力气"实现高等教育内涵式发展"。

2012 年 5 月 7 日，教育部、财政部联合召开工作会议，正式启动实施《高等学校创新能力提升计划》（"2011 计划"）。"2011 计划"是我国

---

① 彭红玉、张应强：《20 世纪 90 年代以来我国高等教育规模发展的政策文本与实施效果分析》，载《清华大学教育研究》，2007（12）：32—39。

② 罗英姿、方超：《我国研究生教育制度变迁的审视与反思——一个新制度经济学的分析框架》，载《江苏高教》，2006（03）：100—104。

高等教育领域继"211 工程"、"985 工程"之后，又一项体现国家意志的
重大战略举措。实施该计划，旨在贯彻落实胡锦涛同志的重要讲话精神，
是推进高等教育内涵式发展的现实需要，也是深化科技体制改革的重大
行动。

2015 年以来，国家不断推进"双一流"大学建设。2015 年 10 月 24
日，国务院印发《统筹推进世界一流大学和一流学科建设总体方案》，其
提出：建设世界一流大学和一流学科，是党中央、国务院作出的重大战
略决策，对于提升我国教育发展水平、增强国家核心竞争力、奠定长远
发展基础，具有十分重要的意义。[1]

2017 年 1 月 24 日，教育部、财政部、国家发展改革委员会联合印发
《统筹推进世界一流大学和一流学科建设实施办法（暂行）》，其中指出：
以中国特色、世界一流为核心，落实立德树人根本任务，以一流为目标、
以学科为基础、以绩效为杠杆、以改革为动力，推动一批高水平大学和
学科进入世界一流行列或前列，为实现"两个一百年"奋斗目标、实现
中华民族伟大复兴的中国梦提供有力支撑。"双一流"政策是党和国家在
高等教育领域做出的重要决策，有利于高校突出本校的优势学科、探索
自身的特色化和内涵式发展道路，不再一味追求"大而全"的综合化发
展模式。其启动与实施势必成为下一阶段我国高等教育改革和发展的中
心议题，也会对我国大学发展产生革命性的影响。

2017 年 2 月以来，为主动应对新一轮科技革命与产业变革，支撑服

---

① 国务院：《国务院关于印发统筹推进世界一流大学和一流学科建设总体方案的通知》，
［2015-10-24］，http://www.gov.cn/zhengce/content/2015-11/05/content_10269.htm。

务创新驱动发展、"中国制造2025"等一系列国家战略，教育部积极推进"新工科"建设，先后形成了"复旦共识"、"天大行动"和"北京指南"，并发布《关于开展新工科研究与实践的通知》、《关于推进新工科研究与实践项目的通知》，全力探索形成领跑全球工程教育的中国模式、中国经验，助力高等教育强国建设。

2017年10月，党的十九大报告指出，"深化产教融合、校企合作"。深入推进产教融合、协同育人，不断探索新的人才培养机制和模式，培养具有创新能力、符合产业要求的复合型、创新型人才，打破高校与企业间的人才培养"边界"，为新旧动能的转换提供人才支撑，成为不少高校探索和思考的方向。同年，国务院办公厅印发《关于深化产教融合的若干意见》。同年12月，教育部学位与研究生教育发展中心公布全国第四轮学科评估结果。

改革开放以来，我国科技创新高等教育发生了巨大变化，取得了显著成就，经历了恢复与酝酿、改革与发展、调整与深化、持续发展与全面提升的几个阶段。在这个过程中，我国高等教育由原来低效的教育制度向效率更高的教育制度转化，在规模扩大、自主权下放、重点大学建设、内涵式发展等方面均有了较大的改进。在此过程中，尽管有过一些波折和反复，但是从整体上看，我国高等教育领域所取得的成就，如同经济领域一样，是十分惊人的。其原因可以从多种角度加以解释，但最根本的原因在于高等教育制度的不断变迁。①我国高等教育改革的成效是

---

① 贺武华、高金岭：《高等教育发展的制度变迁理论解释》，载《江苏高教》，2004（06）：24—27。

显著的，在我国高等教育发展到每一个重要的历史性关口时，为解决发展中的困难与矛盾，高等教育改革一再做出积极响应，对科技创新人才的培养起到了巨大的推动作用。

二、职业教育

改革开放 40 年来，我国与科技创新相关的职业教育制度经历了恢复、发展、下滑、重振四个阶段，初步建立起现代职业教育体系，培养了大批高素质技能人才，为我国的科技创新事业做出了不可忽视的贡献。

（一）恢复阶段（1978—1984 年）

"文革"期间，我国整个职业教育体系被严重破坏。其中，中等职业教育结构单一化倾向尤为明显。到 1976 年，中等职业学校主要由中专和技校构成，各类中等职业学校（含中师）共计 3 710 所，在校生 91 万多人，占高中阶段学生总数的比重由 1965 年的 52.6％降至 6.1％，高中阶段普职比为15.4∶1。①因此，这一阶段国家职业教育政策重点是恢复和建立职业教育体系。

1978 年，邓小平同志在全国教育工作会议上指出，应该考虑扩大农业中学、各种中专、技校的比例。由此，调整中等教育结构、发展职业教育被提到政策制订的日程上来。

1980 年，教育部、国家劳动总局在《关于中等教育结构改革的报

---

① 国家教育委员会职业技术教育司：《中国职业技术教育简史》，北京师范大学出版社 1994 年版，第 151 页。

告》（以下简称《改革报告》）提出了一系列促进中职教育的倾斜政策。

1983 年，教育部、劳动人事部、财政部、国家计委联合颁布的《关于改革城市中等教育结构，发展职业技术教育的意见》，进一步明确了中等教育结构的改革途径，并提出对教育部门主办的职业教育每年追加一次补助。至此，我国形成了行业企业、相关政府部门共同举办中等职业学校的格局。

到 1985 年，高中阶段的中等专业学校、技工学校和农业职业高中的在校生分别比 1980 年增长了 26.4%、9.1%和 4.8 倍，总人数达到 415.6 万人。

这一阶段职业教育的恢复发展奠定了新时期职业教育的基础，这个基础也成为如今职业教育取得成就的基础。但也存在诸多不足，主要表现在：将发展职业教育的任务主要赋予正规学校；对发展职业教育所需要的外部制度建构考虑不足；行业参与机制缺失；多头办学并缺乏统一协调；国家能力标准、统一职业资格制度与学历职业教育之间的匹配不完善等等。

（二）发展阶段（1985—1996 年）

本阶段从 1985 年《中共中央关于教育体制改革的决定》（以下简称《决定》）颁布至 1996 年《中华人民共和国职业教育法》（以下简称《职业教育法》）实施，职业教育发展呈现出政府推动、外部驱动、规模发展迅速等特点。

1985 年《决定》发布，标志着包含职业教育在内的新时期教育发展的思路已经形成。《决定》对职业教育的定位、发展路径以及相关政策进一步系统化，提出了"调整中等教育结构，大力发展职业技术教育"的方针，明确要求各单位招工应优先录用职教毕业生的倾斜政策，并且确定了学校教育从中学阶段开始分流的方针。《决定》肯定了"社会力量办学"，为各种形式的职业教育办学提供了政策基础。《决定》中关于职业教育发展的政策具有高度的权威性，为新时期职业教育发展确定了基调。

1991 年，国务院出台《关于大力发展职业技术教育的决定》，明确提出职业教育要继续扩大招生规模，使全国中职的在校生人数超过普通高中的在校生人数。在扩大招生的同时，主要走内涵发展的道路。

1992 年，邓小平同志发表南方谈话之后，确立了社会主义市场经济体制的改革目标。1993 年出台的《中国教育改革和发展纲要》，继续强调职业教育的重要性，首次提出今后职业学校要走依靠行业、企业、事业单位办学和社会各方面联合办学、产教结合的路子。

1996 年实施的《职业教育法》是职业教育政策发展中的重大事件，确定了职业教育的法律地位，规定了政府、社会、企业、学校以及个人在职业教育中的义务和权利，明确了职业教育的根本任务、办学体制和管理体制，提出了发展职业教育的方法途径，规定了职业学校的设置标准和进入条件等。虽然该法基本属于"宣言性"立法，但它基于新时期职业教育的经验，特别规定了政府在发展职业教育中的责任。[1]职业教育得到国家法律的保护，标志着职业教育开始走上依法建设的轨道。

简言之，从 1985 年到 1996 年，这一时阶段职业教育获得了前所未有的发展，职普招生比例首次超过了 1，中等职业学校招生数和在校生数

---

① 李岚清：《李岚清教育访谈录》，人民教育出版社 2004 年版，第 414 页。

占高中阶段招生数和在校生数的比例分别为 57.68％和 56.77％，达到了新时期的最高点。在此阶段，职业教育呈现出了联合办学、产教融合的发展趋势。

（三）下滑阶段（1997—2001 年）

本阶段是职业教育从计划经济体制转向引入市场驱动机制的转型期，职业教育发展出现困顿与危机。自 1997 年起，中等职业教育占高中阶段招生规模的比例不断下降，招生数出现负增长。与此同时，职业教育的社会声誉有所下降，被认可度降低。原因有以下几方面：

1. 生源减少

进入"九五"时期后，我国经济体制改革逐步深化，职业教育原有的计划培养模式的基础逐渐丧失。随着经济结构调整、企业转制及关停并转，使得中职毕业生就业岗位大幅减少。中职毕业生就业困难所释放出的信息，开始对初中毕业生对职校的选择产生抑制效应。

2. 自身改革滞后

职业教育计划培养模式的社会经济基础发生深刻变化后，培养模式却没有相应地转变。职业学校的专业设置、课程体系，与就业关联性不强，学生的实际操作能力也不强，难以适应市场的需要。

3. 国家支持力度下降

随着经济体制改革的深化和国家财政投入的减少，中专和技校在计划经济体制下享受的一系列优惠政策被逐步取消，这些优惠政策包括学校招生依靠国家计划、学生上学既转户口又拿人民助学金、学生毕业后国家包分配工作等。1995 年开始实施中专学校毕业生逐步实现缴费上学和自主择业，其政策效力逐渐显现，使得占中等职业教育招生总数 1/3

以上的中专学校失去了对初中毕业生低收费、包分配的巨大吸引力。

4. 高校扩招

同期高校扩招带来了普通高中热，"抑职扬普"观念升温，普高在校生数 1997 年较 1996 年猛增 14％，中职生源数则相应锐减。

在以上原因的综合作用下，在此阶段，我国职业教育出现下滑现象。

（四）重振阶段（2002—2018 年）

本阶段在于重新认识职业教育，确立了大力发展职业教育的战略重点不动摇，走中国特色职业教育发展道路的指导思想。

从 2002—2005 年短短几年时间里，国务院连续召开三次全国职业教育工作会议，先后作出了国务院《关于大力推进职业教育改革与发展的决定》（2002）、国务院七部委《关于进一步加强职业教育工作的若干意见》（2004）、国务院《关于大力发展职业教育的决定》（2005）。三个会议文件的特点分别是：原则宣示、原则细化、确定发展目标、措施和投入。会议的层级和频度之高，是中国职教史上前所未有的，充分表明了中央政府对发展职业教育的迫切心情。尤其是 2005 年的《关于大力发展职业教育的决定》提出了职业教育的发展目标：到 2010 年，中等职业教育招生规模达到 800 万人，与普通高中招生规模大体相当；高等职业教育招生规模占高等教育招生规模的一半以上。在内涵发展上，引入学习型社会的理念，提出了职业教育要适应人们终身学习需要、与劳动就业密切结合、大力推行校企合作、工学结合的培养模式，建设有中国特色的现代职业教育体系。其间，2003 年 3 月 5 日，第十届全国人民代表大会第一次会议在北京开幕。时任国务院总理的朱镕基同志在政府工作报告中强调，要继续加大对科技、教育的投入。加强职业教育和培训。继续实施人才强国战略，培养和吸引各类人才特别是高层次急需人才，为其充分发挥聪明才智和干成事业创造良好条件。

2014 年，习近平总书记就加快发展现代职业教育作出重要指示。他指出："坚持产教融合、校企合作，坚持工学结合、知行合一，引导社会各界特别是行业企业积极支持职业教育"。《国务院关于加快发展现代职业教育的决定》（国发〔2014〕19 号）要求"深化产教融合，鼓励行业和企业举办或参与举办职业教育，发挥企业重要办学主体作用"。同年，教育部联合国家发展改革委、财政部等六部门出台《现代职业教育体系建设规划（2014—2020 年）》（教发〔2014〕6 号），强调将"坚持产教融合发展"作为现代职业教育发展的基本原则，建立健全产教融合、校企合作的体制机制。

2015 年，在教育部出台的《高等职业教育创新发展行动计划（2015—2018 年）》（教职成〔2015〕9 号）中，设计了一系列产教融合、校企合作的重点项目，例如校企共建的生产性实训基地建设、骨干职业教育集团建设、以市场为导向多方共建应用技术协同创新中心、开展现代学徒制试点等，不断把校企合作引向深入。当前，产教融合、校企合作已成为我国职业教育院校的基本共识和普遍行动。

总体来看，2002 年到 2018 年这一阶段，职业教育制度变革的主要思路包括两个方面：一是增加职业教育的入学机会，扩大职业教育的发展规模。二是发展有质量的职业教育。一方面，加大公共财政对职业教育的投入，加强职业教育的基础能力建设，确保职业教育质量所需的硬件条件，实施了职业教育实训基地建设计划、职业院校教师素质提高计划。另一方面，坚持以就业为导向、以服务为宗旨，大力推行工学结合、校企合作、半工半读的人才培养模式,实施了国家技术技能型人才培养培训工程,不仅要确保更多的人有接受职业教育的机会,而且还要确保提供达标的、有质量的职业教育服务。

总的来看,改革开放 40 年的历程表明,随着职业教育的不断发展,在职教领域的产教融合、科技创新得到了很大的促进,取得了丰硕的成果。

三、教育国际化

改革开放以来,为进一步提升我国教育水平、培育世界一流人才、加强科技创新能力,我国不断推进教育国际化的进程。改革开放以来我国的教育国际化主要可以分为以下两个发展阶段:起步期(1978 年至 2000 年)和发展期(2000 年至 2018 年)。

(一)起步期(1978—2000 年)

在改革开放大潮中,我国日益重视对世界范围内教育发展趋势的科学认识和准确把握。改革开放推动了我国教育学习西方,走向世界,学习国外先进科学技术的进程,借鉴了国外教育思想和办学理念,利用了国际国内两大资源,培养了国家现代化建设急需紧缺的科技人才,为我国教育现代化注入新的活力。[1]

1978 年,我国着手对高等教育国际合作办学形式进行探索。1978 年

---

[1] 高书国:《中国教育国际化发展阶段与特征分析》,载《中国高教研究》,2016(12):63—67。

3 月，邓小平同志在全国科学大会上深入地阐述了教育对外交流的重要性。他说："科学技术是人类共同创造的财富。任何一个民族、一个国家，都需要学习别的民族、别的国家的长处，学习人家的先进科学技术……我们要积极开展国际学术交流活动，加强同世界各国科学界的友好往来和合作关系。"这为教育对外交流活动的开展奠定了舆论和思想的基础。1978 年 10 月，以周培源为团长的中国教育代表团和以国家科学基金会主任理查德·阿特金森为首的美国代表团达成互派留学生的共识，为千万青年学子打开了负笈求学的大门。1978 年 12 月 26 日，我国改革开放后的第一批留学人员——52 名国家公派访问学者乘上了离京赴美的飞机，揭开了新时期教育国际合作与交流的序幕。初期的合作主要是在政府、高校、联合国的相关组织机构及欧美发达国家的教育机构之间展开。

1984 年，邓小平同志提出三个面向："教育要面向现代化，面向世界，面向未来"。这是邓小平教育理论体系中最具有时代特征的前瞻性思想，为我国教育领域的对外开放和国际合作提供了重要的指导方针。

根据这一思想，1985 年发布的《中共中央关于教育体制改革的决定》（以下简称《决定》）指出："教育体制改革要总结我们自己历史的和现实的经验，同时也要注意借鉴国外发展教育事业的正反两方面的经验。特别是在新技术革命条件下，一系列新的科学技术成果的产生，新的科学技术领域的开辟，以及新的信息传递手段和认识工具的出现，对教育产生了重大的影响。发达国家在这方面的经验尤其值得注意。要通过各种可能的途径，加强对外交流，使我们的教育事业建立在当代世界文明成果的基础之上。"《决定》还明确规定，高校"有权利用自筹资金，开展国际的教育和学术交流"。此后，国内外高校之间的国际交流与合作也越来越频繁。

进入 20 世纪 90 年代，随着社会主义市场经济体制改革目标的确立，人们的思想得到了进一步的解放。我国高校与国外高等教育机构的合作越来越多，签订的合作办学项目逐年增加。

1993 年颁布的《中国教育改革和发展纲要》（以下简称《纲要》）明确提出："进一步扩大教育对外开放，加强国际教育交流与合作，大胆吸收和借鉴世界各国发展和管理教育的成功经验。"《纲要》对"引进来，走出去"作出了重要的战略部署，提出"出国留学人员是国家的宝贵财富，国家要给予重视和信任。根据'支持留学，鼓励回国，来去自由'的方针继续扩大派遣留学生；认真贯彻国家关于在外留学人员的有关规定，支持留学人员在外学习研究，鼓励他们学成归来，或采用多种方式为祖国社会主义现代化建设做出贡献。改革来华留学生的招生和管理办法，加强我国高等学校同外国高等学校的交流与合作，开展与国外学校或专家联合培养人才、联合进行科学研究。大力加强对外汉语教学工作。"1993 年 6 月，国家教委出台《关于境外机构和个人来华合作办学问题的通知》，指出要在有利于我国教育事业的发展的前提下，有选择地引进和利用境外的管理经验、教育内容和资金。

1995 年 1 月，国家教委颁布的《中外合作办学暂行规定》（以下简称《暂时规定》）明确指出，"中外合作办学是中国教育对外交流与合作的重要形式，是对中国教育事业的补充"，并对中外合作办学应当遵循的原则、办学的范围与主体、办学的审批权限和程序、领导体制、文凭发放，以及合作办学机构的管理、监督等做出了比较明确的规定。《暂行规定》的颁布标志着中外合作办学开始走上规范管理的轨道，对我国教育国际合作办学的地位有了进一步的认可和肯定，使我国的国际合作办学有法可循，有章可依。①

1998 年出台的《中华人民共和国高等教育法》提出，"国家鼓励和支持高等教育事业的国际交流与合作"，其目的是明确国际交流与合作对高校全面发展的重要意义，同时也是希望高校能够积极与境外教育机构开展教育、学术、管理等多方面的交流与合作。1999 年发布的《面向 21 世纪教育振兴行动计划》的中心思想是确立国际交流与合作的必要性，从鼓励高校开展国际交流与合作转变到对高校提出具体任务要求，目前是从思想上确立国际化战略的思维，给予高校政策上的扶持。②

改革开放 40 年来，经过国际化教育培养的各行各业人才在我国教育、科技、经济、社会发展等方面发挥了重要作用，尤其在科技创新的许多关键岗位担负着领军角色。许多从国外留学归来的学者加入了高校教师队伍和科研队伍，不仅提高了队伍的整体素质，也加强了与国际学术团体的联系。

（二）发展期（2000—2018 年）

进入新世纪我国的高等教育国际化虽在国外合作办学、师生国际交流、项目国际合作等方面取得了不错的成绩，但总体来看，还是呈现规模小、涉及面窄等特征。随着 2001 年我国加入世贸组织，大批境外高校纷至沓来，与我国高校开展合作办学。不仅促进了我国中外合作办学的发展，同时也使得我国中外合作办学面临新的形势与挑战。我国的教育

① 周满生、滕珺：《走向全方位开放的教育国际合作与交流》，载《教育研究》，2008（11）：11—18。

② 朱文、张浒：《我国高等教育国际化政策变迁述评》，载《高校教育管理》，2017（02）：116—125。

真正向世界敞开了大门。

2003 年，为了进一步扩大高等教育的对外开放，加快我国高等教育国际合作办学项目发展进程，推进高等教育改革，完善高等教育国际合作办学政策体系，国务院在《中外合作办学暂行规定》基础上颁布实施了《中外合作办学条例》（以下简称《条例》）。《条例》是我国第一部关于国际合作办学的行政法规。《条例》提出，"中外合作办学属于公益性事业，是中国教育事业的组成部分"，进一步肯定了合作办学对高等教育事业的积极作用，并对规范和指导合作办学作出具体规定。

2004 年出台的《2003—2007 年教育振兴行动计划》进一步将国际合作与交流提升到战略高度，要求高校加大国际合作与交流的力度。同年教育部颁布《中华人民共和国中外合作办学条例实施办法》，强化政策的框架结构，形成行之有效的运行机制，保证中外合作办学有法可依。随着《中外合作办学条例》和《中外合作办学条例实施办法》的颁布和实施，涌现出一批新的合作办学机构与项目，加快了我国高等教育合作办学体制规范化进程，促进了我国高等教育国际合作办学向新的发展阶段迈进。

2007 年，教育部颁布《关于进一步加强引进海外优秀留学人才工作的若干意见》，以吸引高层次留学人才回归国土，报效祖国。自 2008 年底，我国开始实施"千人计划"，以鼓励和支持各层次海外人才回国工作。

2010 年 5 月 5 日，时任国务院总理的温家宝同志主持召开国务院常务会议，审议并通过《国家中长期教育改革和发展规划纲要（2010—2020 年）》（以下简称《纲要》）。《纲要》提出"培养大批具有国际视野、通晓国际规则，能够参与国际事务和国际竞争的国际化人才"的目标。①该项政策首次明确使用"国际化"，将国际交流与合作纳入国际化这一体系，为大学国际化创造更好的政策环境。

2015 年 10 月，国务院颁布《统筹推进世界一流大学和一流学科建设总体方案》（以下简称《方案》）。《方案》将高等教育国际化战略与"双一流"建设紧密结合在一起，从引进国外优质教育资源、开展人才联合培养和科学联合攻关、加强国际协同创新、营造国际化教学科研环境、参与国际教育规则制定等多个方面明确提出了未来的国际化发展方向。

2016 年 4 月，中共中央办公厅、国务院办公厅印发《关于做好新时期教育对外开放工作的若干意见》（以下简称《意见》）。《意见》强调，坚持"四个全面"战略布局，全面贯彻党的教育方针，以服务党和国家工作大局为宗旨，统筹国内国际两个大局、发展安全两件大事，坚持扩大开放，做强中国教育，推进人文交流，不断提升我国教育质量、国家软实力和国际影响力，为实现"两个一百年"奋斗目标和中华民族伟大复兴的中国梦提供有力支撑。

2016 年 7 月，教育部印发《推进共建"一带一路"教育行动》的通知，提出加强沿线国家教育合作、共同行动。教育是实现国家富强、民族繁荣、人民幸福目标的根本保障，是"一带一路"沿线国家实现"五通"的重要基础，更是实现"一带一路"目标的先决条件。教育应该适应这一发展目标，为"一带一路"建设的各个领域提供人才支撑，使各

---

① 任友群：《上海"双一流"战略下高等教育国际化的未来发展》，载《中国高等教育》，2016（05）：15—17。

国之间能够更为顺畅地开展经贸合作。

我国教育国际合作与交流，紧紧围绕《关于做好新时期教育对外开放工作的若干意见》、《推进共建"一带一路"教育行动》两个重要文件，加快推进各项工作。《关于做好新时期教育对外开放工作的若干意见》提出，我国教育对外开放要以"提质增效"为重心，做好提高留学质量、提升涉外办学水平、丰富中外人文交流等六项重点工作。《推进共建"一带一路"教育行动》提出，教育交流的使命要为沿线各国的民心相通架设桥梁，为沿线各国政策沟通、设施联通、贸易畅通、资金融通提供人才支撑，重点开展教育互联互通、人才培养培训、共建丝路合作机制三方面的重点工作。①

2017 年 1 月，教育部、财政部、国家发展和改革委员会联合制定出台《统筹推进世界一流大学和一流学科建设实施办法（暂行）》，对有效落实"双一流"建设提出了具体要求，将面向世界科技发展前沿、突出国际影响力、提升国际综合实力作为重要抓手，并制订以国际公认的学校标准和学科标准为依据的一流大学和一流学科遴选方案。

回顾我国教育国际化从开端到发展的 40 年，许多领域成绩斐然。目前，高水平、示范性的中外合作办学不断出现，尤其是宁波诺丁汉大学、西交利物浦大学、上海纽约大学等 9 所中外合作大学，已成为我国教育改革创新的独特样本。目前，教育国际化的理论和实践得以不断创新，国际化政策的执行及实施的效益也得到进一步的重视，进一步增强了我国的科技创新实力和国际竞争力。

---

① 许涛：《中国教育国际合作与交流新趋势》，载《中国高等教育》，2017（08）：4—6。

第二节　上海科技创新教育制度变迁的路径及影响因素分析

改革开放以来，上海勇于担当全国教育综合改革的探索者，在科技创新教育制度改革方面做出了不懈的努力，在重点学科建设、产学研结合、教师队伍建设、法制建设、E—研究院建设、教育国际合作等方面均取得了显著成绩。从总体来看，上海的科技创新教育制度变迁基本与全国同步，可以分为以下几个阶段：恢复与酝酿阶段（1978—1984 年）、改革与发展阶段（1985—1998 年）、调整与深化阶段（1999—2005 年）、持续发展与全面提升阶段（2006—2018 年）。

一、恢复与酝酿阶段（1978—1984 年）

"文革"期间，整个国家经济受到重创，教育事业也遭到全国性的毁灭打击。20 世纪 70 年代后期至整个 80 年代前期，上海教育也处于百废待兴状态。基于这种局面，上海着手开始了对教育领域的恢复重建，努力为之后科技创新人才的培养创造良好的环境。其主要体现在以下几个方面。

（一）强化政府管理职能

1979 年，上海市人民政府决定分设高教局和教育局，同时为了统筹两大教育行政部门，1980 年又将原文教办改为教卫办。这一举措为政府整顿教育秩序、规范教育行为以及对教育发展的重大问题提前进行决策思考等起到重要的保障作用。

（二）率先制定相关教育法规和政策条例

根据当时上海教育的实际情况，上海市率先制定相关教育法规和政策条例。例如，1981 年上海市教卫办下发《关于上海市中等教育结构改革意见》，开始职业技术教育改革的探索。到 20 世纪 80 年代中期，上海在全国率先基本形成与普通教育并行发展的职业技术教育体系，为相关领域技术人才的培养创造了良好的环境。

（三）开展前瞻性的教育发展战略研究

1983 年，上海市政府率先就社会和经济发展对人才的需求及其变化进行了预测。报告表明，上海的人才优势正逐步消失。而科技创新的根本在人才，因此解决潜在的人才危机已成为未来全市经济、科技与社会发展中的首要问题。围绕人才培养问题，上海市教卫办牵头建立 20 个课题组，开展跨系统、跨学科，为期三年的教育发展战略研究。[①]

二、改革与发展阶段（1985—1998 年）

20 世纪 70 年代末到 20 世纪 80 年代初期是教育领域的初步恢复阶段，上海这一阶段相对周期比较短，到 20 世纪 80 年代中期，上海教育已基本进入改革与发展阶段。1985 年是上海高考改革的关键时刻。这一

---

① 傅禄建：《回顾与展望：上海基础教育发展分析》，载《教育发展研究》，2007（09）：46—55。

年，上海取得自主招生考试制度改革试验权，率先进入了以高中会考制度建设为核心的高考制度改革和探索期，逐渐建立起高中毕业会考和会考合格证书制度，并对全国其他地区产生了较大影响。同年，上海市政府制定《上海市普及义务教育条例》。并且，为增强上海市属高校科学研究及培养高质量人才的能力，提高市属高校的整体实力，1985年起上海市政府每年拨出1 000万元专项资金，并配拨相应的外汇额度，以5年为一周期在市属高校中进行重点学科建设。按照同行评议，择优扶植的原则，1985年起在市属高校中有计划地进行了第一期21个重点学科建设。

在20世纪80年代改革基础之上，20世纪90年代的上海进入大发展时期。1992年10月，党的十四大作出了把上海建成为"一个龙头、三个中心"的国家战略，为上海实现跨世纪的腾飞提供了历史机遇，将上海放到了我国改革开放的前沿。上海肩负着建设"一个龙头、三个中心"国际大都市的历史使命，且处在科技革命加速发展的国际大环境中，科技创新成为城市发展的焦点，要求上海培养和造就一大批高素质的劳动者和专业人才，上海的发展要靠高新技术，靠高素质的人才。上海有丰富的人力资源，然而人力不等于人才，需经过教育才能成为人才资源，所以教育作为科技创新的基础工程，得到了上海市政府的高度重视。[1]

优秀的师资队伍对于科技创新教育而言是极为重要的。上海市政府一直以来十分重视教师队伍的建设。1994年，由市教委、市教育基金会

---

[1]　王荣华：《认真贯彻党的十五大精神　扎实推进上海教育改革和发展》，载《上海高教研究》，1997（11）：4。

共同设立高校人才培养计划——曙光计划，旨在通过科研项目扶持，着力打造一支业务能力强、科研水平高、有一定学术影响力的高校教师队伍。

1995 年，中央提出实施"科教兴国"战略，上海"科教兴市"战略也随之启动，以科技创新支撑服务国际大都市的建设，着眼于抢占科技制高点、培育经济增长点，加快推进科技事业发展。"科教兴市"的基本要素包括几个方面：第一是创新。不仅是科技创新，而且包括体制、机制、政策、组织、规则的创新，尤其是思想观念的更新必须先行。第二是人才开发。要在全社会普遍形成"人才是第一资源"的共识，促进人力开发、人才辈出、人尽其才、才尽其能。"科教兴市"把目标设定到 2010 年：上海要基本建立以人才高地为支撑的城市创新体系，成为国内外重要的创新基地、知识扩散中心，在若干关键技术与战略产业领域的竞争力处于国内外前列；各种所有制创新主体的地位牢固确立，基本形成产学研战略联盟格局；基本建立面向世界、面向未来的现代教育体系，成为国际化创新人才集聚地和国内外人才配置的中心城市。

与上海"一个龙头、三个中心"国际大都市建设和"科教兴市"战略发展目标相匹配，上海进一步加强教育的内涵发展，提高教育质量，形成新的、持续的发展动力。此阶段发展的主要特征为：理念先行，规划超前，重视"体制、机制、投资"三位一体的整体改革，各级政府在教育宏观调控方面的强势作用和创造能力突出，发展中呈现上下互动、相互配套的格局；注重学校发展增长方式的改变，强化科研，带动教师队伍发展。

这一阶段，在中共上海市委、市政府的领导下，教育体系逐步完善，各级各类教育取得积极进展。高等教育通过培养合格人才与优秀拔尖人才，走学研相结合的路子，为发展上海的高新技术产业服务；职业教育通过产教结合求发展，为上海产业结构调整和再就业工程服务，为各行各业输送高素质的劳动者。这一阶段，上海的科技创新教育得到了政府的进一步重视，步入了改革与发展阶段，上海教育事业为上海经济发展和科技创新所需要人才的培养以及市民素质的提高作出了积极的贡献。

三、调整与深化阶段（1999—2005年）

这一阶段，在党和政府的领导下，上海科技创新教育进入了进一步调整与深化阶段，在产学研合作、制度创新、重点学科建设、E—研究院建设、师资力量培育等方面都有了较为明显的突破。

2000年，经过长期努力，上海高校产学研合作迈上新台阶，一批高校研究开发机构、高科技项目和企业相继进入张江上海高校高科技园区。一些上海高校积极参与由复旦大学软件园区、上海交通大学漕河泾软件园区和浦东软件园区组成的上海软件园区建设，进一步推动了高校产学研合作与校办产业改革，一批校办科技企业已成为上海高新技术产业发展、创新创业人才培养的基地。

2002年，"上海市教育委员会重点学科（第四期）"启动建设。经专家评审推荐，市教委认定42个"上海市教育委员会重点学科（第四期）"（包括6个培育学科），并实施建设，制定完成《关于加强上海市重点学科建设管理的若干意见》，进一步强化对重点学科建设状况的监管，切实推进重点学科建设。同年，上海高校"E—研究院"建设计划正式启动。E—研究院是以信息网络为平台、全新的具有可变性、超大容量的研究机构，不需要一般研究院那样庞大的人事组织结构，仅需通过约定和网络就可以与全市、全国乃至全世界的研究人员对重大课题、重大攻关项目开展合作研究，甚至还可以利用网络技术在世界范围内共同进行研究生教育与培养。这样就打破了高校科学研究的壁垒，网聚世界范围内的顶尖人才，通过合作研究，为重大科学课题研究提供更多的视角，注入新的活力。E—研究院建设计划的实施，为稳定上海高校基础研究和人文社会科学研究的队伍，创造多学科、跨地域、跨国界开展科学研究和交流合作环境，提高相关学科水平和创新能力提供一个基础平台。

2003 年，自 2000 年开始建设的全市高校 10 个"重中之重"学科，3年建设周期已经结束。针对学科建设任务及目标的完成情况、建设成效和学科发展水平、学科自我发展能力及知识创新潜力的增强度、学科建设管理及运行机制等方面的评估结果表明："重中之重"学科通过高层次研究基地建设、优秀人才集聚和培养、高水平科学研究"三位一体"的推进，使得学科的人才集聚效应和知识创新能力得到了极大加强。其中，9 个学科被列为教育部"高等学校重点学科"，8 个学科的标志性实验大楼的建成和使用实现了一流基地和一流学科的匹配。同时，进行全局性规划，实行高校地方统筹，依照"2 + 2 + X"计划的高校布局结构调整工作全面实施。建设南北两个以重点高校为核心的集聚高地，即建设以复旦大学为核心，具有综合性、多层次特点的杨浦知识创新区，建设以上海交通大学为核心，具有文理渗透、理工结合特点的闵行紫竹科学园区；形成东西两个采取政府主导与社会参与建设相结合的大学园区，即松江大学园区和南汇科教园区；建设若干个与产业联系密切，依托产业开发区发展的产学研一体化的高校。同年起，上海市政府设立"上海市青年科技创新市长奖"，该奖项是在中共上海市委、市政府支持下的一项具有导向性、示范性和群众性的科技创新最高荣誉奖项，体现了上海对科技创新的政策支持和导向力量，从一个侧面反映了上海为科技创新构建良好软件基础的努力与决心。

2005年，为全面贯彻中共上海市委、市政府"科教兴市、人才强市"的发展战略，落实上海市教育工作会议精神，深入推进上海市教育的改革发展与现代化建设，上海教育"十大行动计划"全面启动，"十大行动计划"包括基础教育现代化行动计划、教学改革深化行动计划、民办教育促进行动计划、职业教育发展行动计划、产学研推进行动计划、高校教学改革深化行动计划、人才高地构建行动计划、政府职能规范行动计划、道德素质培养行动计划、终身教育体系构建行动计划。同年起，上海市政府实施"人才高地构建行动计划"，设立"上海高校选拔培养优秀青年教师科研专项启动资金"，从2005年起每年投入2 500万元，重点资助优秀青年教师和回国留学人员开展教学和科研工作。

这一阶段，上海进一步推进科技创新教育制度改革，继续坚持走产学研相结合的道路，促进产学研联盟的形成，加快科技成果的转化，推进科教结合、校企合作，取得了丰硕的成果。

四、持续发展与全面提升阶段（2006—2018年）

这一阶段，上海科技创新教育进入了持续发展与全面提升阶段，在教育国际合作、重点学科建设、E—研究院建设、产学研合作、师资力量培育等方面都有了进一步的发展和提升。

2006 年，上海颁布《上海教育事业发展"十一五"规划纲要》，明确提出上海教育事业之后五年中实现"六个提升"的战略目标，即：在视野上，实现从教育系统内部到全社会教育的提升；在体制上，实现学校自身建设到融入经济社会发展的提升；在机制上，实现从硬件建设向软实力提高的提升；在投融资上，实现从单纯增加投入向增加投入、鼓励参与和提高绩效的提升；在人力资源上，实现从吸引国内人才向吸引世界各地人才与培养本国人才并举的提升；在国际交流上，实现从增加合作交流数量向提高教育国际化质量的提升。同年，《上海实施人才强市战略行动纲要》提出"领军人才开发计划"，在首批选拔的 100 名上海领军人才中，市教育系统入选 20 人，体现了上海对教育人才的重视。

2007 年，上海市教委构建高校学科体系，启动实施部属高校上海市第二期重点学科建设工作，共遴选出 75 个学科。2007 年 8 月 16 日，在上海合作组织比什凯克元首峰会上，俄罗斯总统普京倡议成立"上海合作组织大学"，得到各成员国的一致赞同，标志着上合组织范围内教育合作的制度化已经在确定框架搭建平台方面取得了良好的成绩，在上合组织人文交流和科技创新领域内发挥重要的作用，促进了青年学生的培养和交流，使其在学习各类专业知识的同时，了解对方的国情和文化，从而造就一批复合型人才队伍。可以说，在增进了解和促进互信方面，教育合作具有其他合作方式不可替代的功能，具有长远的战略意义。同年，上海市政府进一步深化上海高校 E 研究院建设工作。召开 E—研究院首席研究员的专题工作会议，组织 E—研究院建设的节点考核。上海高校共有 12 个 E—研究院实施建设。同年，上海市教育发展基金会倡议并出资设立上海高校青年科研骨干培养计划，即"晨光计划"，以推进本市高校教师队伍建设，促进优秀人才的成长，培养造就一批青年骨干教师。

2008 年，根据国务院关于上海市先行一步制订地方中长期教育改革和发展规划纲要的明确要求，上海于 2008 年 10 月起正式启动规划纲要的调研起草工作。

2010 年，《国家中长期教育改革和发展规划纲要（2010—2020年）》的颁布为我国教育改革和发展指明了前进的方向，为坚持优先发展教育，科学发展教育，办好人民满意的教育，加快从教育大国向教育强国迈进，确立了一个新起点，开启了一段新征程。同年，与之紧密呼应的上海教育工作会议的召开和《上海市中长期教育改革和发展规划纲要（2010—2020 年）》的颁布，为上海市教育提供了更切实的建设路径，指出了更明确的战略取向，创设了更宽松的改革环境，提供了更具体的行动纲领。

2011 年，为贯彻落实国家和上海市中长期教育改革和发展规划纲要，扩大教育的对外开放，引进优质教育资源，加快教育国际化的步伐，提高上海市高等院校学科建设水平和人才培养质量，增强学校的综合竞争力，上海市教委配合教育部的"海外名师项目"设立主要面向上海市市属高等院校的"海外名师项目"。该项目旨在支持和资助市属高等院校积极引进国外高水平的一流名师和研究人员来上海任教和开展合作科研，使学生可以得到海外名师的直接指导，使学校的科学研究水平得以提高，提升内涵发展水平。完善吸引海外学者来沪从事教学和合作研究的政策体系，积极引进海外教师、专家和管理人员，提高上海市属高等院校的师资队伍、教学和科研能力，弥补高校高端人才的不足。

2011 年，上海市教委启动实施"上海高校知识服务能力提升工程"，用于市属高校知识服务平台建设。该工程围绕上海和国家经济社会发展的重大需求，开展重点产业领域的核心技术研发、社会发展重大理论和实践问题咨询研究，建立并完善协同创新机制。根据产业行业特点，建设一批知识服务平台，包括高新技术产学研合作开发中心、现代服务业知识服务中心、高级战略研究中心三类。高校知识服务平台建设面向市属本科高校展开，周期为 2 年至 5 年，实行"2＋3"的节点考核，并根据绩效考核的结果确定是否继续支持建设。

2012 年 5 月，为推动上海高等教育国际化，提高高等教育质量，促使若干学科成为具有国际重大影响的学术高地，上海市教委决定实施"上海高校一流学科建设计划"。同年 8 月，上海市教委印发《上海市教育国际化工程"十二五"行动计划》。同年，上海市政府发布《上海市教育委员会关于开展上海高校技术转移中心试点建设工作的通知》（沪教委科〔2012〕86 号）。同年，由上海市科委和上海市教委联合主办百万青少年争创"明日科技之星"评选活动，本着全面推进素质教育，提升青少年科技创新精神和科学实践能力，促进品学兼优的青少年科技人才脱颖而出，形成良好的科技教育社会环境的宗旨，赢得了学校与社会的普遍关注和广泛参与，成为上海市孕育青少年科技后备人才的摇篮和深受广大青少年喜爱的科技品牌活动。

2011 年，上海市政府工作报告中提及，将加快世界一流大学引进步伐。事实上，积极筹建"上海纽约大学"就是其中的一项具体举措。俞立中校长介绍，上海纽约大学从考虑筹建的第一天开始，就定位为世界一流的研究型大学，将秉持"小规模、精英化"的办学理念。

2014年，为深入贯彻教育部、财政部关于《高等学校创新能力提升计划》（"2011计划"）的总体要求，根据上海高等学校学科发展与优化布局规划，依托上海学科优势领域和知识服务平台，上海市教委制定了《上海市"2011协同创新中心"发展行动计划（2013—2017年）》，以推进上海高校学科建设与区域社会经济联动发展。

2015年5月25日，中共上海市委、市政府下发《关于加快建设具有全球影响力的科技创新中心的意见》，把加快建设具有全球影响力的科技创新中心作为当年1号调研课题，举全市之力加快向具有全球影响力的科技创新中心进军。上海市教育系统结合上海教育综合改革，发挥独特优势、主动而为，把对接支撑"科创中心"建设作为深化教育综合改革的重要动力和重要目标，明确目标定位，即：要使上海高校和学科成为支撑"科创中心"的知识源头、工程和科学研究重镇、重大科技成果诞生地、创新创业人才汇聚及培养的场所、创新驱动发展的智力资源宝库，要把上海高校建设成为上海高端人才的资源库。同年，《上海市教育委员会关于做好2016年度探索区域教育协作新机制试验（长三角教育协作发展）项目申报的通知》（沪教委法〔2015〕43号）。同年，为进一步推进本市义务教育优质均衡发展，根据《上海市教育综合改革方案（2014—2020年）》的实施要求，市教委制定了《上海市新优质学校集群发展三年行动计划（2015—2017年）》。同年，为了提升上海高校中青年教师的学术研究能力和教育教学能力，探索提高上海高校教师国际化水平的模式和方法，进一步推进上海高校内涵建设，市教委发布《关于实施上海高校国际水平师资培养计划的通知》。

2016 年,《关于进一步深化人才发展体制机制改革,加快推进具有全球影响力的科技创新中心建设的实施意见》发布。同年,为加快建设具有全球影响力的科技创新中心,进一步促进高校科技成果转移转化,上海市教委在转发《教育部 科技部关于加强高等学校科技成果转移转化工作的若干意见》(教技〔2016〕3 号)和《教育部办公厅关于印发〈促进高等学校科技成果转移转化行动计划〉的通知》(教技厅函〔2016〕115 号)的基础上,结合中共上海市委、市政府围绕科创中心建设出台的有关政策文件要求,有效促进高校科技成果转移转化工作,更好地服务和支撑上海加快建设具有全球影响力的科技创新中心,提出相关指导意见。

党的十八大以来,上海积极探索提升高校教育质量之路。以"扶需、扶特、扶强"为原则的高等教育内涵建设工程、示范性高职院校建设工程等一系列重大项目的实施,使得上海高校整体实力不断增强,特色更加彰显。《上海高等学校学科发展与优化布局规划(2014—2020 年)》、《上海高等教育布局结构与发展规划(2015—2030 年)》、《上海现代职业教育体系建设规划(2015—2030 年)》三大发展规划的出台,标志着上海在规划引领高校分类发展、特色发展方面又迈出了坚实的一步。上海在全国率先提出高校分类管理的办法和分类评价的机制,以差异化的分类标准、评价指标和资源配置方式,引导高校科学定位,从"一列纵队"变为"多列纵队",在不同人才培养类型和不同学科领域提升水平,争创一流,形成特色。并且,以"高等学校创新能力提升计划(2011 计划)"、"高等学校学科创新引智计划(111 计划)"为牵引,上海高校紧紧抓住上海建设具有全球影响力的科技创新中心的契机,建立了一批上海市协同创新中心、上海高校知识服务平台，初步形成了以上海高校技术转移中心为建设主体、以上海高校技术市场和上海张江高校协同创新研究院等为主要支撑载体的高校技术转移体系，有效促进了高校科技成果转化。上海"科创 22 条"和"科创人才 20 条、30 条"等政策进一步激发了高校科技成果转化的动力与活力，高校在科技成果许可、转让、作价投资方面的探索取得了显著成果，知识产权交易数量和交易额都有了大幅提升。[①]

　　同时，上海积极对接国家"双一流"建设战略，重点支持在沪 8 所部属高校加快世界一流大学建设步伐。遴选有条件的市属高校启动高水平大学建设，全面实施"高峰""高原"学科建设计划，分类支持 102 个学科点加快发展。上海高校学科建设水平大幅提高，上海高校进入 ESI 全球排名前 1% 的学科数由 2012 年初的 40 个增至 2017 年的 88 个；五年来，上海高校每年获得国家"科技三大奖"的数量，都占全市获奖总数 50% 左右，其中牵头完成的获奖项目占全市获奖总数超过 60%。

　　2017 年，上海市发布《上海市教育委员会关于组织申报教育部第二批深化创新创业教育改革示范高校的通知》（沪教委高［2017］32 号）及《上海市教育委员会关于组织申报 2017 年度上海市教育委员会科研创新计划的通知》（沪教委科［2017］25 号）。同年 11 月，为深入贯彻落实国家创新驱动发展战略，更好地对接服务上海全球科创中心建设，根据《国务院关于印发国家技术转移体系建设方案的通知》（国发［2017］44

---

　　①　晏开利、史雯婷：《上海高等教育的五年奋进之路》，载《上海教育》，2017（28）：14—15。

号)、《高等学校"十三五"科学和技术发展规划》(教技〔2016〕5 号)、《上海高校知识服务能力提升工程实施方案》(沪教委科〔2011〕61 号)等文件精神,上海市教委发布《关于开展 2018 年度上海市协同创新中心建设工作的通知》,以进一步激发高校创新主体技术转移活力,提升高等学校的知识创新和知识服务能力,有力推动建立在协同创新基础上的应用研究、技术开发和成果转化,促进产学研协同技术转移,将高校科技创新成果转化为推动经济社会发展的现实动力,支撑高校成为创新驱动发展的战略力量。

改革开放 40 年以来,上海根据国家和区域发展要求,加强教育改革力度,深化内涵建设,在科技创新教育制度改革方面做出了不懈的努力,在重点学科建设、产学研结合、教师队伍建设、E—研究院建设、教育国际合作等方面取得了突出的成绩。面向未来,要实现上海教育 2030 年现代化发展目标,上海高等教育仍需进一步解放思想、开拓创新,为全面实现小康社会作出更大的贡献。

第三节　上海科技创新科普制度变迁的路径及影响因素分析

科普是科学普及的简称,又称大众科学或者普及科学,是指利用各种传媒,以浅显的方式向普通大众普及科学技术知识、倡导科学方法、传播科学思想、弘扬科学精神的活动。国家科技创新能力有赖于国民的科学素养和科学意识,而加强科普工作是提高国民科学素养和科学意识的有效方式。①

回顾改革开放四十年来我国科普制度的变迁，大致可以分为以下三个阶段：恢复发展时期（1978—1988 年）、反思探索时期（1989—1998 年）、全面深化时期（1999—2018 年）。

一、恢复发展时期（1978—1988 年）

1978 年党的十一届三中全会召开后，党中央将经济发展作为工作的重心。经济发展主要是人才的竞争，科学力量的竞争，党和政府越来越重视科学技术对经济发展的促进作用。1978 年 3 月，全国科学大会开幕，周培源以中国科协代主席的身份在大会上发言，提出要"积极开展科学普及工作，为提高全民族的科学文化水平作出贡献"，强调"推动广大青少年向科学进军"，"大力开展青少年的科学技术活动"。

1980 年 3 月 15 日至 3 月 23 日，中国科协第二次全国代表大会确定科普工作的基本任务为：围绕四化建设这个中心任务，面向生产，面向群众，面向基层。普及的内容要从生产建设的需要出发，从群众的工作、生活、学习的实际出发，因地因人制宜，既要注意普及自然科学基础知识，也要注意有针对性地普及先进的工农业生产技术和科学管理的知识②。

1982 年的《中华人民共和国宪法》第 20 条规定："国家发展自然科

---

① 郎杰斌、杨晶晶、何姗：《对高校开展科普工作的思考》，载《大学图书馆学报》，2014（03）：60—63。

② 李晓洁：《社会背景下的科普政策——以〈关于加强科学技术普及工作的若干意见〉为例》，载《沈阳大学学报（社会科学版）》，2017（02）：36—41。

学和社会科学事业，普及科学和技术知识，奖励科学研究成果和技术发明创造。"宪法作为国家的基本大法，确立了科普的基本地位。

1986 年 6 月 23 日召开的中国科协第三次全国代表大会上，周培源指出，之后五年科协的主要任务之一是：大力推动科学技术普及和技术服务工作，为振兴地方经济服务。

在这一阶段，随着国家经济建设高潮和科学春天的到来，我国科普事业得到恢复发展，重新焕发了生机。我国科普工作和经济建设结合日趋紧密，传统科普观也在这一时期得以形成。跟随国家发展的大潮，上海也开始了科普工作的恢复发展。

二、反思探索时期（1989—1998 年）

20 世纪 80 年代末期至 20 世纪 90 年代初期，从社会层面上讲，人们的价值取向发生了变化。由于市场经济的不完整，以及在这个变革中，出现的许多不足，出国潮、下海潮、炒股潮先后涌现，一浪高过一浪，新的"读书无用论"有所抬头，科普工作再次进入低谷期。[①]并且，当时社会上掀起一阵阵封建迷信、反科学、伪科学的浪潮，给当时社会造成诸多恶劣影响，影响了地方科普活动的正常开展，使科普活动停滞不前、举步维艰，国内面临的严峻社会现实，以及与国外相比我国公众在科学素质方面的巨大差距，促使人们将更多审视和希望的目光投到了科普工

---

① 冯雅蕾、张礼建：《试析建国以来我国地方性科普政策演化特征》，载《价值工程》，2011（32）：324—325。

作上，为下一步科普政策与工作的开展设定了新的任务与目标。

1991 年 5 月 23 日至 5 月 27 日，在中国科协第四次全国代表大会上，江泽民同志指出，科技工作者有责任大力促进社会主义精神文明建设，要结合各项学术、科普活动大力倡导科学精神和职业道德，坚持宣传科学精神、科学方法、科学态度，充分发挥科普在社会主义精神文明建设中的作用。同年召开的首届全国科普理论研讨会指出，科普作为社会教育，其最根本的目的是解脱愚昧，提高人民的科学文化素质，在提高劳动者素质过程中，促进社会主义物质文明建设和精神文明建设，科普工作的最终目的是推动社会进步。

1993 年，《中华人民共和国科学技术进步法》第 6 条第 1 款规定："国家普及科学技术知识，提高全体公民的科学文化水平。"这一规定，成为建构科学技术普及制度（以下简称"科普制度"）的法律基础。[①]

在 1994 年之前，我国政府在国家层面没有出台过有关科普的专门性政策文件，对于科普的具体指导性政策，更多的是体现在对相关部门的职能性要求中。1994 年 12 月 5 日发布的《关于加强科学技术普及工作的若干意见》，是新中国成立以来，党中央和国务院共同发布的第一个全面论述科普工作的纲领性文件，也是我国有史以来第一个公布于众的指导科普工作的官方文件。[②]它从社会主义现代化事业的兴旺和民族强盛的战略高度，论述了加强科普工作的重要意义，指出科普工作是提高全民族素质的"关键措施"，是两个文明建设的"重要内容"，是培养一代新人

---

①　杜颖、易继明：《完善我国科学技术普及法律制度——纪念〈中华人民共和国科学技术普及法〉颁布两周年》，载《科技与法律》，2005（02）：1—8。

②　佟贺丰：《建国以来我国科普政策分析》，载《科普研究》，2008（04）：22—26 + 52。

的"必要措施"，也是"我国经济发展、科技进步和社会稳定的重要保证"，促进了科普工作渐趋规范化和法制化，对遏制伪科学、反科学，教育广大群众，提高公民科学文化素质，加强社会主义物质文明和精神文明建设具有重要的作用，为深入持久地开展科普工作进一步指明了方向。在这一阶段，上海的科普工作也从普及身边科学，逐步转入科学大众化的轨道。

1996 年 9 月，为落实 1994 年文件精神，中宣部等部委再次发出《关于加强科普宣传工作的通知》。这两个指导性的文件明确提出"提高全民科学文化素质"，"是当前和今后一个时期科普工作的重要任务"，指出"科学技术普及工作是关系到我国 21 世纪发展的根本性、战略性的工作。"在普及内容方面，要从科学知识、科学方法和科学思想的教育普及三个方面推进科普工作。同年，新中国成立以来首次全国科普工作会议在北京召开，大会总结指出，科普工作的任务仍然是"要紧紧围绕经济建设这个中心"，但同时强调要"提高全民族的科学文化水平"，"更好地发挥科普工作在提高国民素质、增强综合国力方面的重要作用"。由此逐渐形成对我国传统科普概念的新认识，将普及科学的知识、方法、思想、精神等共同纳入科普内容之中，进而更明确地引导人们认识和理解科学的目的和本质。

可见，这一时期在仍将科普视为促进经济发展重要手段的同时，科普工作在提高公众科学文化素质、加强精神文明建设方面的作用和意义也被充分认识到了。同时，随着全国科普工作联席会议制度的建立，科普工作逐步纳入政府部门的职能工作计划。①

---

① 朱效民：《30 年来的中国科普政策与科普研究》，载《中国科技论坛》，2008（12）：9—13。

三、全面深化时期（1999—2018 年）

20 世纪 90 年代末，以"法轮功"为首的邪教组织迷惑大众，给科普工作的正常开展带来极大的困难，并影响了社会稳定。随后一个时期，国家层面的科普政策纷纷出台，为地方科普工作提供有力的支撑，也带动着地方科普活动的开展，进一步促进了地方科普工作法制化和体系化建设。

1999 年的《2000—2005 年科学技术普及工作纲要》是官方发布的第一个有关科普工作的规划纲要，为我国科普事业的发展提供了具体的指导意见和实施细则，确立了以提高国民科技素质为宗旨的科学技术普及工作是经济社会发展中一项长期的战略性工程的地位。

2002 年 6 月，《中华人民共和国科学技术普及法》（以下简称《科普法》）颁布，被认为是世界上首部国家层面的科普法。从某种程度上说，《科普法》是通过立法机构将《关于加强科学技术普及工作的若干意见》的内容法制化。《科普法》是我国科普领域的基本法律，总结了我国几十年的科普工作经验和政策实践，使得我国科普工作步入法制化轨道。《科普法》确定，"国家普及科学技术知识，提高全体公民的科学文化水平"，"各类学校及其他教育机构，应当把科普作为素质教育的重要内容，组织学生开展多种形式的科普活动"，高等院校等团体机构"应当组织和支持科学技术工作者和教师开展科普活动，鼓励其结合本职工作进行科普宣传"，充分彰显出我国政府对科普工作的重视和深切期望。以国家科技发展战略为指引，以《科普法》为准绳，在科普政策和发展纲要以及行动计划的配合下，我国的科普政策体系逐步完善，国务院各组成部门针对科普的重点地区、行业，分别制定了相应的重点科普政策。

在此宏观背景下，2002 年上海市教委颁发《关于印发〈上海市学校科普教育"十五"发展计划〉的通知》，明确"十五"期间学校科普教育重点、目标和任务，确定行动计划。

2003 年，制定并落实《上海市学校科普教育"十五"后三年滚动发展计划》。举办百万青少年争创"明日科技之星"活动，评选出 25 所知识产权示范学校和试点学校。

2005 年颁布的《国家中长期科学和技术发展规划纲要（2006—2020年）》在提出我国科技发展战略的同时，对科普工作也提出了发展思路，对我国未来 15 年科普事业的发展作出了规划。具体的政策措施就是："实施全民科学素质行动计划、加强国家科普能力建设和建立科普事业的良性运行机制"，并且将"创新文化与科学普及"列为本次规划的 20 大专题之一，这是历次国家科技发展规划中所没有的。

2006 年 2 月 6 日，国务院颁布了具有里程碑意义的《全民科学素质行动计划纲要（2006—2010—2020 年）》。

2007 年 1 月 29 日，科技部、中宣部、教育部等八部门联合印发《关于加强国家科普能力建设的若干意见》。

在这一阶段，我国的科普工作开始进入全面发展时期。我国科普事业在明确政府主导的同时，社会、企业方面的力量和资源也逐步加入进来，朝着"政府引导、社会参与、多元投入"的方向迈进，一个新世纪科普大发展、大协作的局面正在形成。在这一阶段，科普工作的相关政策制度得到完善，科普环境明显改善，科普能力明显增强。

2007 年 10 月，为贯彻落实国务院颁布的《全民科学素质行动计划纲要》，根据中国科协和国家科技部等颁布的《科普资源开发与共享工程实施方案》和《上海市实施〈全民科学素质行动计划纲要〉工作方案》等文件的要求，上海市科协启动"上海科普资源开发与共享信息化工程"。

2008 年 7 月 1 日颁布实施的《中华人民共和国科技进步法》第 5 条规定："国家发展科学技术普及事业，普及科学技术知识，提高全体公民的科学文化素质。国家鼓励机关、企业事业组织、社会团体和公民参与和支持科学技术进步活动。"

2009 年，刘延东同志在《科学素质纲要》实施工作会议上指出："要完善多元化的投入机制，加大公益性科普事业的投入，鼓励社会资金参与全民素质建设，加强对经营性科普产业的政策扶持力度，逐步建立公益性科普事业与经营性科普产业并举的体制，营造多元化兴办科普的繁荣局面。"可见我国科普产业的发展已引起国家决策层的高度重视，并被纳入国家战略发展的整体框架之中。①经过多年的制度建设，我国科普事业已经形成了保障发展的政策体系，这些与科普相关的政策法规按照一定的原则和要求组成有机的整体。

2012 年，经国家科技部和上海市科学技术委员会批准，上海科普教育发展基金会设立国内首个科普奖励评选活动——"上海科普教育创新奖"（以下简称"上海科普奖"），旨在奖励为上海科普工作做出贡献的个人和组织，调动科普工作者的积极性和创造性，加速上海科普事业的

① 李黎、孙文彬、汤书昆：《科普产业的功能分析及特征研究》，载《科普研究》，2012（03）：21—29 + 69。

发展。上海科普教育发展基金会还制定了《上海科普教育创新奖奖励办法》、《上海科普教育创新奖奖励办法实施细则》，并制订了各奖项的"评审标准"。同时，在上海科普教育发展基金会下设立上海科普教育创新奖"奖励委员会"及"专家委员会"，负责上海科普奖的指导、监督和评审工作。

2016 年，为实现 2020 年上海市公民科学素质工作目标，明确"十三五"期间的重点任务和保障措施，按照《全民科学素质行动计划纲要（2006—2010—2020 年）》和《国务院办公厅关于印发〈全民科学素质行动计划纲要实施方案（2016—2020 年）〉的通知》要求，根据《上海市国民经济和社会发展第十三个五年规划纲要》精神，制定《上海市公民科学素质行动计划纲要实施方案（2016—2020 年）》，总体目标是到 2020 年，科学教育、传播与普及长足发展，创新、协调、绿色、开放、共享的发展理念深入人心，公民具备科学素质的比例达到 25％，继续保持全国领先水平。

2017 年，根据《上海市科普事业"十三五"发展规划》和《2017 年市科委工作要点》，上海科普工作进一步加强了科普工作的顶层设计，以能力建设为主线，着力打造上海科普品牌，创建科普产业孵化基地，积极探索上海科普发展的新模式。2017 年 5 月 20 日至 27 日，上海科技节成功举办。围绕"万众创新——向建设具有全球影响力的科技创新中心进军"的主题，为期 8 天的上海科技节，共举办各类科普活动 1 000 余场，覆盖 16 个区。

改革开放 40 年来，上海在科技创新科普制度创新的道路上不断探索前进，取得了令人瞩目的成就。

第六章　科技创新法律制度变迁分析

改革开放 40 年来，国家和上海市的科技创新工作不断迈上新台阶。其中，与科技创新相关的法律保障制度和科技信用体系建设发挥了重要作用。本章将聚焦于国家及上海与科技创新相关的法律、法规及行政性规章以及科技信用体系建设的变迁过程分析。

第一节　我国科技创新法律制度变迁回顾

改革开放以来，我国科技取得了突飞猛进的发展，其背后离不开一系列法律政策的保障，每部法律政策的出台也都与当时的时代背景息息相关。纵观改革开放 40 年，可以根据法律政策的重点方向及相应的时代背景，将其划分为四个阶段，即起步探索阶段（1978—1985 年）、市场竞争阶段（1986—1996 年）、调整创新阶段（1996—2006 年）、和谐发展阶段（2007 年至今）。[①]

[①] 郑建华：《新时期我国科技政策演变的价值取向研究》，重庆大学，2012 年。

一、起步探索阶段（1978—1985 年）

从 1978 年到 1985 年是改革开放的初期，对外开放和经济发展需要科学技术作支撑，科学技术的发展又需要出台一系列科技法律政策作支撑，由于"大跃进"、"文化大革命"等历史事件严重阻碍了我国科学技术的发展，改革开放初期，国家科研工作重心在于科技体制的恢复与重建，解放生产力和发展科学技术，促使科技发展驶入正轨。由此，国家进入了科技体制改革的起步和探索阶段，对计划经济体制下科技体系的恢复与重建，也为之后 30 多年科技事业的辉煌发展打下了良好基础。

1978 年 3 月 18 日至 31 日，改革开放前期，为了制订科学技术的发展规划、表彰知识界的先进单位和先进人物、奖励优秀研究成果、调动广大知识分子的积极性和创造性，中共中央在北京召开了全国科学大会，时任中共中央副主席、国务院副总理的邓小平同志发表重要讲话，明确指出"现代化的关键是科学技术现代化"，"知识分子是工人阶级的一部分"，重申了"科学技术是生产力"这一马克思主义基本观点，从而澄清了长期束缚科学技术发展的重大理论是非问题，打破了"文化大革命"以来长期禁锢知识分子的桎梏，迎来了科学的春天。同年 12 月，党的十一届三中全会的召开正式拉开改革开放的序幕，会议提出要将全党的工作重心转移到社会主义的现代化建设上来，决定调整国民经济，加快发展农业，发展科技、教育。

在起步和探索时期，我国科技法律政策主要围绕着"科学技术是第一生产力"这个主题展开，强调科技发展促进经济建设，然而当时经济与科学技术活动脱节问题严重，为了解决该问题，确立科技重要性、提高科技工作者地位以及调动科技活力成为法律政策制定的方向。这一时期制定的主要法律政策如表6.1所示。

表6.1 1978—1985年国家科技相关法律和政策

时 间	发布部门	名 称	主 要 内 容
1978年12月28日	国务院	《中华人民共和国发明奖励条例》	界定"发明"为重大的科学技术新成就，同时需具备三个条件，即前人所没有的、先进的、经过实践证明可以应用，并恢复了国家发明奖。
1979年11月21日	国务院	《中华人民共和国自然科学奖励条例》	设立国家自然科学奖，并于1982年正式启动。
1983年7月13日	国务院	《关于科技人员合理流动的若干规定》	充分发挥科技人员的使用，有计划、有步骤地促进科技人员按照合理的方向流。
1984年3月12日	第六届全国人民代表大会常务委员会第四次会议	《中华人民共和国专利法》	—
1984年9月12日	国务院	《中华人民共和国科学技术进步奖励条例》	设立面向经济主战场的科学技术进步奖。
1985年3月13日	中共中央	《关于科学技术体制改革的决定》	分析我国科技体制存在的弊病，提出了对科技管理体制、科技拨款制度、国家重点项目管理、科研机构的组织结构、人事制度等方面的改革思路。

1983年12月4日，中华人民共和国第四部宪法在第五届全国人大第五次会议上正式通过并颁布，其中第20条规定："国家发展自然科学和社会科学事业，普及科学和技术知识，奖励科学研究成果和技术发明创造。"这是第一次将发展科技以根本大法的形式确立，宪法不仅将实现科

技现代化确立为我国社会主义现代化战略目标之一，而且明确规定国家发展自然科学和社会科学事业、普及科学和技术知识、奖励科学研究成果和技术发明创造，并明确规定公民有进行科学研究、文学艺术创造和其他文化活动的自由。这奠定了我国科技法制建设的法律基础，也指明了科技发展的基本方向。

在科技奖励方面，国务院于 1978 年 12 月 28 日颁布《中华人民共和国发明奖励条例》，界定"发明"为重大的科学技术新成就，同时需具备三个条件，即前人所没有的、先进的、经过实践证明可以应用。①并恢复了国家发明奖。随后，1984 年 4 月 25 日，国务院修订该条例关于奖金金额方面的规定。1979 年 11 月 21 日，国务院在修订原《中国科学院科学奖金条例》的基础上颁布《中华人民共和国自然科学奖励条例》，设立国家自然科学奖，并于 1982 年正式启动。当年，一等奖颁给了 7 个大项目，分别是人工全合成牛胰岛素研究、陈景润的哥德巴赫猜想研究、李四光领衔的大庆油田发现过程中的地球科学工作、"中国量子化学之父"唐敖庆的配位场理论研究、物理化学家江元生的分子轨道图形理论方法及其应用、"两弹一星"功勋奖章获得者周光召和英国生物化学家李约瑟等人编著的《中国科学技术史》。尽管国家自然科学奖通常只授予中国公民，但贡献突出的外籍人士也可以受到表彰，李约瑟成为该奖设立以来唯一一名获得一等奖的外籍人士。1983 年，中国科学院面向全国设立自然科学基金，是国家自然科学基金委员会的前身。1985 年 9 月 12 日，国

---

① 李志红、侯海燕：《我国改革开放初期（1978—1985）的科技人才激励政策研究》，载《科技促进发展》，2013（03）：81—84。

务院颁布实施《中华人民共和国科学技术进步奖励条例》,设立面向经济主战场的科学技术进步奖,并于 1985 年正式启动。该《条例》旨在奖励在推动科学技术进步中做出重要贡献的集体和个人,充分发挥广大科学技术人员的积极性和创造性。

在科技发展与经济建设相统筹方面,1982 年,党中央、国务院根据我国经济和科技发展的形势,制定了"经济建设必须依靠科学技术,科学技术必须面向经济建设"的战略方针,同时要求科技界和经济界要发挥社会主义的优越性,以科技实力增强经济实力,有选择有重点地发展那些对国民经济发展有重大影响的、产业关联度比较大的技术,集中人力、财务、资金等各方面的力量,攻克技术难关,提高科技水平和产业水平,增强科技实力。

在科技体制改革和人员配置方面,我国科技队伍的分布和结构不合理、部分部门和单位科技人员严重不足,而另一些部门和单位却存在科技人员积压或用非所学、用非所长的现象开始逐渐显现。为了解决此类问题,确保国家重点建设项目和重大科技攻关任务的完成,振兴经济,实现四个现代化,需要打破部门、地区界限,对科技人员队伍作适当的调整,以充分发挥科技人员的作用,有计划、有步骤地促进科技人员按照合理的方向流动。1983 年 7 月 13 日,国务院出台《关于科技人员合理流动的若干规定》。之后的 1985 年 3 月 13 日,中共中央颁布了《关于科学技术体制改革的决定》,认可了我国改革开放以来所取得的较大成就,认为逐步形成的科技体制存在着严重的弊病,不利于科技工作面向经济建设,不利于科技成果迅速转化为生产力,束缚了科技人员的智慧和创造才能的发挥,使科技的发展难以适应客观形势的需要,必须进行坚决的有步骤的改革，提出"现代科学技术是新的社会生产力中最活跃的和决定性的因素，在社会主义现代化建设中，全党必须高度重视并充分发挥科学技术的巨大作用"，确立了"经济建设必须依靠科学技术、科学技术工作必须面向经济建设"的战略方针。提出要积极地、有计划地派遣科学技术人员等出国学习、进修、考察，加强我国驻外科研机构的调研工作，各企业机构、科研单位应邀请外国科学家、工程技术专家来华讲学等。

在知识产权保护方面，为了保护发明创造的专利权，维护发明创造者的权益，鼓励个人发明创造，保障和利于发明创造的成果得到推广应用，1984 年 3 月 12 日，第六届全国人民代表大会常务委员会第四次会议通过《中华人民共和国专利法》，并于 1985 年 4 月 1 日起开始实施。这是我国第一部专利法，也是首次以知识产权这种新型的专有财产权来保护科研人员的发明创造成果。专利法的出台迈出了我国科技立法的关键一步。

20 世纪 60 年代以来，我国科技发展忽视生产力的实际情况，法律政策的制定未考虑现实需求。"大锅饭"是当时我国科技系统的普遍运行状态，人浮于事，资源利用率、工作效率不高，科技与生产脱离，科技成果转化困难，科学技术难以普及。1985 年颁布的《关于科学技术体制改革的决定》通过对科技管理体制、科技拨款制度、国家重点项目管理、科研机构的组织结构、人事制度等方面的改革，极大地调动了科研人员的热情，促进了科技的产业化，使科技与经济脱节的问题有了根本的改观，我国长期存在的科研与生产脱节、科技与经济脱节的问题，开始逐步得到解决。《关于科学技术体制改革的决定》所提出的现行体制的运行机制等改革内容和基本原则，标志着我国科技体制的初步形成，我国科学技术发展开始进入市场竞争阶段。

二、市场竞争阶段（1986—1995 年）

随着改革开放的进行，科技工作已经取得了一定的成果，同时，发展过程中的一些弊端也逐渐显现。比如技术成果转换率不高，导致研无所用，资源和技术被严重浪费；科研人员吃"大锅饭"导致人员工作动力不足、人员配置失当；科研经费不足等。这一时期，如何将科学技术成果投入市场、产研结合成为主要问题。这一阶段国家出台的相关法律政策如表 6.2 所示。

表 6.2 1986—1995 年国家科技相关法律和政策

时 间	发布部门	名 称	内 容
1986 年初	党中央、国务院	"星火计划"	经我国政府批准实施的第一个依靠科学技术促进农村经济发展的计划。
1986 年 1 月 23 日	国务院	《关于科学技术拨款管理的暂行规定》	对于开发型科研机构开始逐步减拨事业经费。
1986 年 3 月	科学技术部	"高技术研究发展计划（863 计划）"	实行首席科学家制；科研项目通过竞争获得；以前沿技术研究发展为重点，统筹部署高技术的集成应用和产业化示范。
1986 年 8 月	国家科学技术委员会	《中国科学技术政策指南》	记录一定时期的重大方针、政策和实施报告等。
1986 年 12 月 15 日	国家科学技术委员会	《中华人民共和国科学技术进步奖励条例实施细则》	奖励在各种科技岗位上开展了创造性劳动的集体和个人。

时　　间	发布部门	名　　称	内　　容
1987 年 1 月 20 日	国务院	《关于进一步推进科技体制改革的若干规定》	实行政研职责分开，简政放权；适当加快科研事业费的削减速度，精华科技队伍。
1987 年 6 月 23 日	第六届全国人民代表大会常务委员会第二十一次会议	《中华人民共和国技术合同法》	我国技术合同法体系中的基本法。
1988 年 5 月 3 日	国务院	《关于深化科技体制改革若干问题的决定》	旨在进一步推动科学技术体制改革。
1988 年 9 月 1 日	国家科学技术委员会	《关于国家自然科学奖申报、评审的若干说明》	旨在进一步规范科研成果奖励政策。
1988 年 8 月	国家科学技术委员会	"火炬计划"	旨在促进高技术、新技术研究成果商品化，推动高技术、新技术产业形成和发展的部署和安排。
1990 年 9 月 7 日	第七届全国人民代表大会常务委员会第十五次会议	《中华人民共和国著作权法》	
1991 年 3 月 6 日	国务院	《国家高新技术产业开发区若干政策》	进出口货物的关税优惠、进出口业务、资金信贷等规定。
1991 年 12 月 1 日	国家科学技术委员会	《科学技术发展十年规划和"八五"计划纲要》	重点面向国民经济建设主战场，大力发展高技术及其产业。
1991 年 3 月 6 日	国家科学技术委员会	《国家高新技术产业开发区税收政策的规定》	旨在明确开发区企业税收优惠政策。
1992 年 8 月 27 日	国家科委和国家体改委	《关于分流人才、调整结构、进一步深化科技体制改革的若干意见》	旨在推进科技系统的人才分流和结构调整。
1993 年 5 月 8 日	国家科学技术委员会	《中华人民共和国自然科学奖励条例实施细则》	旨在进一步明确研究成果奖励条件、评审制度。

续表

时　间	发布部门	名　　称	内　　容
1993 年 6 月 28 日	国务院	《中华人民共和国科学技术进步奖励条例》	设立科学技术进步奖，分为国家级和省（部委）级。
1993 年 7 月 2 日	全国人民代表大会常务委员会	《中华人民共和国科技进步法》	以法律形式明确社会主义现代化建设中科学技术这个第一生产力的作用，是我国历史上第一部科学技术基本法。
1995 年 5 月 6 日	党中央、国务院	《关于加速科学技术进步的决定》	确定"科教兴国"的战略方针，指明以科技和教育带动经济发展的方向。

　　在实施科学计划方面，1986 年初，我国政府批准实施"星火计划"。这是经我国政府批准实施的第一个依靠科学技术促进农村经济发展的计划，是我国国民经济和科技发展计划的重要组成部分。其宗旨是将先进适用的技术引向农村，引导亿万农民依靠科技发展农村经济，引导乡镇企业的科技进步，促进农村劳动者整体素质的提高，推动农业和农村经济持续、快速、健康发展。1986 年 3 月，面对世界高技术蓬勃发展、国际竞争日趋激烈的严峻挑战，邓小平同志在王大珩、王淦昌、杨嘉墀和陈芳允四位科学家提出的"关于跟踪研究外国战略性高技术发展的建议"上经朱光亚极力倡导，做出"此事宜速作决断，不可拖延"的重要批示，在充分论证的基础上，党中央、国务院果断决策，启动实施"高技术研究发展计划（863 计划）"，实行首席科学家制，科研项目通过竞争获得，旨在提高我国自主创新能力，坚持战略性、前沿性和前瞻性，以前沿技术研究发展为重点，统筹部署高技术的集成应用和产业化示范，充分发挥高技术引领未来发展的先导作用。为了促

进高技术、新技术研究成果商品化，推动高技术、新技术产业形成和发展，1988 年 8 月，国家科委又制定了"火炬计划"等科技计划，确定以市场为导向，鼓励高新技术企业发展，进一步强调积极推进各种形式的责任经营制，支持集体和个体等多种所有制科研机构的发展，鼓励和支持科研机构和高等院校以各种形式直接介入经济领域，科技发展的方针是"面向"和"依靠"，即经济建设要依靠科学技术，科学技术要面向经济建设。

在科研经费使用方面，为了加强科技经费的宏观管理，合理和有效地使用科技拨款，推动科学技术工作面向经济建设，搞好科学研究的纵深配置，保证国家科学技术规划的实施，1986 年 1 月 23 日，国务院发布了《关于科学技术拨款管理的暂行规定》，对于开发型科研机构开始逐步减拨事业经费。1987 年 1 月 20 日，国务院颁布了《关于进一步推进科技体制改革的若干规定》，提出适当加快科研事业费的削减速度，科技机构要精简缩编，精简科技队伍，解决科技人员吃"大锅饭"现象。

在科学奖励方面，1986 年 12 月 15 日，国家科委出台《中华人民共和国科学技术进步奖励条例实施细则》，以奖励在各种科技岗位上进行创造性劳动，为推动科学技术进步、提高经济效益和社会效益作出重大甚至杰出贡献的集体和个人。该《细则》进一步完善了科技奖励制度，充分调动了广大科技人员的积极性和创造性，有效贯彻了经济建设必须依靠科学技术、科学技术工作必须面向经济建设的方针，加速了我国社会主义现代化建设。1988 年 9 月 1 日，《关于国家自然科学奖申报、评审的若干说明》出台，以进一步以规范科研成果奖励政策。为了做好国家自然科学奖的评审工作，根据《中华人民共和国自然科学奖励条例》，国家科学技术委员会在 1993 年 5 月 8 日颁布《中华人民共和国自然科学奖励条例实施细则》，进一步明确了研究成果奖励条件、评审制度。同年 6 月 28 日，国务院发布《中华人民共和国科学技术进步奖励条例》，并第二次修订《中华人民共和国发明奖励条例》。

在科技体制改革和人才建设方面，1985 年 3 月，中共中央做出关于科学技术体制改革决定后，为贯彻经济建设必须依靠科学技术、科学技术工作必须面向经济建设的战略方针，国务院采取了开拓技术市场、改革拨款制度、推动科研与生产的结合、强化企业的技术吸收和开发能力和科技人员管理制度。但是自 1985 年起执行《中共中央关于科学技术体制改革的决定》后，科研与生产相脱节的状况并未从根本上扭转。科技系统的组织结构基本未动，封闭的体系依然存在；主要科研机构仍旧附属于行政机构，没有与国民经济形成休戚相关的依存关系；人才仍大量积压在国务院各部委所编的主要科研机构和高等学校，而轻纺、商业、地方和农村科技力量非常缺乏；由于缺少推动科研机构与企业结合的有力措施及政策，相当一部分科研机构还在走自我完善的道路，很少能与企业紧密结合，厂办科研机构力图脱离企业的趋势还在继续发展，特别是部门改组，企业下放后，各部门有进一步对科研机构加强控制的趋势。为了改变这种状况，特别是适应经济体制和政治体制改革深入发展的新形势，不失时机地把科技体制改革推向深入，1987 年 1 月 20 日，国务院颁布了《关于进一步推进科技体制改革的若干规定》，进一步指明了改革的方向。在政府管理职能上，实行政研职责分开，简政放权，把科研机构逐步下放到企业、企业集团、行业和中心城市，国家对科研机构的管理由直接控制为主转变为间接管理，进行方针指导和协调服务。逐步实行科研机构所有权与经营管理权的分离，人员和固定资产规模较小的技术开发科研机构可积极试行租赁、承包管理。对经营不好、效益差的技术开发科研机构，也可进行租赁、承包管理试点。从事产品开发的科研机构，都应逐步进入企业、企业集团或与其实行紧密联合，研究开发经费应逐步依靠企业或企业集团从销售总额中提取。①同年，国务院颁发的《关于推进科研设计单位进入大中型工业企业的规定》，在全国掀起了以放活科研机构、放活科技人员政策为重点的深化科技体制改革的新浪潮，使科技工作的运行机制和组织结构发生了深刻变化，取得了令人瞩目的成效，科技工作逐步转向社会主义商品经济发展的轨道。②1988 年 5 月 3 日，国务院颁布实施《关于深化科技体制改革若干问题的决定》。这是贯彻落实中央关于科学技术体制改革决定的又一项重要政策，是实现"面向"和"依靠"战略方针的又一重大措施，在科技界和经济界引起强烈的反响。1995 年 5 月 6 日，中共中央、国务院做出《关于加速科学技术进步的决定》，确定了"科教兴国"的战略方针，指明了以科技和教育带动经济发展的方向。确立了从体制上、制度上解决科技与经济脱节的状况，指出应该建立与社会主义市场经济相适应的科技体制。

　　1992 年 8 月 27 日，国家科委和国家体改委颁布了《关于分流人才、

① 朱传柏：《方向·时机·条件——学习国务院〈关于进一步推进科技体制改革的若干规定〉》，载《科学学与科学技术管理》，1987（06）：2—3。

② 柏木：《科技迈向经济的又一步——学习国务院〈关于深化科技体制改革若干问题的决定〉的体会》，载《科学管理研究》，1988（04）：1—4。

调整结构、进一步深化科技体制改革的若干意见》，要求坚持"经济建设必须依靠科学技术，科学技术工作必须面向经济建设"的方针，按照努力攀登科技高峰的战略要求，加快步伐、加大力度推进科技系统的人才分流和结构调整。通过分流和调整，逐步建立起结构优化、布局合理、精干高效、富有生机和活力的现代化研究开发体系，提高科学技术的整体水平，增强科技为经济建设和社会发展服务的后劲。

在知识产权方面，1990 年 9 月 7 日，第七届全国人民代表大会常务委员会第十五次会议通过《中华人民共和国著作权法》。这是我国法制建设的一件大事，也是保障和促进我国文化与科学事业发展的一项重要措施。

在这一时期，国家还出台了若干部科技基本法。1987 年 6 月 23 日，第六届全国人民代表大会常务委员会第二十一次会议通过《中华人民共和国技术合同法》，于 1987 年 12 月 1 日起施行，这是我国技术合同法体系中的基本法。其主要内容包括：技术合同法的适用范围、订立技术合同的原则和技术成果的权属；技术合同的订立、履行、变更和解除；技术开发合同；技术转让合同；技术咨询合同和技术服务合同；技术合同争议的仲裁和诉讼。1993 年 7 月 2 日，全国人民代表大会常务委员会制定《中华人民共和国科技进步法》，于同年 10 月 1 日起正式实施，旨在促进科学技术进步，发挥科学技术第一生产力的作用，促进科学技术成果向现实生产力转化，推动科学技术为经济建设和社会发展服务。《中华人民共和国科技进步法》对科技事业发展中若干重大问题做了原则性的界定，以法律形式明确了社会主义现代化建设中科学技术第一生产力的作用。这是我国历史上第一部科学技术基本法，也成为市场经济体制背景下我国科技进步的基本法，是推动我国科技事业发展的重要保障，也是我国科技法制建设的重大成果。

这一阶段，国家由计划经济体制转变为社会主义市场经济体制，以市场配置资源，实行竞争制度。同时，科技体制改革逐步走向深入，引入竞争机制，重大科技项目竞争立项，改革拨款制度，改变只依靠政府行政手段管理的方式，科技工作积极有序地展开。

经过改革开放以来的发展，我国科技事业取得了举世瞩目的伟大成就。党和国家制定了一系列符合世界科技发展潮流和契合我国国情的方针政策，批准实施了科技攻关、"星火计划"、"863 计划"、"火炬计划"、"攀登计划"、工业性试验、科技成果及新技术推广等多项科技计划，取得重要科技成果 12 万多项，为经济建设、国防建设和社会发展解决了一批关键技术问题，产生经济效益 2 800 多亿元，比前 30 年的总和还高出几倍。当时，全国已拥有 1 000 多万人的自然科学技术队伍，建立起学科门类比较齐全的科技体系，形成了较强的科技攻坚能力。科技体制改革在全社会确立了技术成果商品化的地位；科技工作形成了纵深部署、有机联系的格局；开发型研究机构面向经济建设并逐步转轨变型；计划管理与市场调节相结合的新型科技计划体制逐步形成，科技工作的机制、格局和面貌发生了深刻的历史性变化。

到 20 世纪 90 年代中期，我国已经基本建立起完备的科技法律保障制度，实施并修改了一系列保护知识产权的法律（包括《专利法》、《商标法》等）及其配套法规。伴随着社会主义市场经济的建立，科技系统内部也出现较大变化，科研机构开始从事经营活动，并在内部引入竞争机制。1993 年前后，"211 工程"、"技术创新工程"先后实施，重点推动产、学、研相结合，国家开始重视技术创新。1994 年国家开始实施"中国 21 世纪议程"，从环境、人口、资源、经济等方面出发，提出可持续发展战略，标志我国科技政策演化的进一步深入。

这一时期结束时，我国科学技术发展仍然存在一些问题和困难。其主要是：经济、科技等领域的改革缺乏总体规划和协调；经济建设缺乏依靠科技进步的压力、动力与活力；国家财政对科技投入强度低，金融、企业投入渠道尚待拓宽；科技人员待遇普遍偏低，广大农村特别是老、少、边、穷和"三线"地区科技人员的许多具体问题亟待解决；科技管理体制需进一步理顺。

三、调整创新阶段（1996—2006 年）

随着社会发展和科技的不断进步，对政策的制定、实施等提出了更高的要求。这一阶段，国家为了促进经济发展，大力发展科学技术，强调加强自主创新能力，进一步深化科研体制改革，逐步完善科技法律法规体系。这一阶段，国家颁布的科技相关法律政策如表 6.3 所示。

表 6.3 1996—2006 年国家科技相关法律和政策

时　间	发布部门	名　　称	内　　容
1996 年 5 月 15 日	全国人民代表大会	《中华人民共和国促进科技成果转化法》	旨在促进科技成果转化为现实生产力，规范科技成果转化活动，加速科学技术进步。
1996 年 9 月 15 日	国务院	《关于"九五"期间深化科学技术体制改革的决定》	坚持在面向经济建设和社会发展主战场、发展高技术和建立高新技术产业、加强基础性研究。

时　　间	发布部门	名　　称	内　　容
1997 年	科学技术部	国家重点基础研究发展计划（973 计划）	解决国家战略需求中的重大科学问题，提升我国基础研究自主创新能力。
1999 年5 月 23 日	科学技术部	《国家科学技术奖励条例》	设立各类国家科学技术奖；规定评审和授予标准以及罚则。
1999 年8 月 20 日	党中央、国务院	《关于加强技术创新发展高科技实现产业化的决定》	加强技术创新，发展高科技，实现产业化。
2001 年8 月 15 日	科学技术部	《科研条件建设"十五"发展纲要》	提出建立完整的科研条件体系、加强科研基础设施建设等任务。
2002 年6 月 29 日	第九届全国人民代表大会	《中华人民共和国科学技术普及法》	将科普工作纳入法制化轨道。
2004 年9 月 14 日	科学技术部	《2004—2010 年国家科技基础条件平台建设纲要》	明确各类科学平台建设任务。
2006 年2 月 7 日	国务院	《国家中长期科学和技术发展规划纲要（2006—2020 年）》	明确我国到 2020 年科学技术发展的总体目标。

　　科技体制改革方面，科技界经过十多年的探索和成功实践，开创了科技作为第一生产力大发展的新局面，原来单一、封闭的计划管理体制被打破，科技与经济脱节的状况有所改观，社会主义市场经济体制在科技运行中的作用逐步增强，多数技术开发型科研机构走上了按市场机制运行、面向经济建设、自主发展的道路，大部分科技力量以多种方式进入到经济建设主战场。但是，由于种种原因，科技作为第一生产力在经济建设和社会发展中的关键作用尚未得到充分发挥，科技体制总体布局还有待完善，科技投入总量仍显不足，科技资源配置不够合理，科研机构设置重复、力量分散、专业和人才结构不合理的状况还没有很好地解

决，科技整体优势和科技储备尚需加强。"九五"期间是我国全面完成现代化建设第二步战略部署的关键时期。为实现经济体制和经济增长方式的两个根本性转变，实施科教兴国战略和可持续发展战略，科技工作应更好地为经济建设和社会发展服务，为解决经济建设和社会发展的热点、难点问题，为提高经济增长的质量做出贡献，1996 年 9 月 15 日，国务院颁布实施《关于"九五"期间深化科学技术体制改革的决定》。

在科技成果转化方面，当时，我国智力资源数量和国际科技论文数量均位居世界前茅，但是科技创新能力却仅位列世界第 19 位，科技成果转化率仅约为 10%。转化率低的根源在于科研的组织实施与市场需求的结合不紧密。相关机构对科技成果的处置审批手续比较繁琐，科技成果转化所得收益按照当时规定都要上缴财政，不能充分有效地反哺科研和后续产业。科技成果的提供方和企业需求方信息交流还不畅通。为促进科技成果转化为现实生产力，规范科技成果转化活动，加速科学技术进步，推动经济建设和社会发展，1996 年 5 月 15 日，全国人民代表大会常务委员会通过《中华人民共和国促进科技成果转化法》，将科研成果处置权下放科研单位，提高对科研人员的奖励和报酬。1999 年，为了进一步落实《中华人民共和国科学技术进步法》和《中华人民共和国促进科技成果转化法》，国家发布《关于加强技术创新，发展高科技，实现产业化的决定》。

在企业科技扶助政策方面，1996 年，国家开始实施针对企业的"技术创新计划"，在数家大型企业建立 R&D 中心，被资助的企业包括海尔、长虹等大型集团企业。1999 年，中共中央、国务院颁布《关于加强技术创新，发展高科技，实现产业化的决定》，提出对科技产业化项目实行财政、金融扶持政策，对科研机构转制为企业给予专项政策支持。

在科学计划方面，1997 年，国家科技部实行国家重点基础研究发展计划（973 计划），旨在解决国家战略需求中的重大科学问题，以及对人类认识世界将会起到重要作用的科学前沿问题，坚持"面向战略需求，聚焦科学目标，造就将帅人才，攀登科学高峰，实现重点突破，服务长远发展"的指导思想，坚持"指南引导，单位申报，专家评审，政府决策"的立项方式，以原始性创新作为遴选项目的重要标准，坚持"择需、择重、择优"和"公平、公正、公开"的原则，坚持项目、人才、基地的密切结合，面向前沿高科技战略领域超前部署基础研究。同年，《迎接知识经济时代，建设国家创新体系》发布，初步提出国家科技创新的构想，阐述了面向知识经济时代的国家科技创新体系主要由创新基础设施、创新资源、创新主体、创新环境、外界互动等组成。这些要素属于社会系统范畴，相互之间是紧密联系和有效互动的。1998 年，首先在中国科学院试点的"知识创新工程"启动，拉开了国家创新体系建设的大幕。

在科技奖励方面，1999 年，国务院对国家科技奖励制度实施全面改革，颁布实施了新的《国家科学技术奖励条例》。设立国家最高科学技术奖；完善国家自然科学奖、国家技术发明奖、国家科学技术进步奖和中华人民共和国国际科学技术合作奖等国家级四大科学技术奖；提高了国家科技奖励的奖励力度和授奖标准；成立国家科学技术奖励委员会，负责对国家科学技术奖励进行宏观管理和指导；同时加强对部门、地方和社会力量设立科学技术奖励的管理。

在培育科技创新能力方面，21 世纪初，在我国即将加入世贸组织，进入实施现代化建设第三步战略的关键时期，面对新世纪世界经济发展

的新形势，出台《科研条件建设"十五"发展纲要》（2001 年），提出了
"提高科技持续创新能力，加强技术创新，发展高科技，实现产业化"的
指导方针，旨在促进我国的产业升级和结构调整，增强国际竞争力。

在科技平台建设方面，2004 年，《国家科技基础条件平台建设纲要
（2004—2010 年）》出台，旨在指导国家科技基础条件平台，对科技基
础条件资源进行战略重组和系统优化，以促进全社会科技资源高效配置
和综合利用，提高科技创新能力。

在科技普及方面，为了实施科教兴国战略和可持续发展战略，加强
科学技术普及工作，提高公民的科学文化素质，推动经济发展和社会进
步，第九届全国人民代表大会常务委员会第二十八次会议于 2002 年 6 月
29 日通过并施行《中华人民共和国科学技术普及法》，标志着科普工作
已经纳入法制化轨道。该法适用于国家和社会普及科学技术知识、倡导
科学方法、传播科学思想、弘扬科学精神的活动。提出开展科学技术普
及，应当采取公众易于理解、接受、参与的方式。

我国加入世贸组织后，国际形势不断变化，科技创新的国际竞争日
趋激烈，在结合我国科技发展的实际情况的基础上，我国制定出既符合
国际竞争需要，又立足本国基础和条件的创新政策，在科技体制、管理
制度、运行机制方面进行改革创新，注重创新文化的建设和发展，注重
创造有利于科技创新思想产生的环境和条件。截至 2006 年，我国已经建
立起具有一定基础的国家科技创新体系，基本形成了政府、科研院所、
企业以及高校四位一体的创新体系。

这一时期，创新和人才是科技发展的主旋律，以市场为主导，充分
发挥市场配置资源的基础性作用，实施各类科技创新。我国先后实施

"211 工程"和"985 工程",推进高校创新体系建设,促进科技成果转化。这一时期,我国还出台一系列关于人才的政策,培养了一支专业人才队伍,到 2005 年,全国各类人才存量达 7 390.3 万人。其中,"党政人才约 663 万人,企业经营管理人才约 1 770 万人,事业单位管理人才约 453 万人,专业技术人才约 4 195 万(在企业和事业单位管理人才中,具有专业技术职务的约 1 107.6 万人,交叉统计在专业技术人才中),农村实用人才 579 万人,高技能人才约有 835 万人"。①

四、稳步发展阶段(2007 年至今)

经过前三个阶段近 30 年的发展,我国科技法律政策根据时代发展的要求逐步完善,科技水平也得到大幅度的提升,我国在载人航天、生物制药等的部分领域已经走在了世界前列。这一时期,科学技术进入稳步发展的阶段。国家重点提高人民生活水平和质量,解决制约经济发展的科技问题,发展利用科技促进经济水平提升,需要发展完善的科技创新系统。但是,与此同时,我国自主创新能力却明显落后于欧美日等发达国家和地区,因此,提升原始创新能力成为核心任务。

2006 年,中共中央、国务院召开全国科学技术大会,颁布了《国家中长期科学和技术发展规划纲要(2006—2020 年)》。其对未来 15 年我国科技改革发展做出全面部署和安排,明确了"自主创新,重点跨越,

---

① 黄爱华:《中国共产党执政兴国的重要方略—党管人才问题研究》,湖南师范大学,2008 年。

支撑发展，引领未来"的新时期科技工作方针，提出了到 2020 年使我国
进入创新型国家行列的战略目标。2007 年，党的十七大高度重视科技进
步和自主创新，强调把提高自主创新能力和建设创新型国家摆在突出位
置，以促进国民经济又好又快发展。2008 年，针对当时国际形势，国务
院出台文件将推动科技创新作为应对全球金融危机的四大举措之一。
2010 年，国务院决定立足自主创新大力发展战略性新兴产业；同年，
《国民经济和社会发展第十二个五年规划纲要》将科技创新作为促进加快
国民经济转变方式、调整结构的根本性举措。2012 年，中共中央、国务
院召开全国科技创新大会，做出《关于深化科技体制改革加快国家创新
体系建设的决定》，围绕国家创新体系建设系统地谋划和部署了深化科技
体制机制改革的新目标和新任务。同年，党的十八大报告提出，科技创
新是提高社会生产力和综合国力的战略支撑，必须摆在国家发展全局的
核心位置；要大力推进创新驱动发展战略，要以全球视野谋划和推动创
新发展，要牢牢把握新时期科技改革发展的战略任务，促进科技与经济
结合。2015 年，中央深化改革领导小组发布实施《深化科技体制改革实
施方案》，在建立技术创新市场导向机制、改革国家科技计划管理、推进
军民融合创新体系建设、创建国家实验室、改革创新人才培养及评价和
激励机制、加快科技成果使用、处置和收益管理改革、打造区域性创新
平台、推动大众创业万众创新（简称"双创"）等方面做出了系列部署，
提出 143 项重大改革任务。2016 年 5 月，召开全国科技创新大会、全国
两院院士大会（中国科学院第十八次院士大会、中国工程院第十三次院
士大会）、中国科协第九次全球代表大会，发布《国家创新驱动发展战略
行动纲要》，提出面向未来建设科技强国的宏伟目标，将科技创新摆在国

家发展全局的核心位置，深化部署、全力推动，规划了到 2030 年新一批
重大科技专项，系统部署了创新驱动发展战略的各项任务，向着创新型
国家迈出坚实步伐。2017 年，国务院办公厅印发《深化科技体制改革实
施方案》和《关于深化体制机制改革加快实施创新驱动发展战略的若干
意见》，国家科技部、发展改革委、财政部三部门共同研究制定《国家科
技重大专项（民口）管理规定》，出台《国家创新驱动发展战略纲要》，
这些政策文件均强调要将科技创新放在国家全面发展的核心位置。可见，
这一时期，高层次人才建设和科技创新仍然是工作重点。

第二节　上海科技创新立法保障制度变迁路径及影响因素分析

　　1978 年 2 月，上海科学大会召开，提出"抢时间、争速度，在本世
纪内把上海建成为一个具有世界先进水平的科学技术基地"的奋斗目标。
会议要求建立一支宏大的科技队伍，拥有一大批世界第一流的科学家；
形成一批基础科学中心和新技术研究中心；拥有现代化的科学实验手段；
在科学技术的主要领域，多数接近或赶上当时的世界先进水平，部分超
过当时的世界先进水平；解决国家"四化"建设中的重大科技问题。这
次大会预示着科学技术的发展将成为社会发展的核心力量。1978 年 12
月，党的十一届三中全会召开，确定实行"对内改革、对外开放"的政
策，提出大力发展科技，科技的发展背后离不开一系列相关法律政策的
支撑。

笔者根据不同时期上海市科技创新立法的特点，将其分为三个阶段，初始发展期（1978—1989 年）、科技结构调整时期（1990—1999 年）和科技创新体系构建时期（2000 年以后）。

一、初始发展期（1978—1989 年）

这一时期，中央及上海市政府已经充分认识到科技对经济社会发展带来的积极影响，将科技政策的重要目标调整为推动社会科学发展与进步，提升社会公众幸福指数，"科学技术工作必须面向经济建设，经济建设必须依靠科学技术"这一方针是该时期科技发展和现代化建设的主旋律。这一阶段创新政策的特点是：推进科技成果转化的政策陆续出台；扶持民营科技企业成为政策建设的着力点；促进科技创新的金融政策得到快速发展，主要从资金投入方面为技术创新提供制度保障。[①]

1980 年 8 月，上海市科委提出《上海科学技术十年长远规划的初步意见》，提出大力开展应用研究和发展研究，促使科学技术转化为生产力；加强新兴科学技术的开拓性研究和基础研究，为今后的经济发展提供科学储备。

20 世纪 80 年代前期，上海形成了以新兴技术改造传统产业，努力解决国民经济中的重大科技问题，促进现代化建设事业发展的战略。经过若干年的努力，上海工业逐步向新的技术基础转移，技术进步的效益已

---

① 彭辉：《基于内容分析法的上海市科技创新政策文本分析》，载《大连理工大学学报（社会科学版）》，2017，38（01）：157—163。

成为上海工业稳定发展的重要因素。至 20 世纪 80 年代中后期，上海进一步调整优化科技发展：加强科研和生产的结合，增强技术开发和创新的能力，以科技力量促进和推动外向型经济的发展；在技术发展上，坚持走出口型道路、集约型道路、集团型道路和知识型道路。这一时期，上海主要针对扩大科研机构的自主权、实行有偿合同制的试点、推进技术市场和各种形式的科研生产联合体等方面出现的突出问题，围绕科研系统内部、科技与经济结合、科技体制改革外部环境和市场运行机制的形成而设计系列政策和法律规定。

在计划经济体制下，科技和经济分属两个独立的系统，这些科研机构的运行经费由政府直接拨款，科研任务直接由政府下达。这种模式不仅导致了科研与生产、技术开发与市场需求脱节，还给国家财政造成沉重负担。为解决以上弊端，上海从 1979 年开始探索对科研院所改革试点，先后制订了《关于科研单位进行扩大自主权试点工作的几点意见》、《关于试行技术有偿转让的若干规定》、《关于新产品减免税的若干规定》、《关于开发研究单位由事业费开支改为有偿合同制试点的意见》、《上海市科技人才交流的若干规定》等 17 个有关科技体制改革的条例和文件。[①]鼓励各试点单位要明确以科学研究为主，在保证完成科研任务的前提下，充分利用现有条件，与企业加强横向联系，实行有偿合同制，挖掘潜力，建立科研生产联合体和联营企业，广开财源，增加收入。通过初步改革，科研单位与生产实际密切结合的科研项目数量有所增加，科技成果的推广应用率从 1979 年的 30％提高到 1984 年的 50％。1984 年初，周国健等

---

① 周小玲：《浅析上海科技发展模式的演变》，载《世界科学》，2011（08）：59—62。

10 余名科技人员走出研究所大门，率先创办中联机电技术贸易公司，成为上海民营科技企业中的第一家。1985 年 3 月 13 日，《中共中央关于科学技术体制改革的决定》指出："允许集体或个人建立科学研究或技术服务机构，地方政府要对它们进行管理，给予指导和帮助。"这为上海民营科技事业的发展指明了方向，一部分科技人员深受鼓舞，以辞职、停薪留职、借调等方式，离开原单位，自行创办民营科技企业。到 1986 年底，集体和个体性质的民营科技企业达 277 家，为大力发展民营科技事业迈出了具有历史意义的一步。

1981 年起，上海市政府每年拨款 1 000 万元作为推广科技成果的专项资金，选择 331 项科技成果作为"星火计划"项目推向工业化生产，总投资 2.9 亿元。经国家科委批准，上海市政府决定将崇明县作为星火技术密集区，组建南汇县星火技术密集带和嘉定县星火技术开发小区。

1982 年 11 月 8 日，上海市政府根据国家《科学技术保密条例》精神，制订并批转发布了《上海市科学技术保密实施细则》，对科学技术保密的范围、保密项目的等级划分、保密项目的审批权限以及保密项目实施过程中的各个环节都做出具体明确的要求。

1984 年 1 月，上海市组织 80 余名专家进行调查研究，提出关于上海经济发展战略对策、建立新产业、改造传统工业三个报告。在此基础上，编制了《上海市科技长远发展规划》和《上海市"七五"科技发展计划》，确定重点发展微电子、新材料、光纤通信、激光、生物工程、机器人和海洋工程七大新兴技术，并组织相应的科技会战。同年 5 月，上海市政府召开市科技工作会议，副市长刘振元作题为《加快科技发展步伐，迎接新的挑战》的报告，提出"七五"计划期间上海科技发展战略、目标和任务。

1985 年，上海制定了《1986—2000 年上海市科学技术长远发展规划》，提出"经济建设必须依靠科学技术，科学技术必须为经济建设服务"的方针。同年 2 月，国务院在批转《关于上海经济发展战略的汇报提纲的通知》中提出："力争到本世纪末把上海建设成为开放型、多功能、产业结构合理、科学技术先进、具有高度文明的社会主义现代化城市。"1985 年 3 月，国务院在《关于上海市进一步对外开放有关问题》的批复中，要求上海加快利用外资、引进先进技术的步伐，广泛采用新技术，开发新产品，发展新兴产业；重点开发七大新兴技术，特别要以微电子技术为突破口，大力发展电脑和大规模集成电路。

1986 年 4 月，上海市政府在市八届人大五次会议上提出的《关于上海市国民经济和社会发展第七个五年计划（草案）》的报告中，把加快科技人才培养、促进经济振兴和各项事业的发展作为"七五"计划时期要着重抓好的三件大事之一。同月，上海市科委根据国家科委关于实施"星火计划"的若干暂行规定，结合上海的实际情况制定了《上海市"星火计划"项目暂行管理办法》，以振兴地方经济，提高上海市中小企业、乡镇企业和农村建设的科技水平，认真组织和实施上海的"星火计划"。1986 年，上海市相继发布《上海市技术转让实施细则》、《上海市科技咨询管理办法（试行）》、《上海市科学技术拨款管理办法》、《上海市扩大地方独立科研机构自主权的暂行规定》，加强对本市科学技术经费的宏观管理和科技的应用转化，促进科学技术和经济建设的发展。

1987 年 4 月，时任上海市市长的江泽民同志在上海市八届人大六次会议上所作的《坚持四项基本原则，坚持改革开放，为推进上海经济和社会的稳定发展而奋斗》的报告中强调，科技工作要为推进上海经济和社会发展服务：一要促进传统行业的技术改造，重点放在轻纺产品更新换代的技术攻关，组织专门力量和专项基金，促进科研成果向企业转移；二要积极发展高技术、新技术，在微电子、光纤通信、生物技术、新型材料等科研和开发中取得新的突破，特别要发挥上海在生物技术领域科研的优势，加速本市新兴产业的发展；三要为城市基础设施建设服务，对城市重大建设项目进行科学论证和选择优化方案，开发成套技术和应用新技术；四要继续推行"星火计划"，计划建设星火技术开发密集区，为振兴地方经济服务；五要切实搞好软课题的研究工作，为领导部门提供咨询服务。1987 年 5 月，上海市人民政府颁布《上海市专利许可合同管理办法》，维护专利许可合同当事人的合法权益，维护专利实施的正常秩序，促进专利技术转化为生产力，加速科学技术的发展。1987 年 8 月，为了鼓励引进技术的消化吸收，加快国产化进程，上海市人大常委会根据国家的有关规定，结合上海市的实际情况，制定了《上海市鼓励引进技术消化吸收暂行规定》。为了加强科学技术基础研究和应用研究中的基础性工作，使上海市科学技术的发展具有巩固的基础和足够的技术储备，上海市科委、财政局颁发《上海市自然科学基金试行条例》。1987 年 12 月，上海市人民政府发布《上海市合理化建议和技术改进奖励实施办法》，设立了科技奖励标准。

1988 年 6 月，上海市人民政府颁布《上海市技术服务和技术培训管理办法》，以充分发挥科技人员的作用，加强对技术服务和技术培训活动的组织和管理。11 月，为了进一步扩大对外开放，发展对外经济技术合作和贸易，加快上海市经济技术开发区建设，《上海市经济技术开发区条例》出台。1988 年 12 月，上海市人民政府根据《中华人民共和国专利法》，颁布《上海市专利纠纷调处暂行办法》，依法调处本市专利纠纷，保护知识产权。

1989 年 2 月，《上海市民办科技经营机构管理办法》发布，界定了民办科技经营机构的申办条件，运作方式是由科技人员自愿结合、自筹资金、自主经营、自负盈亏，从事科学技术研究、开发、经营和服务。

二、科技结构调整时期（1990—1999 年）

20 世纪 90 年代，世界新科技革命引发高新技术产业蓬勃发展，上海科技工作以大力发展高新技术产业、促进上海产业结构调整为战略目标，加速高新技术向产业转移，构建与上海功能定位相适应的高新技术产业发展总体框架，上海科技创新政策的重点面向成果转化和高新技术产业化。

根据中共上海市委、市政府领导的意见，1990 年 10 月，上海"八五"科技发展计划编制完成。其发展目标是：（1）科技促进外向型经济发展，使 60 个重点行业、6 000 项重点产品的技术水平达到 20 世纪 80 年代中期的国际水平；科技进步促使出口产品的产值占国民生产总值 30％以上。（2）传统行业技术进步明显提高，新产品开发能力加强，重大行业中重点门类产品的新产品产值比例由 13％提高到 20％。（3）部分高新技术逐步产业化，高新技术产业产值翻一番。（4）科技兴农，使上海都市农业得到全面发展。（5）科技促进社会环境改善和人民生活质量提高。（6）加强科技事业自身发展和建设，重点扶持建立 20 个地方重点实验室、20 个科研开发基地和 10 个共性或基础技术中心。(7)完善配套政策和管理制度，推动科技体制改革工作健康发展。

1990 年 1 月，为加强技术合同管理，上海市政府根据《上海市技术市场条例》制定《上海市技术合同登记管理暂行办法》。同年，上海市人大通过《上海市漕河泾新兴技术开发区暂行条例》，这是全国第一部高新技术产业开发区的地方法规。

1991 年 4 月，时任上海市常务副市长的黄菊同志在市九届人大四次会议上所作的《关于上海市国民经济和社会发展十年规划和第八个五年计划纲要（草案）的报告》中提出，"八五"计划期间要面向经济建设主战场，加强科技与生产、贸易的结合，促进科技成果转化为生产力，解决一批传统产业改造的关键技术，大力组织科技支农；建设好漕河泾新兴技术开发区，有重点地发展高新技术，注重高新技术的产业化，做好浦东科学园区规划；跟踪世界新技术革命的进程，加强基础研究、技术储备和中试基地的建设。

1992 年 4 月，党中央正式决定开发开放上海浦东。同年 8 月，中共上海市委、市政府做出《关于发展科学技术、依靠科技进步振兴上海经济的决定》（以下简称《决定》），确立了"依靠科技进步大力发展高新技术产业，促进上海产业结构的战略性调整"的科技发展思路。《决定》提出：(1)确立科学技术在经济建设中的战略地位，至 1995 年高新技术产业销售产值要达到 50 亿元至 80 亿元，2000 年达到 200 亿元至 250 亿元；科学进步对经济增长的贡献率要从 20 世纪 90 年代初的 30% 提高到 20 世纪末的 50% 左右。(2)科技工作的重点是高新技术产业化。"八五"计划期间高新技术要以高于工业增长的速度跳跃式地发展；到 20 世纪末形成 30—50 个年销售产值达到亿元以上的科技型企业。（3）推动各行各业实施科技进步。（4）加快建立科技工作新体制。（5）多渠道、多层次地增加科技投入，提高效益。政府对科技的投入每年要有较大幅度的增长，至 1995 年达到 24 亿元。（6）科技队伍建设要建立新的激励机制、人才流动机制和多层次、各门类的科技培训体系。（7）大力加强对科技工作的协调与领导。《决定》顺应了改革开放新形势的发展要求，为上海 20 世纪 90 年代到 20 世纪末的科技工作明确了目标和方向，对发展高新技术产业等进行了全面部署。

20 世纪 90 年代中期，上海经济发展逐步进入重工业化发展阶段，上海经济的增长方式，从粗放型逐步转向集约型。1995 年 10 月，中共上海市委、市政府发布《关于加速上海科技进步的若干意见》，对实施"科教兴市"战略、促进经济发展和社会全面进步等方面做出规定。与此同时，上海市科委组织编制了《上海市科技发展"九五"计划和 2010 年长期规划》，主要内容概括为"四大战略"、"九大计划"、"五大领域"、"八大举措"。"四大战略"即以市场为导向的科技经济一体化战略，引进消化与技术创新并举的创新战略，跨越式的赶超战略，促进科技改革和发展的协同推进战略。"九大计划"即上海"信息港"计划、高新技术及其产业发展计划、先进制造技术开发推进计划、基础性研究计划、绿色技术计划、城建科技发展计划、科技先导产业发展计划、科普工作发展计划、跨世纪科技标志设施建设计划。"五大领域"即信息技术、现代生物技术、先进制造技术、新材料技术、绿色技术。"八大举措"即加强对科技发展的宏观规划和协调管理；深入改革，建立科技新体制；建立创新机制，逐步使企业成为技术开发的主体；拓宽资金渠道，大幅度增加科技投入；加速人才培养，造就一批高水平科技人才；办好高新技术园区，推进高新技术健康发展；重视引进技术，开展广泛的国际合作；加强科技法制和知识产权保护。

1996 年 6 月，上海市人大颁布《上海市科学技术进步条例》，全面规范和完善上海市科技进步工作的法律环境，属于上海科技宏观管理方面的法规，调整和规范上海市科技活动的全部范围，为制订其他单行科技法规提供基本依据，被视为上海市科技法规、规章的"母法"。

1997 年 10 月，为了实现将上海建设成为国际经济、金融、贸易中心的战略目标，促进产业结构调整，发挥高科技产业在经济发展中的领导作用，中共上海市委和市政府出台《中共上海市委、上海市人民政府关于加快本市高科技产业发展的若干意见》。

1998 年 5 月，中共上海市委、市政府发布《上海市促进高新技术成果转化的若干规定》（简称"18 条"），提出促进高新技术成果转化的 18 条优惠政策。其主要内容是：（1）通过制订高新技术重点产品目录，引导企业产品发展方向，使符合上海产业结构调整方向的高新技术产品和企业得到应有的政策支持。（2）市政府确定从 1998 年至 2000 年，安排 6 亿元资金设立高新技术成果转化创业基金，按照市场化的运作方式用于经认定的高新技术成果转化项目的贷款贴息、股权投资和融资担保。区县政府亦采取相应措施。（3）实施"疏堵双管齐下"的政策：一方面为科技人员创办高新科技企业创造各种便利条件，建立"一门式"服务中心；另一方面要求政府资助的应用性研究成果，必须在一定时间内实施转化。（4）允许成果完成人和主要创业者根据贡献大小，在无形资产的比例中获得相应的股权收益，激励科技人员从事科技成果转化工作。

（5）应用性研究开发项目必须包括实施转化和产业化，否则不能作为项目完成，不得申报市级奖励，也不得再申请新项目资助等。这是上海促进高新技术成果转化的标志性文件，其推动效力在全国起到示范作用。此后，又陆续出台《关于上海市高新技术产业开发区深化改革的意见的通知》、《上海市高新技术产业开发区外高新技术企业认定程序（暂行）》、《上海市促进张江高科技园区发展的若干规定》等，为上海张江高新区的建设和发展创造条件。

三、科技创新体系构建时期（2000 年至今）

进入 21 世纪后，随着经济全球化和科技进步的加速，以及我国加入世界贸易组织，上海如何充分利用"入世"的有利条件，努力分享全球科技创新资源，积极参加国际科技竞争与产业分工，在经济与科技全球化的进程中，把握发展的历史方位，站在新起点，寻找新突破，是摆在面前的紧迫任务。据此，上海确定了进入 21 世纪科技发展的战略思路：以"融入全国、融入世界"思想为指导，抓住"提升城市综合竞争力"这一主线，坚持"体制创新与科技创新相结合、抢占科技制高点与培育经济增长点相结合、政府推动与发挥市场机制作用相结合"，重点围绕增强科技原创力、提升企业核心竞争力、提高科技对经济社会的支撑力、强化科技融入世界的亲和力，推进知识生产中心、知识服务中心和高新技术产业化基地建设，明确提出建设现代化国际大都市和国际经济、金融、贸易和航运"四个中心"的战略目标。此时，重点面向创新体系的构建以及创新价值链的完善，上海科技创新政策进入了一个崭新的发展阶段。上海陆续在国内率先推出《上海市鼓励引进技术的吸收与创新规定》（2001 年）、《上海市专利保护条例》（2001 年）、《上海市标准化条例》（2001 年）、《上海市技术市场条例》（2003 年修订）、《上海实施科教兴市战略行动纲要》（2003 年）、《实施人才强市战略行动纲要》（2004 年）等重要文件，着力加强科技国际化水平，解决资源部门垄断，市场化程度低，专利侵权、政策激励作用不强、不落实的问题，释放科技能量，增强人才、知识和资本的内在结合力，调动方方面面的创新积极性，为增强城市综合竞争力提供切实保障。

21 世纪初，日本明确提出从科技立国到"知识产权立国"的基本国策；美国将知识产权当作国家基础性的战略资源，将强化知识产权保护作为重要的竞争手段，把深化知识产权管理特别是对专利的管理作为指导科技创新、经济结构调整以及产业技术结构优化升级的重要手段。从国际大环境来看，知识产权保护范围正在不断扩大，并成为促进一个国家经济发展的至关重要因素。据《上海市人民政府关于印发上海知识产权战略纲要（2004—2010 年）》所述，我国由于缺乏具有自主知识产权的核心技术，产业发展存在"技术空心化"的危险。2003 年，国外在我国申请的发明专利已占全国总申请量的 69%，我国高技术领域创新空间被挤压。在合资合作中，一些外国公司对我国企业原有商标采取搁置、淡化、收购策略，使我国部分企业高知名度商标正在逐步淡出市场。我国以软件版权为核心的高科技版权产业起步较晚，研发能力不强。在加入世界贸易组织的新形势下，由于技术性贸易壁垒等引发的纠纷越来越多，国内企业出口贸易频频受阻。面对这些前所未有的挑战，国家已经开始着手制定国家知识产权战略。随着上海的商务成本不断上升，传统产业成本竞争力下降，依靠资源投入和投资拉动的经济增长方式逐渐难以为继，上海发展的唯一出路是充分发挥科技、教育和人才资源集中的比较优势，依靠智力发展经济，实施科教兴市战略，"走通华山天险一条路"。面对新的发展形势，上海知识产权工作还存在着诸多差距，主要表现为：知识产权管理体系尚未理顺，与提高知识产权工作的效率和水平的要求不相适应；企业自主创新和保护能力不强，与实现上海经济跨越式发展的要求不相适应；社会公众知识产权保护意识较弱，与树立国际大都市形象、改善投资环境的要求不相适应；知识产权服务供给不足，与进一步完善市场经济体制的要求不相适应；知识产权各类人才短缺，与实现上海知识产权工作可持续发展的要求不相适应。上海要建设成为国际经济、贸易、金融、航运中心，率先实现小康社会，率先基本实现现代化，必须坚持科学发展观，从上海经济社会总体发展的需要出发，结合实施科教兴市主战略和科技创新战略、科技兴贸战略等，制定和实施具有全局性、长远性、前瞻性和可操作性的知识产权战略。2004 年，根据《上海实施科教兴市战略行动纲要》的总体要求，制定《上海知识产权战略纲要（2004—2010 年）》。

为贯彻落实国务院《关于实施〈国家中长期科学和技术发展规划纲要〉的若干配套政策》（简称"60 条"），2006 年 5 月，上海颁布科技创新"36 条"政策。2006 年 3 月，在 21 世纪的新形势下，胡锦涛总书记在全国"两会"上要求上海率先转变经济增长方式、率先提高自主创新能力、率先推进改革开放、率先构建社会主义和谐社会（简称"四个率先"），明确了上海的战略目标，即"创新驱动，转型发展"。在这种新形势下，上海确立了科技发展的重要战略目标和任务——围绕国家科技创新部署和建设创新型国家的总体战略布局，以增强自主创新能力和知识竞争力为手段，构建良好的创新体系，实施"三个支撑"，即支撑产业结构优化升级、支撑可持续发展、支撑城市功能提升。其基本内涵是：以坚持走中国特色、上海特点的自主创新道路为主线，贯彻"自主创新、重点跨越、支撑发展、引领未来"的方针，坚持以应用为导向，以实施"引领工程"为抓手，着力突出创新体系和创新环境建设，聚焦国家战略、聚焦重大产业项目、聚焦创新基地，努力提升城市的自主创新能力，为实现"四个率先"，建设创新型城市打下了坚实基础。大型科学仪器设施是科技创新活动的重要物质基础，一流的科学研究和高层次的技术创新往往离不开一流的科学仪器，没有高精度的科学仪器设施很难获得高水平的科技成果。与发达国家相比，我国当时的经济基础薄弱、科技创新资源匮乏，大型科学仪器设施无论在数量、系列，还是精度、水准方面，与发达国家都有着较大的差距。然而，全社会对大型科学仪器设施共享的需求却并未因投资增长而出现下降趋势，反而更为强烈。设备仪器共享成为当时解决问题的良方。美国的《联邦采购法》明确规定，项目承担方占有的政府资产（包括科学仪器设施）要最大程度地再利用；同时，还规定有关部门要"协调实验室资源和设施，避免不必要的重复，提高实验室能力的利用率"。与发达国家相比，当时我国还没有专门对科技资源共享活动加以规范的法律，《中华人民共和国科学技术进步法》、《中华人民共和国促进科技成果转化法》等科技领域的基本法律，仅对科技资源共享活动提出了指导性方向。2007年8月16日，上海市通过了我国首部促进大型科学仪器设施共享的地方性法规——《上海市促进大型科学仪器设施共享规定》，于同年11月1日起施行。该《规定》着重建立信息公开、新购评议和共享服务奖励三项制度，以信息公开制度为基础和前提，以新购评议制度为调控手段，以共享服务奖励为引导措施，相辅相成，"三位一体"地来调控增量和盘活存量。

譬如，宝钢集团试图解决炼焦中的配煤难题，但缺乏急需又不必常备的仪器设备。通过上海研发公共服务平台十大子系统之一的"科学仪器设施共享服务系统"，宝钢找到上海应用技术学院，利用其高温光学显微镜解决了实验所需，进而逐步与学院扩大合作范围，联合攻克了炼焦中的配煤难题，将优质煤的用量降低了 10%，一年就可为宝钢节约用煤成本近 4 000 万元。又如，民营科技企业上海华鹰技术玻璃有限公司，准备研制一种全新的超薄型化学钢化玻璃，但必须使用一台单价几百万元的专业电子显微镜。由于实力所限，该公司最后借助"科学仪器设施共享服务子系统"，与上海市机械制造工艺研究所开展合作，利用其专业电子显微镜检测了 1 000 余个配方，找到了化学元素渗透得最深入、均匀而稳定的配方，成功研制出超薄型化学钢化玻璃，填补了国内空白，并获得日本富士、三菱等大集团的订单。[①]

农业科技进步是发展现代农业的重要支撑，也是推进社会主义新农村建设的一项基础工作。《中华人民共和国科学技术进步法》明确规定，要"依靠科学技术进步，振兴农村经济"。2006 年 5 月，胡锦涛同志在视察上海农村时强调，"发展农业与农村经济，必须依靠科技进步和创新"，对上海农业和农业科技发展提出了新的要求。2007 年 1 号文件提出，"科技进步是突破资源和市场对我国农业双重制约的根本出路。必须着眼增

---

① 《〈上海市促进大型科学仪器设施共享规定〉解读》，《解放日报》，2008-01-17（016）。

强农业科技自主创新能力，加快农业科技成果转化应用，提高科技对农业增长的贡献率，促进农业集约生产、清洁生产、安全生产和可持续发展"，将"用现代科学技术改造农业"作为推进农业现代化的一项重要内容。2006 年，上海农业科技进步贡献率虽已达到 58%，高于全国平均水平，但世界发达国家的农业科技进步贡献率都在 80% 以上，德国、法国、英国、以色列已经达到或者超过 90%。"十五"期间，上海农业科技成果共获得国家科技进步奖一等奖 1 项、二等奖 2 项；获得上海市科技进步奖一等奖 12 项、二等奖 32 项、三等奖 56 项，包括这些获奖成果在内的大量农业科技成果，都需要加快转化。但是，由于产学研脱节、科研成果与农业生产的实际需求没有有效结合等原因，一些成果在实践中没有得到开发应用，无法转化为现实生产力；有的虽然进行了转化，但开发应用程度较低。为了深入贯彻有关法律法规以及中共中央、国务院关于农业科技进步的有关政策，进一步发挥科技进步对农业发展的支撑作用，2007 年 10 月，《上海市促进农业科技进步若干规定》出台。

2008 年 9 月，上海市科委启动科技创新重大专题调研，重点梳理了现有政策体系，尤其是厘清了企业最为关注的创新政策（研发费加计扣除、成果转化、高新技术企业、政府采购、人才培养与引进等）。在调研基础上，围绕加速成果转化和高新技术产业化，制定了《关于进一步推进科技创新加快高新技术产业化的若干意见》，重点提出了实施高新技术产业化重点项目、鼓励和支持科技创业、增强企业创新动力和能力、培育和发展创新集群、加强共性技术研发和公益性服务、推动科技投融资体系建设六方面举措，进一步完善上海的科技创新政策体系。

2009 年，《上海市高新技术成果转化项目认定程序》出台，旨在规范高新技术成果转化项目的认定工作，通过优化工作流程，提高工作效率，加快本市高新技术成果转化和产业化。

为了走通创新驱动的转型发展之路，就必须实施人才优先的发展战略，依靠人才强市。上海市先后出台了《上海人才规划纲要》（2010年）、《科技人员可申请市人才发展资金资助》（2011年）、《上海市人才发展资金管理办法》（2014年）。通过资金的资助，选拔和培养优秀青年专业技术人才，鼓励青年专业技术人才进行科研创新和科技成果转化，为上海市经济、科技和社会发展提供智力支持和人才保障。2016年9月，被称为上海人才新政"30条"的《关于进一步深化人才发展体制机制改革加快推进具有全球影响力的科技创新中心建设的实施意见》颁发，被许多专家称为是上海人才发展的"优化版、加强版、升级版"，不仅系统性地提出了建立科学规范、包容开放、运行高效的人才发展治理体系的目标，更是有针对性地解决人才引进、评价、激励、流动以及科技成果转化等关键政策的"最后一公里"落地问题。

2011年，《签订技术转让合同可享受所得税政策优惠》颁布，给予技术转让税务减免，对符合条件的技术转让所得不超过500万元的部分，免征企业所得税；超过500万元的部分，减半征收企业承包所得税。

2012年，《上海市人民代表大会常务委员会关于促进创新驱动、转型发展的决定》颁布。同年，多项政策文件出台。《关于促进上海新能源产业发展的若干规定》发布，旨在优化上海新能源产业的创新和发展环境，增强上海新能源产业的创新能力和产业竞争力，推动上海新能源产业成为支撑和拉动经济发展的重点领域。《上海高新技术成果转化项目认定》颁布，规定经审批认定的高转项目可根据《上海市促进高新技术成果转化的若干规定》，在有效期内申请享受上海市高新技术成果转化专项资金、贷款贴息和上海市人才引进等优惠政策。《上海市自主创新和高新技术产业发展重大项目专项资金管理办法》用于规范自主创新和高新技术产业发展重大项目的组织实施和专项资金的管理，提高资金使用效率。《关于支持科技成果出资入股确认股权的指导意见》旨在进一步发挥资本市场的资源配置功能，促进科技成果出资入股，建立资本市场推动企业科技创新的长效机制，支持实体经济发展和企业提高科技创新能力，进一步优化科技成果出资入股。《上海市科技型中小企业信贷风险补偿暂行办法》旨在促进科技企业的发展，加大银行对上海市科技型中小企业的信贷投放力度。

2013 年，《国家重要科技计划项目上海市地方匹配资金管理暂行办法》出台，鼓励上海市企事业单位承担国家重要科技计划项目，保障国家重要科技计划项目的顺利实施。《上海市科技型中小企业技术创新资金管理办法》旨在推动上海市科技型中小企业开展技术创新活动。

2015 年，中共上海市委、市政府发布《关于加快建设具有全球影响力的科技创新中心的意见》，共 22 条，从体制机制上提出一系列改革创新之举。"在信息技术、生物医药、高端装备等领域，重点建设若干共性技术研发支撑平台"，就是其中一项举措。如今，上海微技术工研院等一批研发与转化功能型平台正快速发展，在多个产业领域研发、转化相关共性关键技术。促进高校、院所科技成果转化，也是"22 条"制度创新的一大亮点，已催生出上海理工大学太赫兹技术等一批典型案例，让科研人员获得了"真金白银"。同年颁布的《上海市重点实验室建设与运行管理办法》，推动了上海市重点实验室的高效运行与规范管理。《上海市科技创新券》规定设立采用电子券形式科技创新券，用于使用加盟上海研发公共服务平台的大型科学仪器设施和上海市技术创新服务平台、上海市专业技术服务平台提供的研发服务，包括测试检测、合作研发、委托开发、研发设计、技术解决方案等。其采用事前申请、事后补助的方式，每个企业或创业团队每年度最高可申请 10 万元的科技创新券额度。《上海市科技小巨人工程实施办法》规定，对于从事符合国家和上海市产业发展方向的高新技术领域产品开发、生产、经营和技术（工程）服务的科技型企业，市级财政资金采取事前立项事后补助方式，申请企业根据当年度申报通知要求提出申请，在上海市科委立项后，按照创新能力提升的需要，先行投入资金开展科技创新活动，在取得成果并通过验收评估后获得上海市科委相应补助。10 月，为贯彻落实《中共中央、国务院关于深化体制机制改革加快实施创新驱动发展战略的若干意见》以及中共上海市委、市政府《关于加快建设具有全球影响力的科技创新中心的意见》，进一步扩大开放，鼓励外国投资者在上海市设立研发中心和开放式研发平台，提高创新要素跨境流动的便利性，支持外资研发中心承担全球研发职能、加强与国内外科研院所和企业的合作，积极参与具有全球影响力的科技创新中心建设，制定了《上海市鼓励外资研发中心发展的若干意见》。

为加快推进企业技术改造，鼓励和支持企业实现内涵式发展，促进产业转型和"四新"经济（新技术、新产业、新业态、新模式）发展，根据《国务院关于促进企业技术改造的指导意见》和《上海市人民政府印发关于进一步促进本市企业技术改造实施意见的通知》有关精神以及《上海市产业转型升级发展专项资金管理办法》，2016 年 3 月，制定《上海市重点技术改造专项支持实施细则》，旨在提高企业自主创新能力，优化产品结构；提高装备水平，促进绿色发展和安全生产；推动制造业信息化和服务化，促进产业深度融合；推动军用产业和民用产业结合，促进资源共享；推动产业集聚发展，优化产业结构布局；开展工业强基专项行动，突破产业发展瓶颈。同年，上海市人民政府印发《上海市人民政府关于全面建设杨浦国家大众创业万众创新示范基地的实施意见》，目标到 2018 年，全面建成高水平的杨浦区国家"双创"示范基地，营造更有效的鼓励创新、宽容失败的良好的创业创新生态环境，发展壮大一批在新兴产业领域具有领军作用的创新型企业，为培育发展新动能提供支撑。到 2020 年，在政府管理服务创新、创新资源市场配置、公共服务平台构建、产学研用相结合的技术创新体系等建设方面形成制度体系和经验，引领辐射长三角区域的创业创新发展，创业创新争取走在全国前列。最终要率先建成上海具有全球影响力的科技创新中心万众创新示范区。此外，同年度，《改革和完善本市高等院校、科研院所职务科技成果管理制度的若干意见》和《上海市高新技术企业认定管理实施办法》也相继出台。

2017 年 4 月，新修订的《上海市促进科技成果转化条例》经上海市人大常委会表决通过，明确了高校院所转化净收入的计算方法和勤勉尽责制。6 月，为贯彻落实《中华人民共和国促进科技成果转化法》、《上海市促进科技成果转化条例》等法律法规和政策规定，加快推动上海建设具有全球影响力的科技创新中心，上海市科委发布《上海市促进科技成果转移转化行动方案（2017—2020）》，重点解决高校院所和企业作为成果转化主体的创新能力问题、成果信息作为成果转化"种子"的共享利用、服务机构作为成果转化"桥梁"的能力建设问题，基于成果转化全链条、全要素，营造转化生态环境。2017 年，上海市还发布了《上海市加快推进具有全球影响力科技创新中心建设的规划土地政策实施办法》、《上海市科技创新计划专项资金管理办法》、《上海市市级科技重大专项管理办法》、《上海市战略性新兴产业发展专项资金管理办法——仿制药质量与疗效一致性评价项目资金管理实施细则》。

上海作为全国科技发展的排头兵，改革开放 40 年来，瞄准科技发展的方向、针对科技制度的弊病敢为全国先，制定了一系列法规和政策。从总体来看，上海科技立法一方面受到国家层面立法政策的影响；另一方面，受到国际大环境的深刻影响，开发开放浦东、加入世贸组织、举办世博会等促进了上海与国际的交流，提升了上海的国际影响力，上海已然是一个国际大都市，要想抓住机遇、发展经济，科技发展作为支撑不可落后。知识产权保护、自主创新、人才引进、科技成果转化、科技奖励机制等作为科技发展整体框架的基本要素，必须与时俱进。这些方面一直成为上海科技创新立法的主要内容。

第三节　科技创新社会信用制度变迁分析

一、信用及科技信用

信用为立人之本。改革开放以来，随着科学技术的发展，研究成果造假、论文抄袭等科技信用问题越来越严重，科技失信行为一方面造成科技资源的低效配置，科技产出的质量无法得到保证；另一方面也造成科技投入风险加大、交易成本增加，进而抑制了科研合作（交易）行为，破坏了科研活动投入的持续性。另外，由于科技活动和科研人员的广泛社会影响，科技失信行为还会对社会信用的整体水平造成巨大的负面影响。[1]所以，科技信用体系建设也越来越受到国家和公众的重视。随着我国社会主义市场经济的不断完善，特别是我国加入世贸组织后，社会信用系统的建设和逐步完善已成为促进改革开放和经济社会全面健康发展的重要支撑，在推动经济社会发展、提高科技水平和提升综合竞争力发挥着越来越重要的作用。据统计，2016 年政府所属研究机构经费支出 2 260.2 亿元，占全国研究与试验发展（R&D）经费投入的14.4％。[2]政府资金一直是研究机构 R&D 经费的主要来源，政府资金占研究机构 R&D 经费的比重始终保持在 80％以上。[3]因此，科研单位的科技信用问题直接关系到科技投入的使用效率。

上海在社会信用体系建设方面出台了一系列政策办法，一直处于国内领先位置。2017 年 6 月 23 日，上海市人大常委会通过了《上海市社会信用条例》，并于同年 10 月 1 日起正式实施。这是我国首部关于社会信用体系建设的综合性地方法规草案，是上海信用体系建设的里程碑。

（一）基本内涵

春秋战国时期，老子就曾说过，"人无信不立、业无信不兴、国无信

---

① 张震：《"四个为什么"带你看懂社会信用条例的审议焦点》，载《上海人大月刊》，2017（04）：23—25。

② 《2016 年全国科技经费投入统计公报》（国家统计局　科学技术部　财政部，2017 年 10 月）。

③ 《政府研究机构 R&D 活动统计分析》（科学技术部，2017 年 8 月）。

则衰"。鲁迅先生也说过，"伟大人格的素质，重要的是一个诚字"。在德国有一句谚语：失去信用等于碎了的镜子，不可能修复。总而言之，古今中外，信用乃立人处事之根本。

近代，资本主义兴起后，"信用"一词逐渐演化成交易的基本准则、市场准入的资格、效率的道德基础。马克思在《资本论》中指出，"信用是经济上的一种借贷行为，是以偿还为条件的价值单方面让渡"。《新帕尔格雷夫经济大辞典》对信用的解释是，"提供信贷，把对某物的财产权给以让渡，以交换在将来的某一特定时刻对另外的物品的所有权"。《牛津法律大辞典》则给出这样的定义："信用指在得到或者提供货物或者服务后并不立即而是允诺在将来付给报酬的做法。"①"信用"一词中所包含的诚实守信的含义本身属于道德的范畴，是发自人们内心的一种自觉意识。虽然法律制度会对违反信用的行为做出裁决，但是更需要的是在全社会形成一种以诚信为本的共识，视诚信为一切道德的基础和根本，是人之为人的重要品德，是一个社会赖以生存和发展的基石。②现代社会中，信用已成为一个城市市场环境、投资环境的重要支撑和城市文明程度的重要标志。

社会信用体系一词最早在 2002 年党的十六大报告中就曾提及，此后 10 多年，社会信用体系的内涵外延一直在不断地深化和扩大，从金融领域拓展至经济领域，又扩大到社会管理范畴。社会信用体系是市场经济体制中的重要制度安排，是整顿与规范市场经济秩序的治本之

① 曹晓冬：《公共管理视角下的上海信用制度建设》，上海交通大学，2010 年。
② 闫金定：《我国科技信用体系建设现状及思考》，载《中国基础科学》，2007（03）：46—51。

策，是诚信建设的重要内容。我国社会信用体系建设，是在政府推动下全社会参与的一项社会系统工程，包括信用法规制度体系、公共联合征信体系、信用服务市场体系、信用监管奖惩体系以及信用文化教育体系等方面。①建立以道德为支撑、产权为基础、法律为保障的社会信用法律法规制度，是建设现代市场体系的必要条件，也是规范市场经济秩序的治本之策。②

科技信用作为社会信用的重要组成部分，是指从事科技活动人员或机构的职业信用，是对个人或机构在从事科技活动遵守正式承诺、履行约定义务、遵守科技界公认行为准则的能力和表现的一种评价。这是国家科技部在《关于在国家科技计划管理中建立信用管理制度的决定》中对科技信用给出的定义，明确划定了科技信用评价的内容和对象。根据上述定义，科技信用评价的对象应是从事科技活动的人员和机构，包括科技活动的执行者、评价者和管理者。科技活动的执行者主要是指科技活动的执行单位和主持人等，评价者主要是指评审（估）人员和评估机构，管理者主要是指主管部门或接受委托履行管理职能的机构及其管理人员。信用评价是由专业机构或部门，根据规范的评价指标体系和科学的评价方法，以客观公正的立场，对相关主体在社会活动中履约能力和表现进行综合评价，并以一定的符号表示其信用等级的管理活动。科技信用评价是对相关主体在从事科技活动时履约能力和表现的评价。其中涉及相关主体即评价对象已如上述。其中涉及的科技活动，在宏观的层

---

① 骆梅芬：《社会信用体系建设的经验研究——以诚信法治保障为视角》，载《中山大学法律评论》，2014，12（03）：22—32。

② 徐华：《中国科技信用体系建设研究进展》，载《科学与管理》，2008（04）：9—12。

面应包括科技规划和计划的制定和执行，科技规章制度的制定和实施，科技资源的分配和组织协调等；在微观的层面应包括具体科技项目的申请、评审、立项、预算、实施、结题、验收、成果产出和评价、成果推广与示范等各个环节。其中涉及的履约能力和表现，对科技活动机构而言，应包括科技活动实力（科技资源的拥有情况和发展竞争力状况等）、管理能力（管理队伍的素质和管理制度的建立与执行状况等）、科技活动中的业绩（承接科技活动的情况和从事科技活动取得的成绩等），以及一些关联信用状况（金融、税务等活动中的信用状况等）；对科技活动人员而言，应包括科技活动经历（职称、任职、承接科技活动的情况等）、从事科技活动取得的成绩，以及一些社会活动中的关联信用状况（借贷、纳税、行政行为记录等）。①

（二）失信表现形式

不切实际，过分夸大科学目标。当部分科研项目承担单位和项目负责人在申报项目时，夸大技术经济指标，甚至人为编造数据，在取得项目经费后，马马虎虎进行科学研究，导致未能按照要求履行科技项目合同、任务，成果不尽如人意。据不完全统计，全国约有 10% 的科技计划项目成为"烂尾"项目或"空壳"项目。②

科技资讯信用缺失。一方面，某些单位或个人为了骗取科技项目经费、科技贷款或社会信任，发布虚假信息，如假广告、假证书、假文凭、假业绩、假账等，导致管理部门难辨真假。另一方面，信息不对称，主

---

① 李丽亚、毕京波、宋扬：《关于建立我国科技信用评价系统的几点思考》，载《中国科技论坛》，2006（05）：47—51。

② 陈黎明：《关于构建社会信用体系的思考》，载《湖南经济》，2002（06）：16—17。

要表现为信用信息缺乏。我国缺乏信用信息收集和披露制度，政府和司法部门的信息不公开，分散在各个部门。工商局掌握企业法人、注册资本和年检信息；公安和法院系统掌握个人犯罪记录和合同纠纷判决等信息；税务部门掌握企业和个人纳税信息；等等。这种状况使得科技管理部门和金融部门的决策缺乏必要的依据。

科技信贷信用缺失。少数企业信用缺失，有的借科技之名骗取国家减免税款和银行贷款。如一些生产科技含量并不高的产品的企业，通过申报高新技术企业称号而获得国家税费的减免和银行贷款，逾期不还。

科技成果信用缺失。其一，科技成果剽窃和专利侵权现象比较严重，有的剽窃他人论文研究成果，有的将他人的成果或专利非法据为己有。如湖北省查处了一宗最大外观设计专利侵权纠纷案：潜江市某酒业公司大量生产侵犯湖北劲牌酒业有限公司"小方瓶劲酒"酒瓶贴和包装箱外观设计专利权的产品，给后者造成了巨大经济和名誉损失。其二，伪科学、假冒高科技产品泛滥，如"水变油"等伪科学。

科研项目评审信用缺失。有的评审专家搞人情关系，为自己的关系户通过立项、检查、验收，拉关系网，拉票送分；还有的压制学术观点不一致的项目，泄露或侵占被评对象的关键技术资料，违反保密规定，透露评审结果；接受被评对象馈赠或请托，难以保持公正立场。

参与国家科技计划相关评价活动的一些中介机构信用缺失。不能严格遵守科技中介服务的职业道德，借评价活动谋取不正当利益，泄露被评对象技术秘密或商业秘密，与被评对象串通，隐瞒甚至编造事实，造成评价判断结论失实。

二、我国科技信用发展历程及影响因素研究

我国信用体系建设起步较晚，直到 1999 年 9 月，时任国务院总理的朱镕基同志批示："银行信贷登记咨询系统应赶快建立，全国联网。个人信誉公司，同意在上海试点。"这时我国的社会信用体系建设才拉开序幕。尽管经过近 20 年的发展，我国现在仍处于社会信用体系建立和发展的初级阶段，与发达国家相比还有较大差距。

2003 年 10 月底，我国科技信用体系建设试点工作启动。2004 年 11 月，国家科技部出台《关于在国家科技计划管理中建立信用管理制度的决定》，将科技信用定义为从事科技活动人员或机构的职业信用，是对个人或机构在从事科技活动时遵守正式承诺、履行约定义务、遵守科技界公认行为准则的能力和表现的一种评价。作为国家科技信用管理制度体系建设的顶层设计文件，提出在国家科技计划中引入"信用管理"，开启了国家科技计划信用管理及监督机制的创新。随着国家科技体制改革的不断深入，科技信用管理及监督的重要性日益凸显。2005 年 3 月，国家劳动和社会保障部将信用管理师确定为新职业，并颁布《信用管理师的行业标准》。

然而，随着经济社会发展，恶意拖欠和逃废银行债务、逃骗偷税、商业欺诈、制假售假、非法集资等现象屡禁不止，加快建设社会信用体系，对于打击失信行为，防范和化解金融风险，促进金融稳定和发展，维护正常的社会经济秩序，保护群众权益，刻不容缓。一些部门和地区相继开展了多种形式的社会信用体系建设试点工作。就总体而言，我国

的社会信用体系建设取得了一定进展，但还存在许多亟待解决的问题。2007 年 3 月，国务院颁布《关于社会信用体系建设的若干意见》，提出以完善信贷、纳税、合同履约、产品质量的信用记录为重点，加快建设社会信用体系，从制定规划、完善法规、促进信息集中共享、建设金融业统一征信平台等方面，明确了当前社会信用体系建设的工作重点和分工，建立了部际联席会议工作机制，指导和推动社会信用体系建设。指出建设社会信用体系，是完善我国社会主义市场经济体制的客观需要，是整顿和规范市场经济秩序的治本之策。截至 2007 年年底，全国 15 个省（自治区、直辖市）出台了 18 部与信用信息相关的地方法规和章程。这充分说明，社会信用问题已经处于治理阶段。

随着人们对社会信用建设的重视，政府也在顶层设计层面研究社会信用建设问题。按照《关于社会信用体系建设的若干意见》的相关要求，各地方、各部门都要把信用建设作为推动行业和地方发展的重要工作来抓，加强信用宣传教育，完善法规、制度、标准，加强信息共享和信息公开，加强政务协同、行业协同，推动建立"守信受益、失信惩戒"的信用建设联动机制。使得分散的信用建设进入相对集中的初步互联的信用体系建设阶段。多部门联合参与、促进信息共享、统一的信息平台，是这一时期社会信用建设中的"主流"。①

2011 年 10 月，党的十七届六中全会第一次提出了社会信用体系"四大领域"的表述。2012 年 7 月 17 日，国务院批复同意，调整社会信用体

---

① 王洋、余田、杨雪峰、李聪、吴康：《关于加强科研单位信用管理的思考及建议》，载《中国标准化》，2018（01）：43—47。

系建设部际联席会议成员单位和主要职责，明确国家发展改革委、中国人民银行"双牵头"，成员单位从 18 家增加到 35 家。此后，社会信用体系建设部际联席会议组织的成员数不断增加。2015 年为 40 家，2016 年为 43 家，2017 年增至 47 家。2013 年 7 月，最高人民法院发布《关于公布失信被执行人名单信息的若干规定》，正式建立失信被执行人名单制度。2014 年 6 月，国务院颁布了《社会信用体系建设规划纲要（2014—2020）》，将社会信用体系定位为社会主义市场经济体制和社会治理体制的重要组成部分，是一种有效的经济社会治理手段。这是我国首部国家级社会信用体系建设专项规划，明确了我国社会信用体系建设的方向、重点领域和关键举措，基本完成了国家层面的顶层设计。2014 年底，配套出台了《社会信用体系建设三年重点工作任务（2014—2016）》。2014 年 10 月，国家发改委下发《关于贯彻落实社会信用体系建设规划纲要，加强当前社会信用体系建设的通知》，从十个方面指导地方开展信用体系建设。

2015 年 6 月 1 日，"信用中国"网站正式上线运行。截至目前，网站已发布信用信息 1.4 亿余条（包含企业基础信息、红黑名单信息、行政许可与行政处罚信息、统一社会信用代码信息），其中，"双公示"信息累计超过 3 000 万条。日访问量超过 500 万人次，网民浏览、查询"信用中国"网站累计已突破 4 亿次。2016 年 7 月 15 日，全国社会信用标准化技术委员会（代号为 TC470）正式成立，由 75 名成员组成，国家发改委副主任连维良任主任委员，"社会信用标准"概念得到认可而正式确立。

截至 2017 年 5 月 25 日，国家标准文献共享服务平台可检索到的信用类行业标准 34 项（其中 7 项、9 个金融行业标准由 TC180 制定），信用类地方标准 19 项，信用类团体标准 4 项，信用类企业标准 2 项（由非征信机构制定的某领域信用系统标准）。这些标准是信用国家标准在行业、地方、团体、企业等领域必要的补充，共同构成相辅相成、互为补充的社会信用标准体系。

2012—2017 年，国务院及相关组成部门相继发布系列政策制度（详见表 6.4），明确提出"着力构建符合学术发展规律的科研管理、宏观政策、学术民主、学术诚信和人才成长环境，引导科技工作者自觉践行社会主义核心价值观"的要求。从顶层的规划纲要到具体的实施规定，管理制度的不断完善为科技信用管理更加科学化、规范化、制度化开展工作提供了重要的政策保障。[①]

表 6.4　2012—2017 年国家科技信用相关政策和措施

发布时间	发布部门	名　　　称
2012 年 7 月 26 日	国务院	《关于同意调整社会信用体系建设部际联席会议职责和成员单位的批复》
2012 年 9 月 12 日	国家发改委、中国人民银行	全国社会信用体系建设工作座谈会
2013 年 1 月 21 日	国务院	《征信业管理条例》
2013 年 5 月 17 日	国家发改委、中国人民银行和中央编办	《关于在行政管理事项中使用信用记录和信用报告的若干意见》
2013 年 10 月 1 日	国务院	《关于进一步加强政府信息公开回应社会关切提升政府公信力的意见》
2014 年 6 月 14 日	国务院	《社会信用体系建设规划纲要（2014—2020）》

---

① 俞思念：《我国社会信用体系建设的进程探究》，载《学习论坛》，2016，32（02）：14—17。

续表

发布时间	发布部门	名　　　　称
2014 年 7 月 23 日	中央文明委	《关于推进诚信建设制度化的意见》
2014 年 8 月 7 日	国务院	《企业信息公示暂行条例》
2014 年 9 月 2 日	国家发改委、中国人民银行	全国社会信用体系建设工作会议
2014 年 12 月 16 日	国家发改委和中国人民银行	《社会信用体系建设规划纲要（2014—2020 年）任务分工》和《社会信用体系建设三年重点工作任务（2014—2016）》
2015 年 6 月 1 日	国家发改委、国家信息中心	"信用中国"网站开通运行
2015 年 6 月 11 日	国务院	发布统一社会信用代码制度方案
2015 年 6 月 24 日	国务院	《关于运用大数据加强对市场主体服务和监管的若干意见》
2015 年 7 月 9 日	国家发改委	在杭州召开全国信用建设工作研讨会
2015 年 9 月 14 日	国家发改委、国家工商总局等 38 部门	《失信企业协同监管和联合惩戒合作备忘录》
2015 年 10 月	国家发改委、国家信息中心	全国信用信息共享平台开通
2015 年 10 月 13 日	国务院	《关于"先照后证"改革后加强事中事后监管的意见》
2016 年 1 月 20 日	国家发改委、最高法院等 44 部门	《关于对失信被执行人实施联合惩戒的合作备忘录》
2016 年 5 月 30 日	国务院	《关于建立完善守信联合激励和失信联合惩戒制度加快推进社会诚信建设的指导意见》
2016 年 6 月 8 日	国家发改委	全国信用信息共享及城市信用监测会议召开
2016 年 6 月 14 日	国家发改委、中国人民银行	全国社会信用体系建设工作会议在北京召开
2016 年 7 月 15 日	国家发改委、国家质检总局	全国社会信用标准化技术委员会在北京成立
2016 年 8 月 30 日	最高人民法院、国家发改委等 9 部门	《关于在招标投标活动中对失信被执行人实施联合惩戒的通知》

续表

发布时间	发布部门	名　　　称
2016 年 9 月	中共中央办公厅、国务院办公厅	《关于加快推进失信被执行人信用监督、警示和惩戒机制的意见》
2016 年 12 月 30 日	国务院	《关于加强政务诚信建设的指导意见》
2016 年 12 月 30 日	国务院	《关于加强个人诚信体系建设的指导意见》
2016 年 12 月 30 日	国家发改委等 9 部门	《关于全面加强电子商务领域诚信建设的指导意见》
2017 年 1 月 18 日	国家发改委、中国人民银行	召开全国社会信用体系建设视频会暨媒体通气会
2017 年 5 月 3 日	国务院	《政务信息系统整合共享实施方案》
2017 年 5 月 5 日	国家信息中心	国家信息中心与 15 家信用服务机构签署信用信息共享协议
2017 年 6 月 22 日	国家发改委、国家税务总局	《信用联动合作框架协议》
2017 年 7 月 18 日	国家发改委、新华社、杭州市人民政府	首届中国城市信用建设高峰论坛在杭州举行
2017 年 8 月 30 日	国家信息中心	国家信息中心与 11 家金融机构签署信用信息共享协议
2017 年 9 月	中央编办	批复设立国家公共信用信息中心

三、上海科技信用发展历程及影响因素研究

1932 年，中华征信所成立。这是我国第一家民族征信机构，由此上海也成为我国最早开始信用征信探索的地方。改革开放后，上海是我国第一个试点建设社会信用体系的城市，也是至今国内信用体系建设法律制度最为完备、涉及方面最为广泛的城市。在政府规章方面，上海先后

制定出台了《上海市个人信用征信管理试行办法》、《上海市企业信用征信管理试行办法》、《政府信息公开规定》、《上海市促进电子商务发展规定》、《上海市推进国际金融中心建设条例》和《上海市社会信用条例》，对征信活动进行支撑并加以规范。在标准规范方面，制定并实施了《企业信用信息数据规范》和《个人信用信息数据规范》、《商业征信准则》，为信用信息的交换共享提供标准和规范。在政策措施方面，发布实施了《上海市政府部门示范使用信用报告指南》、《关于加强中小企业信用制度建设的实施意见》、《上海市企业信用档案管理办法》、《关于开展本市信用培训和考核工作的实施意见》、《上海市人民政府贯彻〈国务院关于加快发展现代保险服务业的若干意见〉的实施意见》等。在各部门和行业规范性文件层面，围绕行业信用信息与联合征信系统共享、在管理和服务环节参考应用信用信息和信用产品、引导企业建立信用风险防范制度等目标，设计了逾 100 项制度安排，从不同方面为诚信建设提供了制度保障。

根据上海科技信用体系建设情况，可以将其分为四个阶段，即 1999 年开始的起步阶段、2001 年起的拓展阶段、2003 年起的深化和综合试点阶段，以及 2008 年起的信用平台全面建设阶段。

（一）起步阶段（1999—2000 年）

1999 年 9 月，时任国务院总理的朱镕基同志批示："银行信贷登记咨询系统应赶快建立，全国联网。个人信誉公司，同意在上海试点。"上海市成立了专门从事个人征信业务的上海资信公司。这象征着我国及上海的社会信用体系建设拉开了序幕。同年，上海市启动个人信用征信试点，率先在全国开始信用体系建设。

2000 年 1 月，由上海市信息办、中国人民银行上海分行牵头组建了

"上海市个人信用信息数据中心理事会",上海市 15 家金融机构和中国移动、中国联通为理事会成员组成。理事会负责信贷信息提供和征信系统信息查询,协调各有关机构使用信用信息的行为,在银行业内首先形成了个人信贷信用信息的有效共享使用机制。同年 7 月 1 日,上海市个人信用联合征信服务系统数据采集及信用报告查询分系统正式启动,并出具了内地第一份个人信用报告。

(二)拓展阶段(2001—2002 年)

在中共上海市委、市政府直接推动下,上海市联合征信平台开始了两个方向的延伸拓展。第一,个人征信从"信贷征信"向"社会联合征信"延伸,采集的信用信息由单一的信贷信息逐步扩展至个人参与经济社会活动的各类信用信息。第二,"个人联合征信"模式向"企业联合征信"横向拓展。2001 年 3 月企业信用联合征信系统开通试运行,主要采集质检、纳税、海关、工商等部门掌握的企业基础信用信息。2001 年 11 月,上海市企业联合征信系统建设正式启动,建成后的上海市企业联合征信数据库系统是当时上海地区规模最大、信息采购跨度最全面的综合性企业征信系统。

(三)深化和综合试点阶段(2003—2007 年)

2003 年 8 月 20 日,中共上海市委、市政府召开上海市社会诚信体系建设工作会议,全面部署上海市社会诚信体系建设工作。上海市政府发布了《关于加强本市社会诚信体系建设的意见》,按照"建立面向个人和企业,覆盖社会经济生活各个方面的社会诚信体系,营造诚实守信的社会经济环境"的总目标,以开展各类社会诚信活动为基础,以建立社会信用制度为核心,以培育信用服务行业为重点,抓住信用信息记录、信用产品使用和失信行为惩戒等环节，强化统一领导，分阶段推进。

2003 年年底，上海市出台《上海市个人信用征信管理试行办法》，规范个人信用征信，保障个人信用征信机构客观、公正地提供个人信用征信服务，保证个人信用信息的准确、安全以及正当使用。2005 年，为了规范与促进企业信用征信，保障公平、公正地开展企业信用征信，建立企业信用制度和营造社会信用环境，又出台了《上海市企业信用征信管理试行办法》。

（四）信用平台全面建设阶段（2008 年至今）

2008 年，处在经济体制改革前沿的上海市率先与央行合作，积极引入中国人民银行征信中心落户上海。2009 年，中国人民银行征信中心完成了对上海资信有限公司的控股，这对发挥全国优势支持上海信用制度建设具有重要意义，是上海市社会信用体系建设道路上的重要里程碑。

2011 年，上海市科委联手浦发银行，面向科技型中小企业推出"科技小巨人信用贷"。这是上海积极尝试将科技与金融结合，为科技型中小企业提供金融创新服务，合力扶持科技型中小企业发展，为实现上海转型发展增添新动力的重要举措。目前，浦发银行计划为"科技小巨人企业信用贷"产品专门预留 20 亿元贷款额度。为破解中小企业融资难题，上海一方面大力实施科技小巨人工程，让一批具有发展潜质的中小企业脱颖而出，另一方面积极尝试科技与金融结合。"科技小巨人信用贷"这一产品体现了前瞻性、适用性及可持续性等特点。例如，贷款无需抵押和担保；贷款金额适中，小巨人企业最高 1 000 万元、培育企业最高 500 万元的增量贷款匹配其真实流动资金需求；利率不高，低于市面平均水平。科技小巨人及培育企业作为登陆资本市场特别是创业板和中小板的主力军，在资本市场上代表着上海地方经济的活力与创新的形象。"科技小巨人信用贷"以信用方式为科技小巨人企业提供增量贷款支持，是政府评价体系与银行信用评级进行有效信息互换的有益尝试。通过市场的手来撬动融资杠杆，将政府信用评价信息的作用发挥到最大，不仅降低了银行的运营成本、降低了其贷款风险，而且加速了上海拟上市企业的培育进程，对上海经济转型和结构调整具有重要意义。①

2012 年，中共上海市委、市政府印发《关于进一步加强上海市社会信用体系建设的意见》（以下简称《意见》），明确了社会信用建设的指导思想、推进原则、发展目标、主要任务和保障措施。《意见》对行政管理部门、行业组织、市场主体信用信息记录管理制度提出指导意见，要求各行政管理部门要在履职过程中，建立健全信用信息记录与归档制度，确保信用信息记录的规范性、准确性、完整性与及时性，加强各自信息系统建设。《意见》为上海市信用体系建设明确了任务目标，全市新一轮社会信用体系建设工作全面展开。同年，上海市信用平台启动建设。其后，上海市政府还印发了《上海市社会信用体系建设 2013—2015 年行动计划》，从五个方面提出 47 项具体举措，并聚焦建设市场等 12 个重点领域的信用建设。

2013 年，上海市科委与相关单位推出的信用贷和履约贷，以及高新技术成果转化信用贷、创新基金微小贷等一系列"3 + X"科技信贷等试点，由于市场定位准确，获得了上海市商业银行的普遍认可。根据上海市金融办提供的数据测算，2013 年上海约有 1 100 家科技企业获得贷款

---

① 李治国：《上海推出"科技小巨人信用贷"》，载《经济日报》，2011-12-16（007）。

约 100 亿元。据此计算，该科技信贷系列已成为上海市科技信贷的主力军，对全市科技信贷规模的贡献率约为 19%，对贷款户数的贡献率超过了 40%，470 家科技企业户均贷款 400 万元（其中履约贷户均 300 万元，微贷通户均 120 万元），远低于上海市 900 万元的户均贷款金额，首次获得贷款的企业占贷款企业总数的 30%，充分体现了对科技型中小微企业的重点支持。①

2014 年，国务院颁布《社会信用体系建设规划纲要（2014—2020年）》，大力推动社会信用体系建设。2017 年 6 月 23 日，上海市十四届人大常委会第三十八次会议表决通过《上海市社会信用条例》，自 2017年 10 月 1 日起施行，被国家发改委称为"国内第一部社会信用建设的综合性立法"。据上海市立法研究所高级顾问、《上海市社会信用条例》课题组顾问黄钰介绍，《上海市社会信用条例（草案）》起草工作自 2016年 2 月份正式启动以来，在信用立法领导小组的统一部署下，共经历了 3月完成政府版和专家版立法大纲、6 月完成政府版和专家版条文建议稿、7 月形成二合一草案、8 月至 9 月两轮意见征求与座谈调研、10 月 11 日转为上海市人大年度正式立法项目五个重要阶段。2016 年 12 月提交上海市人大常委会审议，2017 年 6 月 23 日通过了上海市人大常委会审议，于10 月 1 日正式施行。该《条例》具有诸多亮点，第一，首次明晰了"社会信用"的概念，认为社会信用兼具市场经济和社会管理两种属性，指"具有完全行为能力的自然人、法人和其他组织，在社会活动中履行法定义务或者约定义务的状态"。第二，规范信用信息的采集、归集等。将信

---

① 王春：《上海：试点科技型中小企业信用评级》，载《科技日报》，2014-01-17（009）。

用信息分为公共信用信息和市场信用信息两类；合理确定公共信用信息归集的范围，实施目录管理，对减损信息主体权利或者增加义务、社会影响较大的信息事项，增加了公开意见征求和联席会议审核程序，防止"当归不归"和"无序乱归"。第三，强化信用联动奖惩，注重引导、发挥市场激励和约束作用，以行政应用带动市场应用，发挥守信激励的正向引导作用，建立国家机关和市场主体共同参与的联合奖惩机制；规范严重失信名单的纳入程序和条件、完善名单救济和退出机制；除一般惩戒外还对具有严重损害公共安全、人民群众身体健康和生命安全等行为的信息主体明确了可以依法采取的特别惩戒措施；明确将法人的严重失信信息同主要负责人的个人信用信息相关联。第四，加强信息主体权益保护，确定了四项权益，赋予了信息主体知情权，信息主体有权查阅掌握自己的信用状况和记录；异议权，对可能发生的信用信息记录错误开辟救济渠道；记录消除权，设定失信信息查询期限为五年；主动修复权，和消除权一样，都是鼓励信息主体积极向善，引导其改过自新。第五，规范和促进行业发展。该《条例》力图通过一系列政策效应叠加，如鼓励信用产品创新、引入信用服务机构参与重点行业管理等，提升信用服务机构供给侧能力。新出台的《上海市社会信用条例》改变了过去信用工作缺少法律支持的局面，同时也为个人与企业信用建设提供了保障。

纵观 1999 年以来上海信用体系发展历程，其主要影响因素有以下几方面：第一，由科技自身特性所决定。由于科学研究的复杂性等要素，导致信息不完全通畅，科技失信现象屡见不鲜。失信主体发现似乎失信行为不易被发现，而且后果也不严重，导致科研造假泛滥，科技人员从事科学研究的动力不强。为此，建立信用体系，加大失信惩罚，规范科研市场秩序，成为发展必然。第二，与上海发展目标息息相关。上海致力于"五个中心"建设，在经济社会及科技等方面确实取得快速发展的同时，相关方面如社会信用建设与其他国家或地区相比确有差距。所以，借鉴国际经验、完善包括科技信用在内的社会信用制度具有重要意义。第三，国家政策对地方政策出台具有推动作用。第四，社会发展的影响。随着网络的普及，特别是网络支付、网上贷款等线上金融使得对个人、企业、机构的信用信息需求力度更大，信用信息已成为各项事业发展的基础性条件。

改革开放后约 20 年，我国的社会信用才开始发展，经过了近 20 年的发展，特别是 2017 年《上海市社会信用条例》的出台，科技信用体系建设从前期的摸索到现在越来越有方向感。科技信用建设的最终目标，应当是信息的流动和共享而非单纯的数据堆集，保证个人和企业等在科技信用方面信息记录下来，通过对失信行为的记录惩罚而达到威慑作用，使得个人、机构在进行科学研究时，不敢随意剽窃他人科研成果，同时，科研经费使用情况、科研人员选拔制度等变得更为清晰透明，通过平台和公众监督，净化科研生态环境，从而促进科学技术更好更快地发展。

第七章　科技创新资源开发利用和科技奖励的相关制度变迁分析

如何有效地开发和利用各类科技创新资源？如何把握科技创新资源流动的新规律，运筹全球科技创新资源？如何更好地发挥科技奖励的正向激励作用？这些都是科技创新制度环境建设领域的重要命题，本章将围绕科技创新资源开发利用以及科技奖励的相关制度变迁展开研究。

第一节　我国科技创新资源开发利用的相关制度变迁分析

改革开放以后，我国科技事业率先在国际交流与合作领域迈开步伐，并融入全球科技发展的大趋势。我国抓住了冷战阶段后期的有利国际政治态势，以科技交流为先导，迅速扩大国际科技合作的领域和空间。在1979年至1992年间，国家在科技政策上力图通过各种形式的"以市场换技术"手段，促进技术引进，吸引外资，并在模仿创新（二次创新）的基础上，实现技术创新的突破。1993 年至 2005 年间，国家实施"科技兴贸"战略，在政策设计和制度安排上，进一步凸显科技创新政策力度，强化和促进科技成果转化和知识产权保护，鼓励和激励科技创新的自主性和原创性。①

一、基本发展历程

1978 年 1 月，中法两国政府在北京签订科技合作协定。这是我国同西方发达国家签订的第一个政府间科技合作协议，开辟了对外交往中十分重要和富有活力的新领域。国际科技合作在一定意义上成为当时我国对外总体开放的先行者。同年，我国又相继与联邦德国、英国、意大利等国政府分别签订了政府间科技合作协定。②

1979 年 1 月，中美签署了政府间科学技术合作协定。自此，我国与主要发达国家的科技合作全面展开。

1985 年，中共中央正式发布《关于科学技术体制改革的决定》，确定了"经济建设必须依靠科学技术，科学技术工作必须面向经济建设"的战略方针，推出了改革科研院所的财政拨款制度，扩大研究机构自主权，探索科学基金制、科研课题制、同行评议制、技术合同制，创建科技园区，开辟技术市场，鼓励技术入股以及科技人员创办或领办企业等

---

① 刘立：《改革开放以来中国科技政策的四个里程碑》，载《中国科技论坛》，2008（10）：3—5，23。

② 郑巧英：《1978 年全国科学大会前后中国科技政策初探》，载《自然辩证法通讯》，2004（04）：56—62，111。

系列重大改革举措。

20世纪90年代中期以后，国家不断根据国际国内形势，面向国计民生和科技事业发展，作出了一系列有针对性的深化科技体制机制改革的政策设计和制度安排。

1995年，中共中央、国务院召开全国科技大会，作出《关于加速科学技术进步的决定》，提出实施科教兴国战略——坚持教育为本，把科技与教育摆在经济、社会发展的重要位置，增强国家经济实力及向现实生产力转化能力，提高全民族科技文化素质，把经济建设转移到依靠科技进步和提高劳动者素质的轨道上，加速实现国家繁荣强盛。

1997年，党的十五大把科教兴国战略和可持续发展战略确立为跨世纪的国家发展战略。

1999年，中共中央、国务院召开全国技术创新大会，部署和贯彻《关于加强技术创新、发展高科技、实现产业化的决定》，提出进一步实施科教兴国战略、构建企业技术创新主体、推动应用型科研机构企业化转制、建设国家知识创新体系，以及加速科技成果向现实生产力转化、大力发展科技中介服务机构、促进科技金融及风险投资发展等系列改革与发展举措。[①]

2006年，中共中央、国务院召开全国科学技术大会，作出《关于实施科技规划纲要增强自主创新能力的决定》，发布了《国家中长期科学和技术发展规划纲要（2006—2020）》，确定了"自主创新，重点跨越，支撑发展，引领未来"新时期科技工作指导方针，提出了到2020年使我国

---

① 朱正奎：《新中国科技创新政策的文本与实施效果分析》，载《科技管理研究》，2013，33（09）：18—22＋35。

进入创新型国家行列的战略目标。以 2006 年全国科技大会为标志，我国对科技发展的政策和制度做出战略性调整，将增强自主创新能力作为推动科技进步核心和转变经济增长方式的中心环节，旨在增强自主创新能力，努力建设创新型国家。同时，在政策和制度上制定了相应的系列配套措施，重构和完善自主创新的财政和金融支持服务体系。①

2007 年，党的十七大报告中明确指出，提高自主创新能力，建设创新型国家，是国家发展战略的核心，是提高综合国力的关键。强调坚持走中国特色自主创新道路，将增强自主创新能力贯彻到现代化建设的各个方面。

2008 年，针对当时国际形势，国务院出台文件将推动科技创新作为应对全球金融危机的四大举措之一。

2010 年，国务院决定立足自主创新，大力发展战略性新兴产业；同年，《国民经济和社会发展第十二个五年规划纲要》将科技创新作为促进加快国民经济转方式、调结构的根本性举措。

2012 年，中共中央、国务院召开全国科技创新大会，作出《关于深化科技体制改革加快国家创新体系建设的决定》，围绕国家创新体系建设系统地谋划和部署了深化科技体制机制改革的新目标和新任务。同年，党的十八大报告提出，科技创新是提高社会生产力和综合国力的战略支撑，必须摆在国家发展全局的核心位置；要大力推进创新驱动发展战略，要以全球视野谋划和推动创新发展，要牢牢把握新时期科技改革发展的战略任务，促进科技与经济相结合。

---

① 彭纪生、孙文祥、仲为国：《中国技术创新政策演变与绩效实证研究（1978—2006）》，载《科研管理》，2008（04）：134—150。

2015 年，中央深化改革领导小组发布并实施《深化科技体制改革实施方案》，在建立技术创新市场导向机制、改革国家科技计划管理、推进军民融合创新体系建设、创建国家实验室、改革创新人才培养及评价和激励机制、加快科技成果使用、处置和收益管理改革、打造区域性创新平台、推动大众创业万众创新（简称"双创"）等方面作出了一系列部署，提出 143 项重大改革任务。

2016 年 5 月，全国科技创新大会、全国两院院士大会（中国科学院第十八次院士大会、中国工程院第十三次院士大会）、中国科协第九次全球代表大会召开，发布《国家创新驱动发展战略行动纲要》，提出了面向未来建设科技强国的宏伟目标，将科技创新摆在国家发展全局的核心位置，深化部署、全力推动，规划了到 2030 年新一批重大科技专项，系统部署了创新驱动发展战略的各项任务，向着创新型国家迈出坚实步伐。[①]

持续深入的科技体制改革，一直伴随着改革开放 40 年来的科技事业快速发展。这 40 年可大致分为三个阶段：前 10 年、中间 20 年和后 10 年。前 10 年是改革的启动部署阶段，也是改革的阵痛期；中间 20 年为改革深化推进阶段；后 10 年为国家新型创新体系建设探索阶段。前 30 年主要是以开放促改革、推创新、求发展，并且从中努力实现了"从被动改到主动改、从被全球化到主动参与全球化"的转变。后 10 年则是在学习和摸索如何以创新促进改革并引领新的开放，这是中国特色自主创新道路探索期，以及新型国家创新体系形成时期。尤其是根据全面建设

---

① 李凡、李娜、林汉川：《中国技术创新政策的测度及演进研究》，载《软科学》，2015，29（11）：6—10。

高水平的小康社会目标、中长期科技发展规划纲要，以及迎接新科技革命和产业变革挑战的新要求，国家科技发展战略调整、政策设计、改革推进等重大举措又进入一个密集调整期，以接近"摩尔定律"的周期，对科技创新相关工作形势不断作出研判、调整和重新部署。这个阶段也是我国历史上难得的科技实力和创新能力进步较快的时期。①

改革开放 40 年来，我国的科技法规体系从无到有、由少及多，以《科学技术进步法》、《促进科技成果转化法》、《专利法》、《科学普及法》、《科学技术奖励条例》为主要内容的科技法律法规体系不断完善，为科技事业持续发展提供了体制性的框架支撑。围绕战略规划部署、重大发展、重大改革开放等议题的科技政策和管理措施的系统性、针对性不断增强，为科技创新实践在全社会的深入开展提供了有效支撑。不断扩大的科学普及、日益深入人心的"双创"活动，已经让越来越多的创客、科技爱好者以及普通民众参与到科技事业发展的大潮中来，科技创新不再像过去那样单单是科学家工程师、科技工作者这个群体的事情，正在成为整个社会践行"创新、协调、绿色、开放、共享"五大发展理念的基本素养。

改革开放 40 年来，我国的科技计划管理体系经历了 1985 年、1995 年、2006 年、2014 年 4 次比较大的改革与调整（其中有些计划管理改革不是短期内能够调整完成的），经历了科技计划从无到有、从破到立，经历了从主要面向科研或研发管理到面向创新管理的较大转变，正在形成适合科技创新规律、体现国家意志的新型管理模式。国家先后改革并完

---

① 方新：《中国科技体制改革——三十年的变与不变》，载《科学学研究》，2012，30（10）：1441—1443。

善了科技奖励、项目管理、评价监督、人才评价、创新激励等制度，建立起科技决策咨询、部门协调、国家科技报告、全国创新调查等系列新制度，正在建设统一的国家科技管理信息系统，推动完善国家科技信息共享、重大科技基础设施和科技基础条件平台开放共享等制度，使国家的创新治理能力和公共服务水平得以迅速提高。①

二、继续深化科技体制改革开放面临的新态势和挑战

改革开放 40 年来，我国科技事业进行了系统的改革和深层次的开放，取得了伟大的进步和举世瞩目的成就。但必须清醒地认识到，与进入创新型国家前列和建设世界科技强国的要求相比，我国科技创新在发展中尚存在一些薄弱环节和深层次矛盾，有些是科技发展固有的矛盾，有些是在改革中不断积累的矛盾，还有些是新生成的矛盾。总之，我国的科技创新面临着新的局面和诸多挑战。

（一）一个持续的创新不平衡

我国科技创新发展长期面临着多方面的不平衡。一是区域间的不平衡。科技资源大多集中于东部或南方省份，大多集中于沿海地区，集中于省会中心城市或改革开放较为深入的城市。北京、上海、广东、江苏、浙江和山东六地的研发支出已占到全国的近 60%；从国际专利申请数量角度来看，深圳一个城市就占到全国的 40% 之多。二是创新主体间的不

① 金世斌：《新中国科技政策的演进路径与趋势展望》，载《中国科技论坛》，2015（10）：5—9。

平衡量。全社会研发支出结构中，企业所占份额从 2006 年的 71％上升到 2016 年的 78％，在全球范围内已处于高位运行。三是企业间、行业间科技资源发展也不平衡。根据中国科技型企业发展报告数据显示，2011 年 543 家科技型企业的研发支出占大中型工业企业研发投入的 78.3％，而其中前 20 名的投入占到 543 家总规模的 49.8％。制造业中，计算机通信、汽车、化工等 7 个行业的研发支出占全部企业研发支出比例超过 60％。但是，全国的专利成果又为大量的中小型科技型企业所申请和持有，大量的科技成果转化和产业化、创新创业也是由中小企业为主完成。

不平衡是任何创新体系都固有的一种特性或状态，全世界莫不如此。即便是在局部地区如瑞士、新加坡等小国，或者如北京、上海这样的城市等，其内部科技资源、创新活动的分布也是不平衡的。尤其是这类由科技创新带来的不平衡，又总是动态的、演进中的不平衡，即创新会持续产生新的不平衡，有的还属于颠覆性创新。当然，创新的不平衡是把"双刃剑"，有些不平衡可以在进一步发展中消弭，但更多情况是科技或创新的不平衡不断被强化和放大，而且目前尚未形成有效的对冲和平衡机制。

（二）两类瓶颈性的矛盾

一是不断发展的、对科技的总需求与尚且来不及形成必要的科技创新供给能力之间的矛盾。这种供需矛盾反映在两个层面上：一方面是经济的需求与创新体系的供给矛盾始终在持续；另一方面是在创新体系或创新链条上，原创性供给与成果转移转化、应用开发需求之间也存在长期的供不应求的矛盾。科技成果的供给侧——即我国的基础研究支出占全部研发支出的比例长期徘徊在 6％左右，这就意味着 1 份原创性知识产出要对应着 15—20 份的成果转化需求，这是现阶段我国科技创新体系的一大瓶颈制约。二是不断提升的实力、壮大的资源、丰富的内容与尚处在调整提升中的管理、治理和监管能力之间的矛盾。区域间、部门间、企业间各类创新主体的分隔、合作困境依然存在。过去的一些政府引导性计划，如"火炬计划"、"星火计划"等，没有用很多的投入，就在高新技术产业化和农村农业方面营造出很好的创新局面。因此，最要紧的还不只是投入的问题，关键是如何实现有效的资源整合与不断优化的顶层设计。

（三）三个系统性转型

一是科技创新自身发展动力模式的转型。过去基本上是以科技工作者为核心的动力模式，正在转向以全社会的创新创业者为核心的创新驱动发展模式，就是现在常说的"双创牵引、双轮驱动"。二是科技与经济社会关系模式的转型。过去的关系模式是以经济问题、目标、矛盾为核心，科技创新只是辅助性、边缘性、后台性事务；而今正在生成的模式是以科技创新为核心，并且需要进一步推动全面的创新，实现以科技创新为引领的全面建成小康社会，以及"五大理念"的发展和"一带一路"建设等新目标。三是宏观科技创新管理或治理模式的转型。上述两个模式上的调整自然就带来管理或治理模式调整的需要，特别是新时期，科技创新要实现三个面向（面向世界科技前沿、面向经济主战场、面向国家重大需求），这就需要统筹好法律、规制、政策、信用、自律、传统等方方面面的治理工具，实现引领、包容及负责任的科技创新。

（四）四个逆势错位或缺失

一是关于知识生产以及创新创业主体的认识。第三次科技浪潮以来，经由硅谷历练而成就的新型知识生产观、新型创新体系正为世界主要国家所接受，而我国在科技创新政策设计和制度安排上仍拘泥或沿袭既有框架下科研主体的分工和角色。当今跨界、融合、共享、颠覆，以及创新创业与商业模式、产业生态一体化等新观念，要求人们重新认识实现创新驱动所必需的知识生产、分工与组织，给予适配其能的战略定位。二是关于强调创新要素还是注重环境生态。国际上的总体趋势是越来越强调创新生态整体的效能，这其中包括全社会创新创业热情、科研诚信、文化包容、法律规制等更为复杂的环境因素，而我们还在政策层面偏重于强调单个创新要素的作用与价值。三是关于创新组织方式。国外企业、大学院所都已纷纷开始转型构建"开源、众包、社交化、并行式"的创新体系，而我国的大量企业和大学、科研机构（受历史发展阶段影响）还在弥补创建中心化研发平台的课。有的企业想跟上趋势，构建开放的创新体系，可是由于没有经历过中心化平台阶段，难以整合及掌控来自外部的创新资源。四是关于创新模式与策略。科技资源丰富、创新创业较为先行的国家，已然在越来越多的技术和产业领域展开群体的、策略化的颠覆性技术创新，而我国正在弥补面向机遇管理、应对变革管理、实施转型管理或组织再造等系列内容的短板。这些内容虽然不在颠覆性技术创新方案中，但具备这样的功力是有效实施颠覆性技术创新策略的前提。否则，早晚会像柯达公司那样，眼看着被自己开发的新技术给颠覆了。[1]

（五）科技创新五个能力方面的不足

一是科技创新能力特别是原始创新能力不足。这影响着我国科技发展的最终效果，特别是引领作用的发挥。

---

[1] 杜宝贵：《中国科技政策史研究论纲》，载《科技管理研究》，2015，35（03）：39—41。

二是抓科技创新机遇的意识和能力不足。其主要是针对重大创新机遇以及颠覆性创新机遇，在识别机会、把握机会和创造机会等方面的意识和能力方面还缺乏足够的经验积累与主动作为。应对挑战、抢抓机遇的意识和能力制约，有的反映在思想观念上，有的则受制于深层次的体制机制障碍，动辄得咎，对参与新规则和新赛场构建的反应迟钝。

三是知识成果转移转化能力不足。我国还有很多基础技术、面向转移转化的工程化能力和积累不够，重大产品或产业链主动架构能力不足，协同创新效率不高，致使一些领域科技基础仍然薄弱，关键领域核心技术受制于人的局面没有从根本上改变。

四是面向时代要求的科技创新管理能力不足。管理意识、战略规划、运作体系和方法手段总体上落后于时代需求，富有创新思想又兼备专业与管理素养的高层次领军人才、高技能人才、高级管理人才十分缺乏。

五是科技创新服务能力不足。这一系统性缺失表现在：市场化的科技创新服务机构定位不清，政策不配套，规模上不去；政府组织和提供的公共科技服务功能不全、共享不够、服务不深入；社会化的创新服务组织、第三方组织、非政府组织、志愿者组织等受重视不够，发育迟缓。在科技事业范围之外，我国的科技发展还面临许多其他方面的问题、矛盾和挑战。既然科技现代化是最为关键的现代化，科技是第一生产力，创新是第一动力，那么解决好科技创新面临的矛盾，破解相关问题，就是首先需要进行战略谋划的重大议题。特别是在新科技革命和产业变革的过程中，这些不平衡、矛盾以及能力上的不足，就构成了我们前进途中的障碍。一系列矛盾、问题、困境与竞争、博弈、追赶、超越等因素相叠加、交织在一起，我国科技创新面对的挑战从未像今天这样如此艰巨而复杂。[①]

三、"十三五"国家科技创新规划：迈进创新型国家行列

"十三五"时期是我国全面建成小康社会和进入创新型国家行列的决胜阶段，是深入实施创新驱动发展战略、全面深化科技体制改革的关键时期，必须认真贯彻落实党中央、国务院决策部署，面向全球、立足全局，深刻认识并准确把握经济发展新常态的新要求和国内外科技创新的新趋势，系统谋划创新发展新路径，以科技创新为引领开拓发展新境界，加速迈进创新型国家行列，加快建设世界科技强国。

（一）把握科技创新发展新态势

"十二五"以来特别是党的十八大以来，党中央、国务院高度重视科技创新，作出深入实施创新驱动发展战略的重大决策部署。我国科技创新步入以跟跑为主转向跟跑和并跑、领跑并存的新阶段，正处于从量的积累向质的飞跃、从点的突破向系统能力提升的重要时期，在国家发展全局中的核心位置更加凸显，在全球创新版图中的位势进一步提升，已成为具有重要影响力的科技大国。

科技体制改革向系统化纵深化迈进，中央财政科技计划（专项、基金等）管理改革取得实质性进展，科技资源统筹协调进一步加强，市场

[①] 周柏春：《中国科技政策发展的历程、战略重点、存在问题及其对策》，载《科技管理研究》，2010，30（11）：21—23。

导向的技术创新机制逐步完善，企业作为技术创新主体的地位不断增强。科技创新的国际化水平大幅提升，国际科技合作深入开展，国际顶尖科技人才、研发机构等高端创新资源加速集聚，科技外交在国家总体外交中的作用日益凸显。全社会创新创业生态不断优化，国家自主创新示范区和高新技术产业开发区正成为创新创业的重要载体，《中华人民共和国促进科技成果转化法》修订实施，企业研发费用加计扣除等政策落实成效明显，科技与金融结合更加紧密，公民科学素质稳步提升，全社会的创新意识和创新活力显著增强。

同时，必须清醒地认识到，与进入创新型国家行列和建设世界科技强国的要求相比，我国科技创新还存在诸多薄弱环节和深层次问题，主要表现为：科技基础仍然薄弱，科技创新能力特别是原创能力还有很大差距，关键领域核心技术受制于人的局面没有从根本上改变，许多产业仍处于全球价值链中低端位置，科技对经济增长的贡献率还不够高。制约创新发展的思想观念和深层次体制机制障碍依然存在，创新体系的整体效能不高。高层次领军人才和高技能人才十分缺乏，创新型企业家群体亟须发展壮大。激励创新的环境亟待完善，政策措施落实力度需要进一步加强，创新资源开放共享水平有待提高，科学精神和创新文化需要进一步弘扬。

（二）确立科技创新发展新蓝图

"十三五"时期科技创新的指导思想中提到坚持自主创新、重点跨越、支撑发展、引领未来的指导方针，坚持创新是引领发展的第一动力，把创新摆在国家发展全局的核心位置，以深入实施创新驱动发展战略、支撑供给侧结构性改革为主线，全面深化科技体制改革，大力推进以科技创新为核心的全面创新，着力增强自主创新能力，着力建设创新型人才队伍，着力扩大科技开放合作，着力推进大众创业万众创新，塑造更多依靠创新驱动、更多发挥先发优势的引领型发展，确保如期进入创新型国家行列，为建成世界科技强国奠定坚实基础，为实现"两个一百年"奋斗目标和中华民族伟大复兴中国梦提供强大动力。

（三）基本原则

坚持把支撑国家重大需求作为战略任务。聚焦国家战略和经济社会发展重大需求，明确主攻方向和突破口；加强关键核心共性技术研发和转化应用；充分发挥科技创新在培育发展战略性新兴产业、促进经济提质增效升级、塑造引领型发展和维护国家安全中的重要作用。

坚持把加速赶超引领作为发展重点。把握世界科技前沿发展趋势，在关系长远发展的基础前沿领域，超前规划布局，实施非对称战略，强化原始创新，加强基础研究，在独创独有上下功夫，全面增强自主创新能力，在重要科技领域实现跨越发展，跟上甚至引领世界科技发展新方向，掌握新一轮全球科技竞争的战略主动。

坚持把科技为民作为根本宗旨。紧紧围绕人民切身利益和紧迫需求，把科技创新与改善民生福祉相结合，发挥科技创新在提高人民生活水平、增强全民科学文化素质和健康素质、促进高质量就业创业、扶贫脱贫、建设资源节约型、环境友好型社会中的重要作用，让更多创新成果由人民共享，提升民众获得感。

坚持把深化改革作为强大动力。坚持科技体制改革和经济社会领域改革同步发力，充分发挥市场配置创新资源的决定性作用和更好发挥政府作用，强化技术创新的市场导向机制，破除科技与经济深度融合的体制机制障碍，激励原创突破和成果转化，切实提高科技投入效率，形成充满活力的科技管理和运行机制，为创新发展提供持续动力。

坚持将人才驱动作为本质要求。落实人才优先发展战略，将人才资源开发摆在科技创新最优先的位置，在创新实践中发现人才，在创新活动中培养人才，在创新事业中凝聚人才，改革人才培养使用机制，培育造就规模宏大、结构合理、素质优良的人才队伍。

坚持将全球视野作为重要导向。主动融入全球创新网络，在全球范围内优化配置创新资源，将科技创新与国家外交战略相结合，推动建立广泛的创新共同体，在更高水平上开展科技创新合作，力争成为若干重要领域的引领者和重要规则的贡献者，提高在全球创新治理中的话语权。

（四）总体部署

"十三五"期间，我国科技创新工作将紧紧围绕深入实施国家"十三五"规划纲要和创新驱动发展战略纲要，有力支撑"中国制造2025"、"互联网＋"、网络强国、海洋强国、航天强国、健康中国建设、军民融合发展、京津冀协同发展、长江经济带发展等国家战略实施，充分发挥科技创新在推动产业迈向中高端、增添发展新动能、拓展发展新空间、提高发展质量和效益中的核心引领作用。

一是围绕构筑国家先发优势，加强兼顾当前和长远的重大战略布局。加快实施国家科技重大专项，启动"科技创新2030—重大项目"；构建具有国际竞争力的产业技术体系，加强现代农业、新一代信息技术、智能制造、能源等领域一体化部署，推进颠覆性技术创新，加速引领产业变革；健全支撑民生改善和可持续发展的技术体系，突破资源环境、人口健康、公共安全等领域的瓶颈制约；建立保障国家安全和战略利益的技术体系，发展深海、深地、深空、深蓝等领域的战略高技术。

二是围绕增强原始创新能力，培育重要战略创新力量。持续加强基础研究，全面布局、前瞻部署，聚焦重大科学问题，提出并牵头组织国际大科学计划和大科学工程，力争在更多基础前沿领域引领世界科学方向，在更多战略性领域实现率先突破；完善以国家实验室为引领的创新基地建设，按功能定位分类推进科研基地的优化整合。培育造就一批世界水平的科学家、科技领军人才、高技能人才和高水平创新团队，支持青年科技人才脱颖而出，壮大创新型企业家队伍。

三是围绕拓展创新发展空间，统筹国内国际两个大局。支持北京、上海建设具有全球影响力的科技创新中心，建设一批具有重大带动作用的创新型省市和区域创新中心，推动国家自主创新示范区和高新区创新发展，系统推进全面创新改革试验；完善区域协同创新机制，加大科技扶贫力度，激发基层创新活力；打造"一带一路"协同创新共同体，提高全球配置创新资源的能力，深度参与全球创新治理，促进创新资源双向开放和流动。

四是围绕推进大众创业万众创新，构建良好创新创业生态。大力发展科技服务业，建立统一开放的技术交易市场体系，提升面向创新全链条的服务能力；加强创新创业综合载体建设，发展众创空间，支持众创众包众扶众筹，服务实体经济转型升级；深入实施知识产权和技术标准战略。完善科技与金融结合机制，大力发展创业投资和多层次资本市场。

五是围绕破除束缚创新和成果转化的制度障碍，全面深化科技体制改革。加快中央财政科技计划（专项、基金等）管理改革，强化科技资源的统筹协调；深入实施国家技术创新工程，建设国家技术创新中心，提高企业创新能力；推动健全现代大学制度和科研院所制度，培育面向市场的新型研发机构，构建更加高效的科研组织体系；实施促进科技成果转移转化行动，完善科技成果转移转化机制，大力推进军民融合科技创新。

六是围绕夯实创新的群众和社会基础，加强科普和创新文化建设。深入实施全民科学素质行动，全面推进全民科学素质整体水平的提升；加强科普基础设施建设，大力推动科普信息化，培育发展科普产业；推动高等学校、科研院所和企业的各类科研设施向社会公众开放；弘扬科学精神，加强科研诚信建设，增强与公众的互动交流，培育尊重知识、崇尚创造、追求卓越的企业家精神和创新文化。[①]

（五）建设高效协同的国家创新体系

深入实施创新驱动发展战略，支撑供给侧结构性改革，必须统筹推进高效协同的国家创新体系建设，促进各类创新主体协同互动、创新要素顺畅流动高效配置，形成创新驱动发展的实践载体、制度安排和环境保障。

1. 培育充满活力的创新主体

进一步明确各类创新主体的功能定位，突出创新人才的核心驱动作用，增强企业的创新主体地位和主导作用，发挥国家科研机构的骨干和引领作用，发挥高等学校的基础和生力军作用，鼓励和引导新型研发机构等发展，充分发挥科技类社会组织的作用，激发各类创新主体活力，系统提升创新主体能力。

[①]　高峰、赵绘存、贾蓓妮：《我国科技创新政策演进路径研究——基于政策研究热点的视角》，载《情报杂志》，2017，36（11）：86—91。

2. 系统布局高水平创新基地

瞄准世界科技前沿和产业变革趋势,聚焦国家战略需求,按照创新链、产业链加强系统整合布局,以国家实验室为引领,形成功能完备、相互衔接的创新基地,充分聚集一流人才,增强创新储备,提升创新全链条支撑能力,为实现重大创新突破、培育高端产业奠定基础。

3. 打造高端引领的创新增长极

遵循创新区域集聚规律,结合区域创新发展需求,引导高端创新要素围绕区域生产力布局加速流动和集聚,以国家自主创新示范区和高新区为基础、区域创新中心和跨区域创新平台为龙头,推动优势区域打造具有重大引领作用和全球影响力的创新高地,形成区域创新发展的梯度布局,带动区域创新水平的整体提升。

(六)构建开放协同的创新网络

围绕打通科技与经济结合的通道,以技术市场、资本市场、人才市场为纽带,以资源开放共享为手段,围绕产业链部署创新链,围绕创新链完善资金链和服务链,加强各类创新主体间合作,促进产学研用紧密结合,推进科教融合发展,深化军民融合创新,健全创新创业服务体系,构建多主体协同互动与大众创新创业有机结合的开放高效的创新网络。

(七)建立现代创新治理结构

进一步明确政府和市场分工,持续推进简政放权、放管结合、优化服务改革,推动政府职能从研发管理向创新服务转变;明确和完善中央与地方分工,强化上下联动和统筹协调;加强科技类高端智库建设,完善科技创新重大决策机制;改革完善资源配置机制,引导社会资源向创新集聚,提高资源配置效率,形成政府引导作用与市场决定性作用有机结合的创新资源配置格局。

（八）营造良好创新生态

强化科技创新的法治保障，积极营造有利于知识产权创造和保护的法治环境；持续优化创新政策供给，构建普惠性创新政策体系，强化政策储备，加大重点政策落实力度；激发全社会的创造活力，营造崇尚创新创业的社会文化环境。

（九）部署实施关系国家全局和长远的重大科技项目

重大科技项目是体现国家意志和战略目标、集成科技资源、实现重点领域跨越发展的重要抓手。"十三五"期间，在实施好已有国家科技重大专项的基础上，面向 2030 年再部署一批体现国家战略意图的重大科技项目，探索社会主义市场经济条件下科技创新的新型举国体制，完善重大项目的实施组织模式，在战略必争领域抢占未来竞争制高点，开辟产业发展新方向，培育新经济增长点，带动全社会生产力跨越发展，为提高国家综合竞争力、保障国家安全提供强大支撑。

《科技进步法》第 30 条规定："国家建立以企业为主体，以市场为导向，企业同科学技术研究开发机构、高等学校相结合的技术创新体系，引导和扶持企业技术创新活动，发挥企业在技术创新中的主体作用。"第 42 条规定："从事基础研究、前沿技术研究、社会公益性技术研究的科学技术研究开发机构，可以利用财政性资金设立。"这两条规定表明企业应当是科技创新的主体，政府的主要职责不是设立科研机构，而是促进、保障、引导、激励和扶持企业、科研机构及高等学校从事科技创新，国家财政性资金应当用于建立带有公益性质的研究开发机构。我国政府在直接或者间接推动科技创新方面表现较为积极，但是在促进、保障和激励科技创新方面显得不足，"一些科技资源的配置过度行政化，分散、重复、封闭、低效等问题突出"。长期以来，我国习惯于由国家直接投资科技创新事业，非国家设立的科研机构中科研人员力量相对较为薄弱，近年来情况已有较大改变。相关政府部门应当将更多资源和精力放在为科技创新主体提供服务、支持和帮助上，从而达到"四两拨千斤"的效果。

四、科技创新法律制度

科技创新能力的提升需要各方面的条件，其中法律制度是重要的基础条件。当前，我国对科技创新法律制度建设越来越重视，已建立包括《科技进步法》、《促进科技成果转化法》、《专利法》在内的一整套科技创新法律体系，但是仍然存在一些不足之处。石先钰、薛惠分析了我国科技创新法制建设存在的问题，认为我国现行科技创新法律体系存在四方面的问题，即部分法律规范的操作性不强、科技领域的立法层次较低、知识产权审判模式有待完善、知识产权保护力度不够等。就总体而言，我国科技创新法律制度建设还存在以下主要问题。

（一）法治化程度不高

我国虽然已经制定了《科技进步法》等相关法律，一些地方也出台了区域性法规和行政性规章，但是大量能够直接实施、操作性较强的规定不是出自位阶较低的法律性文件规定，就是由各级政府或者政府部门以"通知"、"决定"等形式发布。近些年来，一些省市已经或者正在将其现有的相关政策、措施等进行梳理并增加一些新的地方性科技创新法规，这些地方性法规多为科技进步条例、科技创新促进条例、自主创新促进条例等、有的省市还开展了一些专门性的科技立法实践探索。这些做法在一定程度上提高了我国科技创新的法治化程度，但是还有相当多的省市尚未进行综合性的科技创新立法。

（二）对于程序重视不够

我国从中央到地方出台的科技创新法律、法规和政策已经不少，但是存在一个较为普遍的问题，即不注重相关程序，大量的规定只是集中在原则、目标、主体、措施和权利义务等方面，对于程序往往未予以应有关注，导致操作性不强，太多概括性、原则性的规定，造成了法律适用上的困难，有大量的法律条款停留在口号、纲领、政策的层面上，有的则只有行为模式而无法律后果。

（三）监督机制不健全

为保障科技创新制度的实施，应当加强对实施的监督，必须对违法行为加以处罚，否则就难以发挥法律的应有作用。现在，我国科技创新法律、法规和政策普遍没有对监督机制作出系统规定。《科技进步法》没有对各项科技创新制度的执行监督加以规定，只是规定了对违法责任的追究，且过于简单，基本上都是诸如"责令改正，对直接负责的主管人员和其他直接责任人员依法给予处分"之类较笼统的提法。

我国社会主义市场经济体制已初步确立，市场在配置资源上发挥着决定性作用，但是在科技创新方面，市场并未发挥出应有作用。依据《科技进步法》第 30 条的规定，企业应当是科技创新的重要主体。

2007 年，全国人大常委会对《科学技术进步法》进行了修订，并于2008 年 7 月 1 日起正式实施。2006 年，国务院发布了《国家中长期科学和技术发展规划纲要（2006—2020 年）》及其配套政策，中共中央、国务院下发《关于实施科技规划纲要增强自主创新能力的决定》。针对这些法律和政策，各级地方政府纷纷结合当地情况，积极部署、认真贯彻落实，一些省市还进行了相关立法。在此基础上，需要进一步努力，将更多行之有效的政策措施通过立法方式加以具体化、规范化、系统化，以便全面、有效、持久地贯彻落实国家政策。

我国现有的法律制度对科技创新程序的相关工作基本上没有明确规定，使得这些制度的操作性不强，甚至变成了空洞的宣传口号。立法者应当明确规定科技创新制度的相关程序，制定科学的技术发展规划及科技计划项目评审程序等。

细化法律责任。现有条文对法律责任的规定过于原则化和简略化。例如《科技进步法》第 72 条规定："违反本法规定，科学技术行政等有关部门及其工作人员滥用职权、玩忽职守、徇私舞弊的，对直接负责的主管人员和其他直接责任人员依法给予处分。"这条规定几乎将所有的职务违法行为囊括其中，而且"依法给予处分"的自由裁量空间太大。立法机关应当将行政机关及其工作人员、企业、科研机构、高等学校、科技中介组织、科研人员及其他相关人员的违法行为分门别类，然后针对每一种违法行为确定明确、具体的法律责任。[①]

五、科技创新资金制度

改革开放以来，我国财政科技投入在总量上呈逐年上升趋势，但财

---

① 黄萃、任弢、李江、赵培强、苏竣：《责任与利益：基于政策文献量化分析的中国科技创新政策府际合作关系演进研究》，载《管理世界》，2015（12）：68—81。

政科技支出占 GDP 的比重以及占财政总支出的比重一度呈现下降之势。1992 年之后，这种趋势尤为明显。2005 年之后，随着自主创新战略的实施，财政科技投入明显增加，

在科技创新逐步成为经济社会发展主要动力的同时，更多的部门介入到科技发展的管理之中，颁布的各种科技政策数量也呈逐年上升之势。1978 年至 1992 年，年均颁布的科技政策为 4.93 项。但在 1993 年至 2006 年，年均颁布的科技政策激增到 25.21 项，几乎为前一时期的 5 倍。这一方面说明随着社会主义市场经济体制的确立和完善，国家促进科技创新和技术进步的政策体系呈现加速建设之势。同时，也意味着科技投入中单纯靠政府的财政投入的体制正逐渐被打破，建立适应社会主义市场经济体制的多层次、多渠道的科技投入体系势在必行。在社会主义市场经济体制下，金融体系应该为科技创新活动发挥更大的投融资支撑作用。

从长远看，随着金融发展和体制改革的深化，金融体系必将为我国的科技创新提供更多的融资渠道及化解和规避创新风险的工具和手段。

然而，根据目前的金融发展现状，在可预见的一段时期内，无论是国家的宏观金融政策，还是金融机构从维护自身的安全和生存上考虑，都将会把防范金融风险和提高抗击体系性风险的能力作为重点改革和完善的方向。这势必将在整体上导致金融系统暂时性的降低其在促进科技创新方面的行动意愿，金融体系与科技创新不相容的矛盾可能会进一步加剧。从科技创新这方面讲，现阶段政府相关部门有必要为其提供政策性的融资制度安排，以弥补科技创新活动中的资金缺口，增加融资渠道，化解和规避创新风险。

第二节　上海科技创新资源集聚制度变迁的路径及影响因素分析

一、制度变迁的路径

（一）中国科技制度变迁的路径

科技发展需要资源，也需要对资源的有效配置。然而，资源的配置效率依赖于制度，好的制度安排才能使人尽其才、物尽其用。改革开放后，我国对科技体制进行了数次坚决的有步骤的改革。科技制度变迁主要可以划分为以下几个阶段：

1. 第一阶段：1978 年至 1980 年

改革开放初期，我国在较短时间内整顿科技体制、恢复科研机构、开展科研工作。并通过落实知识分子政策，保证科技创新人才资源供给。1978 年 3 月，党中央召开了全国科学大会。大会通过了《1978—1985 年全国科学技术发展规划纲要》，制定了新的科学技术发展规划。[1]邓小平同志在大会上发表重要讲话，提出"科学技术是第一生产力，尊重知识，尊重人才"的方针，在我国历史上第一次把科学技术视为发展经济的主要动力。[2]

---

[1]　江兵：《论我国科技体制的改革历程》，载《经济体制改革》，2000（S1）：142—145。

[2]　杜宝贵：《制度变迁视角下我国科技政策演进的路径分析》，载《科技成果纵横》，2011（03）：31—34。

2. 第二阶段：1981 年至 1985 年

科技工作开始全面恢复。1980 年，党中央提出了科技工作要为经济建设服务。1982 年，党中央进一步明确提出"经济建设必须依靠科学技术，科学技术工作必须面向经济建设"的战略方针。在实践过程中，我国进一步认识到科技体制全面改革的必要性和紧迫性。

3. 第三阶段：1985 年至 1992 年

1985 年 3 月，《中共中央关于科学技术体制改革的决定》颁布。我国的科技体制全面启动，开始进入改革、深化、整体推进和创新的新发展时期。这一时期，我国先后启动高技术研究发展计划纲要（"863 计划"）和高新技术产业发展计划（"火炬计划"）等科技计划，以改革拨款制度、开拓技术市场为突破口，引导科技工作面向经济建设主战场。[1][2]

4. 第四阶段：1992 年至 1998 年

1995 年中共中央、国务院发布《关于加速科学技术进步的决定》，确立了"科教兴国"战略，提出"稳住一头，放开一片"的改革方针，开展科研院所结构调整的试点工作。1998 年，在中科院开始实施知识创新工程试点。

5. 第五阶段：1999 年至 2005 年

1999 年，中共中央、国务院召开全国技术创新大会，发布《关于加强技术创新，发展高科技，实现产业化的决定》，对科研院所的布局结构进行了系统调整。加强国家创新体系建设、加速科技成果产业化，成为

---

①　程帅：《我国科技体制改革历程及评价》，载《中国集体经济》，2011（30）：66—67。

②　彭辉：《基于内容分析法的上海市科技创新政策文本分析》，载《大连理工大学学报（社会科学版）》，2017，38（01）：157—163。

这一时期的主要政策走向。政策供给主要集中在促进科研机构转制、提高企业和产业创新能力等方面。

6. 第六阶段：2006 年至今

2006 年，我国政府颁布《国家中长期科学和技术发展规划纲要（2006—2020 年）》。同年，全国科学技术大会召开，对国家中长期科技发展做出战略部署，发布了《关于实施科技规划纲要，增强自主创新能力的决定》，提出努力形成技术创新、知识创新、国防科技创新、区域创新、科技中介服务等相互促进、充满活力的国家创新体系，明确提出今后科技工作的指导方针，即"自主创新，重点跨越，支撑发展，引领未来"，深化改革进入到全面推进国家创新体系建设的新阶段。

改革开放 40 年以来，我国不断深化科技体制改革、推进科技创新体系建设，逐步优化了科技资源结构和布局，形成了科研院所、高校、企业和科技中介机构等各具优势和特色的创新模式。正因如此，各级地方政府为增强本地区竞争力，提高科技资源的集聚能力，在积极兴建各类科技园区的同时，也纷纷制定和实施各类科技资源集聚政策和制度。

二、上海科技创新资源集聚制度变迁的路径

改革开放以来，上海积极响应国家科技改革体制，已经成为我国经济和社会发展的重要增长极，其科技创新资源的集聚能力也有了大幅度的提升。①下面将按照我国改革开放后的科技体制改革进程，回顾上海科

---

① 常爱华：《区域科技资源集聚能力研究》，天津大学，2012 年。

技创新资源集聚的制度变迁路径。在这里，科技创新资源主要指的是高端人才、知识、技术、资本等各类创新要素。

（一）逐步建立科技新体制

改革开放后掀起了各领域的改革浪潮，党中央做出了一系列关于科技改革的决定，为各级地方政府提供了明确而科学的路线指引。1992 年 8 月，中共上海市委、市政府颁布《关于发展科学技术，依靠科技进步振兴上海经济的决定》，其顺应了改革开放新形势的发展要求，为上海 20 世纪 90 年代到 20 世纪末的科技工作明确了目标和方向。

在总体目标的指引下，上海市科委提出了上海科技工作"六个新"的具体要求和措施，即高新技术产业化上新台阶、科技企业发展创新规模、技术市场有新发展、各行各业技术进步有新举措、科技体制改革有新势头、基础研究上新水平，真抓实干，开创新的机制，逐步建立科学的、可持续的、符合科技自身发展规律的科技新体制。

新体制的逐步建立为上海的科技创新发展带来了欣欣向荣的新变化，这一时期的科技创新制度主要有以下四大特点：科技与经济的融合发展更加密切，大科技的格局已经形成，科技成果开始成为商品，国际科技合作道路已经成为上海科技发展的必由之路。这一阶段的科技创新制度的不断发展为 21 世纪的科技发展奠定了坚实的制度基础，是上海科技创新制度发展史上的重要阶段。①

（二）建立健全的科技创新体制

2004 年 3 月，上海启动由市科委牵头组织的中长期科技发展规划编

---

① 刘瑾：《上海市科技创新制度环境研究》，上海工程技术大学，2016 年。

制工作，其中包括对创新体系建设的战略研究。此次工作的主要成果之一，是明确了"应用导向自主创新"的竞争策略，聚焦健康社会、生态环境、高端制造和数字城市四个方面。同年 7 月，上海作为我国科技创新的重要城市，时任科技部部长徐冠华同志与时任上海市市长韩正同志在沪签署《科学技术部、上海市人民政府工作会商制度协议书》，正式建立起科技部与上海市的紧密合作。①

2006 年，在 21 世纪的新发展背景下，胡锦涛同志对上海提出实现"四个率先"的要求，明确了上海发展的战略目标，即"创新驱动，转型发展"。上海科技工作全面贯彻落实全国科技大会精神，制定并推动实施中长期科技发展规划纲要及其配套政策，努力完善创新体系和优化创新环境，加速提升自主创新能力。②此外，上海深刻学习领会中央精神，将国家乃至国际的发展形势与自身的发展实际相结合，把握先行先试的良好契机，利用中国加入 WTO 和上海成功申办 2010 年世博会的发展机会，积极稳健地探索科技创新、转型发展之路，将科技创新作为改革发展的重要支柱，全力推动经济和社会的健康、有序、和谐发展。《上海中长期科学和技术发展规划纲要（2006—2020 年）》作为上海市政府 2006 年 1 号文发布，标志着上海科技创新已顺利完成布局并启动。

2012 年，上海科技创新工作以提升科技创新效率、加快创新价值实现为主线，推进科技创新和创新体系建设，抢占科技制高点，培育经济增长点，为建设更具活力的创新型城市注入了新动力。此外，上海进一步改革完善企业主导产业技术创新研发机制，加快确立企业在技术创新

① 朱林楚：《上海经济年鉴（第十六编）》，2005 年。
② 张兆安：《上海经济年鉴（第十六编）》，2007 年。

决策、研发投入、科研组织和成果转化中的主体地位，形成合理的创新资源配置格局。[1]

（三）建设上海科技创新中心

2014 年，上海把握科技进步大方向、产业变革大趋势以及集聚人才大举措，强化科技前瞻部署，持续深化科技体制改革，加快推进科技创新体系建设，落实创新驱动发展战略。为打造上海建设全球科技创新中心的示范区域，上海加快建设张江示范区，落实《张江国家自主创新示范区发展规划纲要（2013—2020 年）》，推进行政审批权下放，突出政策试点和先行先试，推动新技术、新业态、新模式、新产业的总量增长、质量提升。[2]

2015 年，上海加快建设具有全球影响力的科技创新中心。5 月 25 日，中共上海市委第十届八次全会专题审议并通过《关于加快建设具有全球影响力的科技创新中心的意见》，明确要把上海建成综合性、开放型科技创新中心，全球创新网络的重要枢纽及国际科学、技术和产业策源地之一，并分阶段有序推进。上海通过完善创新创业政策，创新服务模式，降低创新创业成本，壮大创新创业群体，营造良好的创新创业生态环境，并发布《关于发展众创空间推进大众创新创业的指导意见》，发展众创空间，加强创新创业服务，激励大众创新创业，启动实施"创业浦江"行动计划，组织上海市创新创业大赛。[3]

2016 年，上海全面创新改革试验取得突破，科创中心建设取得良好效果。2016 年 4 月 12 日，国务院批复核准《上海系统推进全面创新改革试

---

① 赵开城：《上海经济年鉴（第二十二编）》，2013 年。
② 何玲莹：《上海经济年鉴（第二十二编）》，2015 年。
③ 何玲莹：《上海经济年鉴（第二十二编）》，2016 年。

验加快建设具有全球影响力的科技创新中心方案》，上海成为国内首个全面创新改革试验区，全面推动国家授权的十个方面先行先试。2016 年 6 月，中共上海市委、市政府贯彻落实《关于加快建设具有全球影响力的科技创新中心的意见》精神，发布《2016 年上海市推进科技创新中心建设重点工作安排》和《上海市科技创新"十三五"规划》，推动上海科创中心建设各项工作全面开展。[①]

总而言之，上海科技创新制度变迁的路径可总结为以下三步。首先，在改革开放后，上海科技制度逐渐恢复，并建立一系列科技新制度。进入 21 世纪后，上海响应国家创新体系建设战略，逐步建立健全上海科技创新体制。随着上海市科技创新改革不断深入，2014 年上海开始打造具有全球影响力的科技创新中心。在整个制度变迁的路径中，科技创新渐渐渗入到科技体制中。其主要的表现形式是科技创新资源集聚，具体分为高端人才、知识、技术、资本的创新要素。在上海科技创新制度变迁的同时，这些创新要素也有着各自的变迁路径，可以更好地诠释上海科技创新资源集聚的制度变迁。以下将以高端人才和技术为例，详细阐述这两类科技创新资源集聚制度变迁的路径。

（四）高端人才

21 世纪初，上海先后推出一系列人才培养计划："启明星计划"、"上海市优秀学科带头人自主计划"、"顶尖人才支持计划"、"白玉兰科技人才基金"、"博士后工作站"等，为处于不同发展阶段的科技人才提供相应的支持和发展空间。

---

① 邝颖颖：《上海经济年鉴（专题四）》，2017 年。

2003 年，中共上海市委组织部、上海市人事局共同启动实施了"万名海外留学人才集聚工程"、"沪港人才合作"，引进海外高层次人才。上海市为提升人才的国际化水平和国际竞争力，采取了为市政府各部门配备外籍决策咨询专家、邀请世界高端人才来沪讲学、课题引智、以重大工程集聚高层次人才、出国培训及留学人员创业园建设等一系列措施。

2004 年，上海科技创新人才工作以人才队伍建设为主体，以制度体系建设、重点项目推进，形成全社会合力推进人才梯队建设的格局。2004 年，相继启动了"百千万质量人才工程"、"上海知识产权人才战略"、"2004—2010 年青少年科技人才培养计划"。2001 年至 2005 年，上海科技人才队伍不断优化，详见表 7.1。

表 7.1 2001 年至 2005 年上海科技人才队伍发展状况

项 目 名 称	2001 年	2002 年	2003 年	2005 年	2006 年
中国科学院院士（人）	84	83	89	88	99
中国工程院院士（人）	62	62	66	66	70
"973"首席科学家（人）	18	24	26	31	37
获国家杰出青年基金（人）	112	132	149	167	189
长江学者特聘教授（人）	52	70	78	96	124
"百人计划"入选人数（人）	89	111	127	162	183
资助青年科技启明星（人）	451	525	595	681	813

资料来源：张兆安：《上海经济年鉴（第十六编）》，2007 年。

2006 年，上海市政府发布《上海市"十一五"人才发展规划纲要》和《上海重点领域人才开发目录》，继续实施海外人才集聚工程。在培育将才和帅才方面，《上海领军人才队伍建设实施办法》的制定为进一步培育创新领军人才创造了有利条件，首批共有 108 位优秀人才入选"领军人才"。在培育研究开发骨干人才方面，继续推进各类其他人才计划的实施。

自 2011 年经国务院批准成立以来，张江国家自主创新示范区建设工作全面推进，人才特区建设各项创新举措在各分园实施，张江园、杨浦园、紫竹高新区等入选国家级海外高层次人才创新创业基地，张江示范区已拥有国家"千人计划"人才 310 名。

2013 年，上海加强高层次人才培养和引进。全年新增国家"千人计划"73 人。自 2008 年"千人计划"实施以来，落户上海的海外高层次人才 498 人，占全国的比重为 15％，位列全国第 4 名。截至 2013 年底，上海有院士 165 人，中国科学院院士 94 人，中国工程院院士 72 人，其中 1 人为两院院士。①

自 2014 年以来，上海在过去几年人才培养和引进的基础上，调整人才建设布局，制订国际人才试验区建设若干意见，建成示范区人才公共服务网络平台，建立分园人才"一站式"服务专窗，推进 29 个海外高层次人才创业基地和 9 个留学生创业园建设，制订实施张江专项资金人才专项资助办法，激发人才创新活力。

2015 年起上海自然科学基金计划、启明星计划、扬帆计划等人才计划的资助经费均翻番。同年，上海通过"项目＋人才"模式建立高端人才集聚机制，发掘创新项目，组织产业运作，构建特色基地，发展众创空间等新型创业服务载体，集聚国内外院士、领军人才；探索构建人才评价机制，着手开展"张江杰出创新创业人才评选"等工作。张江国家自主创新示范区累计集聚海归、留学生、外籍专家 4.5 万人；集聚两院院士 159 人、国家"千人计划"人才 586 人，分别占全市总数的 96％和 93.6％。

① 陈真：《上海经济年鉴（第二十二编）》，2014 年。

　　2016 年，在上海颁布"人才 20 条"、"人才 30 条"的同时，公安部支持上海科技创新中心建设出入境政策的 10 条新措施正式实施，旨在推动上海海外人才引进政策和制度变得更加便捷、更有针对性，吸引和集聚一批高层次的创新人才。人才培养计划体系加快完善，人才引进的梯度政策体系基本形成，科技人才双向流动通道基本打通，项目群组织方式深入探索，人才自由研究探索氛围日益浓郁。2016 年，上海市自然科学基金计划、启明星计划、扬帆计划等计划的资助经费均翻番。截至年底，在沪两院院士 174 人，国家"千人计划"累计 894 人。[①]

（五）科技产业

　　2002 年以来，以科研成果转化、发展高新技术产业为核心的技术创新活动在上海蓬勃兴起，成为上海新一轮经济社会发展的重要助推器。

　　2004 年，通过政府引导和市场推动相结合，上海着眼于启动重大产业科技攻关项目，加速科技成果的转化，上海高新技术产业化步伐加快，对上海经济发展的带动力不断提升。当年内，首批 29 个"科教兴市"重大产业科技攻关项目正式启动，产学研合攻关的格局加速形成。

表 7.2　2001 年至 2009 年上海市高新技术产业情况

项目名称	2001 年	2002 年	2003 年	2004 年	2005 年	2006 年	2007 年	2008 年	2009 年
高新技术产业产值占工业总产值比重（％）	21.8	23.4	26.5	28.2	25.1	24.4	25.6	24.8	23.3
高新技术产品出口占商品出口额比重（％）	19.6	23.3	33.8	39.3	40.0	39.0	40.4	42.1	44.8

---

　　① 何玲莹：《上海经济年鉴（第二十二编）》，2017 年。

2009 年 5 月，上海市政府出台《关于加快推进上海高新技术产业化的实施意见》，重点在新能源、民用航空制造业、先进重大装备、生物医药、电子信息制造业、新能源汽车、海洋工程装备、新材料、软件和信息服务业九大领域加快推进高新技术产业化。近年来，九大领域高新技术产业化工作有序推进（启动实施了 200 多个重点项目），各领域的产业政策相继出台。

2014 年，上海产业技术攻关持续强化。启动第 4 批战略性新兴产业技术创新项目，带动社会新增投资超过 20 亿元，主要聚焦具有战略意义、产业带动作用大、社会效应显著的新能源汽车、新材料、4G 通信、机器人与智能制造、新型显示、物联网和智慧家庭等重点领域，加强技术布局。2014 年内，4G 通信领域的关键技术布局已基本完成，机器人、可穿戴、大数据等领域布局稳步推进。

2016 年，面向重点领域的未来发展，上海市凝练和前瞻布局一批对国家战略任务、经济社会发展以及各个方面有重大促进和带动作用的重大科技战略项目和基础工程，加快重大产业技术体系的构建完善。2016 年，上海市发明专利申请量和授权量分别为 119 937 件和 64 230 件，比上年分别增长 19.9％和 15.7％。

高端人才的集聚是科技加速发展的基础，是提供知识的源泉。改革开放 40 年来，上海不断完善吸引和集聚高端人才的政策，增加各项举措的资助资金，营造人才自由探索的科研氛围。上海高新产业化的步伐也随高端人才的集聚而加快。高端人才不断集聚、技术创新成果显著，两者均为上海科技创新中心建设打下夯实的基础。从高端人才和科技创新资源的集聚效果中，可看出改革开放 40 年来的科技创新体制改革效果显著。

三、制度变迁的影响因素分析

在接下来的篇幅中，将从创新生态系统的角度对上海科技创新资源集聚制度变迁的影响因素进行研究，这样有助于从整体上把握制度变迁的影响因素。具体是将高校、科研院所、企业看作是创新生产者。创新成果会通过创新分解者在上下游企业之间进行交易和流通，这些上下游企业作为创新消费者。中介型和服务型机构作为创新分解者。除了创新生产者、消费者、分解者，创新生态系统中还包括外部环境因素，如经济、社会、文化。将科技创新作为一个有机整体分析，有助于深入理解上海科技创新资源集聚制度变迁的原因。

(一) 创新生产者——高校、科研院所、企业

高校、科研院所和企业是科技创新资源的重要载体。一个区域拥有的高校数量和办学水平是决定该区域科技资源的数量和质量的重要因素。一流的高校不仅可以为所在区域培育、集聚优秀的科技创新人才，还可以创造出高水平的科技成果。上海作为我国科技创新资源的重要集聚区，离不开复旦大学、上海交通大学、同济大学等国内一流大学的丰富科技资源支持。

科研院所的主要职能就是科技创新，其能力越强，对科技资源的集聚能力越强，越能够吸引优秀的创新人才和其他各种创新资源。一流高校不断为科研院所输送科技创新人才，从而提升科研院所的创新能力。

企业与科技创新密切相关。一方面，企业为了在激烈的行业竞争中

抢占制高点，会投入大量的研发经费，集聚科技创新资源，积极开展科技创新活动，提升科技创新能力；另一方面，企业还会主动与高校、科研院所或其他企业开展合作研发，或购买其科技创新成果。

无论是高校、科研院所，还是企业，都是科技创新人才、知识、技术等资源的集聚地，需要建立完善的人才制度、搭建基础学科创新平台、建立合作共享机制。加强三者之间的合作有助于促进信息、知识、人才的相互流通，从而创造一个活跃的科技创新资源集聚制度环境，加速区域科技创新发展，并推动科技创新体制改革。

（二）创新消费者——创新成果交易和流通的上下游企业

创新消费者一部分是指上游消费者，即依靠创新生产者提供创新资源的公司。他们消费初级创新成果，然后进行整合与二次开发，吸收消化后形成高级创新成果，再由下游消费者进行消费。另一部分是指下游消费者，此类创新消费者是直接获得创新产品的企业、机构、组织以及个体。

为了保障上游创新消费者安全高效地消费初级创新成果，就必须建立健全知识产权保护和交易机制，促进创新消费者快速、准确地找到合适的创新成果，并能合理评估创新成果的价值，提升交易效率和成功率。此外，对于上游创新消费者而言，还需要建立创新成果转化的激励机制。上游消费者在消费初级创新成果之后，要对其进行在加工，形成高级创新成果，在这一过程中，如果没有创新成果转化激励机制，上游消费者将没有动力投入大量人力、物力、财力去完成创新成果的转化，进而影响科技创新的进程。知识产权保护和交易机制、以利益导向的创新成果转化激励机制，可归纳为成果转化的保护和激励机制。这些保护机制、激励机制均是科技创新制度变迁的主要动因。

（三）创新分解者——科技中介机构

科技中介机构主要指产权中介机构、人才中介机构、科技信息服务机构、创新金融服务机构、会计事务所等中介型、服务型机构。科技中介机构渗透在科技资源集聚的各个方面。首先，科技中介机构承担了人才的教育、培训，提供了资金的配置、保障，为创业环境提供必不可少的配套服务。其次，在解决技术发明和经济脱节的问题中，科技中介的技术转移、应用推广服务在平衡供需关系中提供了有效的途径和方法。再次，科技中介业还在政产学研创新体系建设、创新活动开展中扮演十分重要的角色。

科技中介是一个智力和知识相对密集的行业，它在科技与经济发展到一定阶段，让那些创新失败或者效率较低的实体迅速分解，让资金、人才等创新资源流入创新效率更高的实体中，减少信息不对称造成的阻碍，从而促使社会资源在科技产业发展中得以优化配置，直接为高新技术发展提供智力和知识服务。正因为科技中介机构能有效地优化资源配置，科技创新资源集聚才能发挥最大效用，最大限度地发挥科技创新能力。

（四）环境——经济、社会、文化

经济发展水平影响科技资源集聚程度。改革开放以来，科学技术的发展呈现出明显的"大科学"发展态势。科学研究不再是"为科学而科学"。开展科学研究活动的一个重要目标就是为经济发展服务。一个区域的经济发展水平越高，尤其是高新技术产业发展的水平越高，对科技创新的需求就越强烈，科技创新资源的集聚力度就可能越高。

社会和文化发展状况影响高端人才的集聚。一个区域的社会和文化发展程度越高，文明和自由程度越高，生活指数越高，对高端人才的吸引力就越强。科技活动人员也更愿意到该地区工作和生活。由于科技创新是人的活动，是科技活动人员的劳动过程和结果，有了人才这一重要的资源，其他科技创新资源也会相随而至。因此改革开放 40 年来，上海市不断出台各项吸引人才的举措，保证科技创新的原动力。

高端人才在进行科技创新过程中，不断发现问题、解决问题，促使科技创新发展、科技创新资源集聚。生产力随着技术的发展而不断发展，一般都会受到旧制度的阻碍和束缚，于是就要推动制度改革和变迁，形成新的科技创新制度环境，进而促进科学技术的进一步发展。科技创新和科技制度就这样始终在矛盾中发展和共存，相辅相成，最终促进了科技创新的发展和科技创新体制的不断完善。

第三节　上海科技奖励制度变迁的路径及影响因素分析

一、国家科技奖励制度

（一）阶段划分

第一阶段：恢复阶段。从 1978 年至 1984 年。这一时期逐渐恢复了"文革"期间处于停顿状态的科技奖励制度，重新修订了《中华人民共和国自然科学奖励条例》、《中华人民共和国技术发明奖励条例》等科技奖励条例。

第二阶段：快速发展阶段。从 1985 年至 1999 年。这一时期以国家科学技术进步奖的设立为重要标志，建立了国家、省部级科学技术奖励体系，形成国家自然科学奖、国家技术发明奖、国家科学技术进步奖以及中华人民共和国国际科学技术合作奖四大奖励框架体系，具有中国特色的科技奖励制度已具雏形。

第三阶段：修改完善阶段。从 1999 年至今，国务院于 1999 年 5 月颁布《国家科学技术奖励条例》，确立了国家最高科学技术奖、国家自然科学奖、国家技术发明奖、国家科学技术进步奖和中华人民共和国国际科学技术合作奖五大奖项。[①]

（二）各阶段历史背景及路径演化

1. 第一阶段：国家层面主导科技奖励政策

（1）影响因素。

粉碎"四人帮"之后，"文革"结束。党和国家工作重心从"以阶级斗争为纲"转向"以经济建设为中心"，实现了政治路线的拨乱反正，并重新开始注重科技教育事业发展。

（2）奖励制度。

1978 年 12 月，国务院发布《中华人民共和国发明奖条例》，其增加了奖金分配原则的条款，提倡按贡献大小分配的原则，反对平均主义，真正发挥奖励的激励功能。同时，在等级上也作了调整，只设一、二、三、四个等级，奖金额度不变，取消五等奖。1979 年 11 月，国务院发布

---

① 姚昆仑：《中国科学技术奖励制度研究》，中国科学技术大学，2007 年。

《中华人民共和国自然科学奖励条例》，一是将原条例提升为国家科技奖励条例，由国家科委组织自然科学奖的评审工作；二是明确奖励范围只是自然科学，不包括社会科学；三是增加了奖励等级，即由原来的三个等级增加到四个等级，增加了特等奖。1982 年 3 月，国务院重新修订和颁布《合理化建议和技术改进奖励条例》。与前相比，奖金额提高了一倍，一等奖 1 000—2 000 元，二等奖 500—1 000 元，三等奖 200—500 元，四等奖 200 元以下。同时，简化了审批权限，奖励工作也由国家科委划归国家经委管理。1982 年 10 月召开的全国科学技术奖励大会上，指出要为那些没有发明发现，但是在各种科技工作岗位上作出重大的、甚至是杰出的贡献的科技工作者制定科学技术进步奖励条例。1983 年 10 月，中国科学院发布《中国科学院竺可桢野外科学工作奖简则》，该奖每两年颁发一次，在竺可桢诞生纪念日颁发。1984 年 3 月，全国人大常委会通过《中华人民共和国专利法》。国家专利制度的实施，从知识产权保护角度激励科技人员的创造性劳动。1984 年 4 月，国务院修订《中华人民共和国自然科学奖励条例》，调整提高自然科学奖的奖金额度，规定一等奖奖金 2 万元，二等奖奖金 1 万元，三等奖奖金 5 000 元，四等奖奖金 2 000 元。1984 年 9 月，国务院发布《中华人民共和国科学技术进步奖条例》，对国家级科技进步奖的奖励范围、条件、奖金等作了规定，规定国家级科技进步奖分为三个等级，一等奖 1.5 万元，二等奖 1 万元，三等奖 5 000 元，并颁发证书、奖牌和奖章。对于重大贡献的项目，经国务院批准可授予特等奖。同时，还规定科学技术进步奖分为国家级和省部级两级，这标志着国家级科学技术进步奖的正式设立。这一时期的奖励，主要以恢复"文革"前的奖励为主，提高科技人员的社会地位。

（3）重大事件。

1978 年 3 月，党中央召开全国科学大会，对 7657 项科技成果举行了盛大隆重的颁奖活动，标志着科技奖励制度的恢复。1980 年 5 月，国家科委成立自然科学奖励委员会，并在成立会上讨论通过了《自然科学奖励委员会暂行章程》。1982 年 10 月召开的全国科学技术奖励大会，第一次将国家科技奖励授予外国学者李约瑟。

表 7.3　第一阶段我国科技奖励制度的演变

阶　段	时间	奖励项目	等　级	金　　额	评审单位	特　点
第一阶段（1978—1984 年）	1978 年	自然科学奖励	只设一、二、三、四个等级	—	—	按贡献大小分配的原则
	1979 年	自然科学奖励	特、一、二、三、四等级	—	国家科委	—
	1982 年	扩大范围，提出要为虽然没有发明发现，但有重大贡献的科技人员颁奖	—	一等奖 1 000—2 000 元，二等奖 500—1 000 元，三等奖 200—500 元，四等奖 200 元以下（自然科学奖）	国家经委管理	开始重视没有重大成果但辛勤劳动的科技人员
	1983 年	竺可桢野外科学工作奖	—	—	—	两年一次
	1984 年	颁布实施专利制度	—	一等奖 2 万元，二等奖 1 万元、三等奖 5 000 元，四等奖 2 000 元（自然科学奖）	—	—
	1984 年	增设国家级科技进步奖	（特）一、二、三等级	一等奖 1.5 万元，二等奖 1 万元，三等奖 5 000 元	—	分为国家级和省、部级两级（科学技术进步奖）

2. 第二阶段：国家与社会力量共同构建科技奖励体系

（1）影响因素。

改革开放以来，社会相对稳定，科技奖励制度快速发展。其主要原因如下：第一，改革开放以来，生产力的发展使得社会对科学技术的需求剧增。第二，世界范围内第三次科技革命的蓬勃发展使得我国科技事业面临巨大机遇与挑战，构建并完善科技奖励体系可以激励我国科技人员的创新斗志。第三，社会主义市场经济体制建立和《中华人民共和国科学技术进步法》的出台，对改进科技奖励的激励方式、完善科技奖励制度产生了重要影响，形成了国家科技奖励和省、部级科技奖励为主副旋律、社会力量设奖合奏三位一体的科技奖励框架，初步形成了具有中国特色的科技奖励制度。

（2）奖励制度。

1985 年专门成立国家科学技术奖励工作办公室，作为国家自然科学奖、国家技术发明奖和国家科学技术进步奖组织评审和日常办事机构。1985 年，国家科学技术进步奖励正式开始实施。科技进步奖的设立，是与专利制度、专业技术职务评聘制度解冻等改革举措同时进行的，支撑了科技软环境的发展。使得国家科技奖励在自然科学奖、技术发明奖基础上增添新的内容，覆盖了科学技术的各个领域，标志着具有中国特色的科技奖励体系已初步形成。1987 年，为推动农业科技发展，在国家科技进步奖中增列"国家星火奖"，以奖励为发展农村经济和乡镇企业科技进步做出创造性贡献的科技成果，该奖项于 1994 年中止。自 1989 年起，国家自然科学奖的授奖范围扩大到港、澳地区。1993 年，第八届全国人民代表大会常务委员会从科学技术立法的角度进一步肯定了科技奖励的法律地位。随着市场经济的发展和科技体制改革的进一步深入，科技奖励制度中存在的某些问题逐渐暴露出来，如奖励层次过多、个别科技奖励在评审中不规范、欠公正、缺乏对社会力量设奖的管理等。1994年，设立中华人民共和国国际科学技术合作奖，该奖的授予对象为在促进中国科学技术事业做出重要贡献的外国公民和组织。在自然科学奖、技术发明奖、科技进步奖、国际科技合作奖的基础上，增设了农村科技奖，完善了国家科技奖励体系，鼓励国内外组织和个人设置科技奖励基金，奖励和资助做出重要成就的科技人员。1994年，国家科技奖励体系进行了部分调整，同时将国家自然科学奖、国家技术发明奖和国家科技进步奖的奖金提高为原来的两倍。1996年设立国家科技成果推广奖，建立科技工作评价体系和知识产权管理体系，形成新的科技创新工作激励机制。

在这一时期，科技奖励工作的主要特征表现在：一是授奖范围扩大，扩大到海外地区；二是评审体系逐渐完善，科技奖励配套措施逐步跟进；三是奖励标准和奖项范围逐渐扩大，体现了经济社会发展的时代需求。

（3）重大事件。

1985年，国家科学技术进步奖励正式实施，各省市、部委推荐近万项科技成果参加评审，共评审出获奖项目1 761项，其中特等奖23项。1991年，钱学森同志被授予"国家杰出贡献科学家"的荣誉称号，这是中华人民共和国成立以来首次以党中央、国务院、中央军委名义授予科学家的最高荣誉，也是新中国成立以来以党中央和国务院名义授予的第一个面向科技人物的奖励。1995年国际科技合作奖首次开评，当年评选出李约瑟（英国）、豪依塞尔（德国）、原正市（日本）、杨振宁（美国）、李政道（美国）、陈省身（美国）六名外籍人士获奖。

表 7.4　第二阶段我国科技奖励制度的演变

阶　段	时间	奖励项目	等级	金　额	评审单位	特　点
第二阶段（1985 年至 1999 年）	1985 年	国家自然科学奖、国家技术发明奖和国家科学技术进步奖	—	—	国家科学技术奖励工作办公室	
	1987 年	在国家科技进步奖中增列"国家星火奖"	—	—	—	为了鼓励农村经济和乡镇企业科技发展
	1989 年	—	—	—	—	自然科学奖的授奖范围扩大到港、澳地区
	1994 年	设立国际科学技术合作奖；增设农村科技奖（取消国家星火奖）	—	自然科学奖、国家技术发明奖和国家科技进步奖的奖金提高到原来的两倍	—	科技奖励开始面向为中国科学技术事业做出重要贡献的外国公民和组织
	1996 年	设立国家科技成果推广奖	—	—	—	建立科技工作评价体系和知识产权管理体系，形成新的科技工作激励机制

　　1985 年至 1999 年我国科技奖励进入快速发展阶段，以国家科学技术进步奖的设立为重要标志，建立了国家、省部级科学技术奖励体系，形成国家自然科学奖、国家技术发明奖、国家科学技术进步奖和中华人民共和国国际科学技术合作奖四大奖励框架，在这一时期，主要的特征表现在：一是授奖范围进一步扩大，推荐项目扩展到港澳地区；二是社会力量设奖蓬勃发展，海外华人华侨捐资设奖日益增多；三是开始注重物质奖励和精神奖励并重。

　　3. 第三阶段：社会力量设奖成为主体

　　（1）影响因素。

　　在经济发展的过程中，科技奖励体系中存在的问题逐渐显现，影响力有所下降，主要体现在：一是国家科技奖励奖项设置单一，以奖励项目带人，难以体现人本思想，造成激励作用下降；二是各级政府部门设置的奖励层次和奖励项目偏多（每年仅省部级科技奖励的数目就达12 000项），不仅耗费巨大的人力财力，也使得奖励的社会声望下降，荣誉感弱化；三是对社会力量设立的科技奖励缺乏管理。社会奖项设奖单位冗杂，一些奖项的评审过程不够规范，还有的甚至是以国际大奖的名义招摇撞骗，严重损害了政府科技奖励的声誉，干扰了科技奖励工作的正常进行。四是科技奖励的负面效应日益突出，如推荐和评审过程中存在不公平的现象，一些部门还将奖项与科技人员的职称晋升、住房分配等切身利益挂钩，造成一些科技人员急功近利，项目还未取得实质性成果就急于申报奖项，这些都给科研工作带来不小的负面影响。从奖励的内容上来看，对原始创新成果的奖励力度低，从数目来看，奖项等级过于繁多，绝大多数是三、四等奖。

（2）奖励制度。

1999年，《国家科学技术奖励条例》发布施行。改革后，国家科学技术奖励形成了国家最高科学技术奖、国家自然科学奖、国家技术发明奖、国家科学技术进步奖和中华人民共和国国际科学技术合作奖五大奖的格局。最高科学技术奖每年奖励人数不超过两名，奖金为500万元人民币。在所得的奖金中，50万元由个人支配，450万元由获奖者自主选题，用作科学研究经费。

（3）重大事件。

截至2006年底，共有10位我国著名科学技术专家获得了最高科学技术奖，他们分别是数学家吴文俊、杂交水稻专家袁隆平、物理学家黄昆、计算机应用专家王选、计算机专家金怡镰、地质学家刘东生、航天专家王永志、气象专家叶笃正、医学专家吴孟超和小麦育种专家李振声。①

表 7.5　第三阶段我国科技奖励制度的演变

阶　段	时间	奖励项目	等　级	金　额	评审单位	特　点
第三阶段（1999 年至今）	1999 年	设立国家最高科学技术奖；形成了国家最高科学技术奖、国家自然科学奖、国家技术发明奖、国家科学技术进步奖和中华人民共和国国际科学技术合作奖五大奖的格局	—	国家最高科学技术奖（奖金为 500 万元）	学科评审组、评审委员会、国家科学技术奖励委员会	设立国家最高科学技术奖，突破了以往以奖项目带人的格局，体现党和国家对于科技人才的重视和关怀
	2003 年	—	将国家三大奖的等级减少到了一、二等奖两个层级，并增设了特等奖（自然科学奖、技术发明奖、科学技术进步奖），每年奖励数目不超过 400 次	—	—	—
	2005 年	—	—	一 等 奖 20 万元，二 等 奖 10 万元	增设科普评审组（国家科技进步奖）	—
	2008 年	国家科技奖在原有的 15 个评审组之外，又增加了"循环经济与节能减排"、"自主创新企业"、"先进制造与重大装备"、"现代服务业信息化"、"生产安全"五个评审组				

---

① 孙竞：《2017 年度国家科学技术奖揭晓　高校获奖占比超 7 成》，北京：人民网—教育频道，2018 年。

在这一阶段，形成了国家最高科学技术奖、国家自然科学奖、国家技术发明奖、国家科学技术进步奖和中华人民共和国国际科学技术合作奖五大奖的格局。奖励项目总体大幅减少，其中国家自然科学奖、技术发明奖和科技进步奖下降幅度较大，但鼓励原始性创新的国家自然科学奖获奖项目有了大幅度的提高，同时最高科学技术奖和国际科技合作奖的获奖人数较为稳定。加强基础研究领域的原始性创新，是 21 世纪我国科技奖励工作的重要指导思想。

表 7.6　我国科技奖励体系各阶段格局

阶　段	奖励格局	对　象	地　区
第一阶段（1978—1984 年）	三奖鼎立	科技项目	国内
第二阶段（1985—1999 年）	四奖格局	科技项目	中国内地、港澳、国际
第三阶段（1999 年至今）	五奖格局	科技项目和科技人员	中国内地、港澳、国际

二、省、部级科技奖励

目前只有国防、国家安全部门可以设立部级科学技术奖，省、自治区、直辖市可以设立一项省级科学技术奖，并报科技部备案。

1999 年以前，省、部级奖励项目冗杂，层次和数量多，严重影响了政府科技奖励的权威性。改革后的省、部级科技奖励"少而精"，定位和分工越来越明确，与国家级奖励形成相互补充。各省市科技奖励部门相互交流和学习，形成了奖励成果与奖励人物、奖励应用技术与奖励基础理论、奖励当地科技人员和奖励中央部属科研单位科技人员的有效机制。

三、社会力量设立的科技奖励

（一）奖励制度

1986 年起，中国发明协会在国家科委的支持下，每年举办一次全国发明展览会，对获得国家发明奖以外的优秀项目，分别授予金牌、银牌和铜牌。1987 年，中国物理学会设立胡复刚、饶毓泰、叶企孙、吴有训物理奖。1989 年，中国地质学会等设立李四光地质科学奖。20 世纪 90 年代以后，一些企业和社会力量的设奖造成轰动。据 1999 年的不完全统计，除展览会、博览会及个别随机性质的奖励外，全国科技社团、企业等设立的具有一定社会影响的科技奖达 96 项，如"何梁何利科技成就奖和科技进步奖"、"中国青年科学家奖"、"中国青年科技奖"等。

社会力量设立科学技术奖大致分为"学术团体设立"、"企事业单位设立"、"党政军有关部门与社会团体共同设立"、"境外设立国内承办"、"个人设立法人单位承办"五种类型。国家和省直辖市自治区设立两级审批机关。科学技术部负责审批社会力量设立的面向全国或者跨省、自治区、直辖市的科学技术奖，归口管理、指导和监督社会力量的科学技术奖励活动。

（二）重大事件

1992 年 3 月，珠海以百万元重奖奖励迟元斌、沈定兴等获奖者，造成社会轰动。随后，重奖之风在各地各单位盛行。

四、我国科技奖励制度现状

目前我国科技奖励的总体情况是，奖励层次上，国家级别的科技奖励是5项，省部级级别的科技奖励为40项左右。①从奖励数量上看，获奖项目总量总体经历了一个由少到多再到少的趋势，最后趋向稳定，体现了获奖项目"少而精"的特点。我国社会力量已成为了科技奖励的设奖主体，影响力逐年上升，但是其影响力与政府奖励相比还比较弱。目前已经形成了"政府科技奖励为主导、社会力量和用人单位科技奖励为主体"的国家科技奖励体系。②奖励强度不断加大，金额不断增加，奖励经费占我国GDP的比重不断上升，从获奖对象来看，获奖项目主要完成人的年龄结构日趋年轻化，奖励项目为主（占90％），奖励个人为辅。从奖励内容上看，由基础科学向应用科学倾斜；在奖项设置上比较单调，无论政府奖还是社会力量设立的科技奖励，在设置和命名等方面都是按照法规进行设置和运行。在评审单位上，中国政府设立的科技奖励基本上是由政府科技行政部门组织评审，社会力量设立的奖项则依据相关管理条例进行审查登记。

在奖项评定流程上，我国采用"一审三评四公示"网络系统，有推荐资格的单位或个人通过网络系统提交推荐材料后，国家科技奖励工作办公室按照以下程序依次开展工作，即形式审查—公示—初评—公

---

① 邱均平、谭春辉、文庭孝：《我国科技奖励工作和研究的现状与趋势》，载《科技管理研究》，2006（09）：4—7。

② 吴恺：《我国科技奖励制度研究》，武汉大学，2010年。

示—复评—公示—终评—公示。每个环节结束后都应进行公示，听取社会公众的意见，实现政务公开。

　　未来，国家应不断加强社会力量设奖的相关制度建设，推动社会力量成为设奖主体；从奖励科技项目为主向奖励科技人员为主转变；奖项设立应体现时代特征，重视优势科技领域和国际上有竞争力的领域；精神奖励和物质奖励并重。

五、上海市科技奖励制度

（一）上海科技奖励制度的演变

　　1978 年上海首次进行科技奖励，共有 1 716 项科技成果获奖。[①]1985 年开始设立上海市科技进步奖。1992 年上海市设立"上海市科技功臣"奖，该奖每两年评选一次，奖金 5 万元，旨在对作出重大贡献的科技工作者进行奖励。[②]1992—1994 年，又设立了科技进步"人物奖"，对做出卓著贡献的科技人员给予重奖，该奖引起很大的社会反响。另一具有代表性的是由上海市政府设立，企业出资运作的"上海市自然科学牡丹奖"，该奖于 1994 年设立，主要奖励在上海市从事自然科学基础研究工作，取得突出成就的，年龄 45 周岁以下的中青年科技工作者，奖金 4 万元。

---

　　① 尹邦奇：《发挥科技奖励的引领作用　实现科技创新跨越式发展》，载《中国科技奖励》，2005（02）：88—91。

　　② 童自强：《上海市科技奖励工作的实践和探索》，载《中国科技奖励》，1996（03）：28—31。

表 7.7　上海市科技奖励制度的演变

时　间	奖项设置	改革举措	其　　他	特　点
1978 年	—	首次进行科技奖励	—	—
1985 年	—	首先建立"科技成果综合评价指标体系"	—	—
1992 年	设立"上海市科技功臣奖"	—	—	—
1994 年	设立"上海市自然科学牡丹奖"	—	采用电视直播颁奖的形式,营造良好氛围	—
1995 年	—	—	采用"送奖上门"的形式;市委、市政府主要领导亲切接见,媒体大力宣传	—
2001 年	市政府只设立一项"上海市科学技术进步奖",取消市星火奖、市火炬奖,合并市科技功臣奖进入市科技进步奖	奖励对象由本市市民和企业扩展到包括在沪工作的外省市人员、外国人和企业;把原上海市科技功臣奖设为市科技进步奖的最高等级;科技进步奖成果类别设为 5 类;提高奖金标准;成立上海市科学技术奖励委员会①	—	精简奖项种类;拓宽奖励对象范围
2005 年	上海市科技进步奖改为上海市科学技术奖,下设五个奖励类别:自然科学奖、技术发明奖、科技进步奖国际科技合作奖和科技功臣奖;在科技进步奖中增加软科学成果奖励;在科技进步奖中恢复科普著作成果的评奖	技术发明类成果单独进行评审;提高奖励标准	组织专人对科技功臣、部分获奖项目进行采访;出版《科技奖励在上海》丛书	突出鼓励自主创新成果;扩展奖励范围,增加软科学成果奖励,重新重视对科普类成果的评奖;进一步重视对科技奖励的宣传和普及
2010 年	设立"青年科技杰出贡献奖"	—	—	重视配套激励机制的建立

① 尹邦奇:《改革奖励制度　推进科技创新——记上海市科技奖励制度改革》,载《中国科技奖励》,2002（01）:54—55。

上海市鼓励社会力量设立科技奖励项目。社会力量设奖主要包括两种模式，一类是行业协会、民间团体组织承办，由企业或国外友人出资，如"上海市实施发明成果优秀企业家和优秀总工程师"奖等；另一类是由政府设奖、企业出资，如"上海市自然科学牡丹奖"。上海市科技奖励的奖金分配制度总体遵循国家相关奖励细则，并根据自身实际情况，进行相应调整，如限制单项获奖项目的人员和单位数量。在奖金分配上以团队共同协商为主，突出主要贡献人员。此外，上海市政府越来越重视科技奖励配套激励机制的建立与完善，获奖成果与住房分配、岗位津贴、职称晋升等挂钩，这给予了科技工作者很大的激励。

（二）上海市科技奖励评审流程

在评审标准方面，2001 年，上海市科技奖励改革奖科技进步奖成果设为 5 类，分别是自然科学类、技术发明类、技术开发类、社会公益类和重大工程类成果。对于不同的科技成果类别，上海市分别确立不同的评审指标。基础类研究和应用性研究重点强调自然科学领域的重大科学发明发现，成果主要以学术论文和专著的形式呈现，评价时尤其注重论文发表期刊的影响因子。技术发明类成果则强调其原创性，评价指标体系中要求拥有自主知识产权，获得或申请了发明专利。对于技术开发类和社会公益类项目，上海市尤其注重成果转化取得的社会效益和经济效益，力求推动行业的技术进步和产业结构优化升级。

在申报受理方面，上海市全面实现在网上推荐与受理报奖项目，减少了各项人力物力财力资源消耗，简化申报流程，减少了申报材料，大大提高了受理和审核的效率。

在评审方法方面，上海市采用网络评审和会议评审相结合，分类评价和同行评价相结合的方式进行。注重科技奖励信息平台建设，采用无纸化评审体系。上海市的科学技术奖励分为专业评审组初评、复核、奖励委员会审定三个阶段，在评审过程中，严格实行"三评三公示"原则，接受全社会对评审过程的监督，及时处理异议和信访工作。上海市充分利用网络评审的优势，对评审工作进行了补充。一是按照学科代码划分了评审单元，将每个评审组分为多个评审单元。二是科学遴选网络评审专家，高校、研究机构和企业各占三分之一，老、中、青年各占三分之一，外省市专家占三分之一以上，按每个单位实际所需专家数，以 1：3 的比例确定专家大名单。三是评审期间实行封闭式交叉管理，网络评审组工作人员随机抽取，项目评审专家从大名单中随机抽取。四是加强网络保密措施，将网络评审时间由 10 天缩为 7 天，更换通信设备。上海市对于科技奖励的申报条件也有严格限制：一是杜绝重复申报奖项；二是规定对于自行撤销初评通过了的项目，严禁其两年内进行申报；三是申报的成果必须应用两年以上方能有效。

在成果鉴定方面，上海市不再采用专家鉴定意见作为评审依据，而是直接根据科技成果的验收证书、鉴定证书和评估报告等作为评价结果。此外，政府还鼓励科技人员保护知识产权，积极申报专利或版权，已取得专利的科技项目不需要鉴定证书和评估报告。

上海市科学技术奖励工作仍然存在一些问题。截至 2010 年，上海市科学技术奖励经费与占财政科技投入偏低，仅为 0.137%，科技奖励标准偏低，仅排名全国各省市自治区的第 11 位，奖励经费的投入滞后于上海市经济社会的发展趋势。科技奖励虽有明确的奖励标准，但奖金分配缺乏明确的标准和方案，难以突出主要贡献人员等。

表 7.8 上海市各阶段科技成果获奖情况分析

年 份	获奖单位	获奖人情况	项目性质	项目影响力
第一阶段 （1978— 1984 年）	—	—	—	—
第二阶段 （1985— 1994 年）	本市科研机构、高校占一半以上	女性约占 20%；集中在 46—55 岁和 36—45 岁两个年龄段	实验发展和应用研究类的获奖项目占获奖总数的 80% 以上	国内领先水平以上的占获奖总数的 90% 以上，国际先进水平达 70% 左右
第三阶段 （1999 年 至今）	企业、高校获奖比例较高，科研机构比例下降	50 岁以下的中青年科技工作者占约 70%	技术开发类奖项最多，其次是社会公益类获奖项目	科技成果的经济效益显著提升

　　对上海市各个阶段获奖情况进行分析后可知，由企业牵头或参与的创新成果明显占据主体地位，其次是高校和科研机构。在获奖人员中，年龄结构总体朝年轻化趋势发展，中青年科技工作者已成为上海市科技创新的骨干力量，男女失衡情况有所缓和。在项目性质中，绝大部分是应用类研究。项目在国内外的影响力都达到较高水平。在获奖项目中，一是具有自主知识产权的原创性科技成果较多，发明所取得的专利数增多；二是创新成果被国际同行的认可程度不断攀升，多篇论文被国际顶级检索源收录，引用次数也迅速增加；三是战略性新兴产业异军突起，尤其是生物医药领域。

表 7.9 上海市科学技术奖励大会近年来获奖分布情况

单位：项

年 份	上海市自然科学奖	上海市技术发明奖	上海市科技进步奖	上海市国际科技合作奖	科技功臣奖	上海市青年科技杰出贡献奖	总计
2007 年	29	25	255	2	0	0	311
2010 年	—	—	—	1	—	—	298
2012 年				3		9	282
2015 年	31	32	243	0	2	5	313
2016 年	22	30	201	2	0	10	265
2017 年	21	31	216	2	2	0	272

从 2007 年起，上海市的科技奖励项目包括 5 类：自然科学奖、技术发明奖、科技进步奖、国际合作奖和科技功臣奖。其中，科技功臣奖每两年评一次，一次不超过 2 人，其余奖项每年评选一次。科技进步奖中又分为 5 个类别，分别是技术开发类、社会公益类、科普类、软科学类和重大工程类。从获奖数量来看，上海市的科学技术奖励数目总体符合国家推行的"少而精"原则。此外，上海市科技奖励的奖项数目和奖金标准参考上海的 GDP、上海的科研经费投入、上海科技成果数量和上海科研人员数量等方面的情况。

表 7.10　上海市近年来获得国家科技奖项目数量　　单位：项

年　份	最高科学技术奖	自然科学奖	技术发明奖	科技进步奖	国际科学技术合作奖	总　计	占全国获奖总数比例
2005 年	1	7	3	34	1	46	14.33%
2010 年	1	6	—	—	1	57	15.9%
2012 年	—	—	—		3	—	—
2014 年	0	7	8	39	0	54	
2017 年	0	6	11	39	2	58	20.7%

（三）上海市科技奖励制度的发展展望

"十三五"规划指出，要将上海建设成为具有全球影响力的科技创新中心。根据目前上海市科技奖励的发展趋势来看，经济效益指标在上海市科技奖励评审中占据较大权重。未来要着力突出对优秀青年科技工作者和创新团队的奖励，提高其创新能力和积极性。在评审过程中，要做到公开透明，严格专业，全方位接受社会监督。上海市政府提倡在全社会范围内提高科技奖励的影响力，依托各大主流媒体和新兴媒体加大宣传力度，营造尊重科学、尊重人才的良好氛围。

第八章 反思与展望

当前，全球科技创新竞争日益加剧，在我国深入实施创新驱动发展战略以及在加快建设北京、上海两个全球科技创新中心的大背景之下，上海已进入创新驱动发展、经济转型升级，以及建设具有全球影响力的科技创新中心的关键时期，新形势对如何正确处理政府与市场以及社会的关系、如何有效促进各类科技创新主体协同互动、如何完善激励大众创业万众创新的运行机制和政策法规等方面都提出了新的更高要求。①

第一节 对策建议

紧密围绕着加快建设全球科技创新中心、深化区域创新改革等新要求，上海应从世界竞争大格局、适应经济发展新常态、区域创新辐射等方面统筹设计和思考定位，推进科技创新制度环境现代化，促进支撑科

---

① 张仁开：《上海建设国际创新中心战略研究》，载《科学发展》，2012（11）：79—89。

技创新发展的制度基础更加成熟定型，促进创新要素的高效聚集和有效流动，激发创新动力和活力，提高科技创新的质量和效率，成为全球创新版图中具有影响力的重要坐标。[①] 上海"全球科创中心"建设进入实施阶段，在深刻分析当前上海产业发展环境的基础上，构建符合城市定位的科技创新型产业体系、提升产业综合竞争力、优化产业发展环境是上海在全球科技创新中心建设中不可缺失的关键一环。[②]

一、加强城市科技创新协同治理

科技发展涉及经济、教育、社会、文化、城市建设等多方面。围绕建设全球科技创新中心的中心任务，必须从社会经济发展全局来统筹考虑，以有效地促进科技与经济的结合和推动各部门间的协同创新。这就要求建立上海市政府各部门科技创新协调长效机制，完善政府统筹协调和决策咨询机制，促进科技、经济、政治、社会等各方面的协同合作，加强创新规划制定、任务安排、项目实施等统筹协调，加强政策措施的有效衔接，进一步优化科技资源配置。

二、调动社会各界力量参与科技决策

加强科技决策咨询的法制化与规范化建设，完善专家咨询制度，

---

① 楚天骄：《上海建设全球科技创新中心的目标与政策体系》，载《科学发展》，2015（3）：61—66。

② 周静：《上海建设科技创新中心的产业选择深化研究》，载《上海经济》，2016（5）：68—84。

在区域创新体系建设的重大问题决策过程中充分听取社会各界的意见。加强纵向政策协调，推动上海创新政策制定过程中政企互动的常态化和机制化。充分利用各种类型的产业创新战略联盟、行业协会等组织网络，建立政府同社会组织的定期会商制度，不断提高政策制定的质量，改善落实效果。

三、进一步完善科技创新体制机制

建设全球科技创新中心，构建高效的创新体系，必须进一步完善相关体制机制，以激励创新主体参与创新活动，并保证创新要素的高效流动和创新主体之间有效的互动，促进产学研合作，实现知识和高技术成果向现实生产力的转化。

四、加强集聚、整合创新资源

随着现代科学研究向纵横两个方向发展，科技创新不再是孤立的个体行为，而是群体开放式、社交化、协同式体验。不同地区的创新主体集聚并依据人员、知识、设备等创新资源，形成遍布全球的合作创新网络。应加强沪上高校和科研院所联动，密切高校联系。建立长三角科技创新网络，强化结点之间的联系。在教育、科研、创业、产业等方面全方位融入全球创新体系，强化上海科技创新的整体实力，使上海成为全球科技创新网络中的重要节点。

第二节　展望未来

世界新一轮科技革命和产业变革带来诸多发展新机遇，世界产业格局正在重塑，经济全球化深入发展，国际产业布局深刻调整，新一轮的产业竞争浪潮掀起。当前，中国正处于增长速度换档期、深化改革攻坚期，未来经济结构调整深化与增速放缓将成为新常态。我国持续多年经济高速增长的动力来自人口红利和外部的全球化红利，但今后一段时间，人口优势下降和外需外资的减少必将导致我国经济增速进入新的档位。过去几十年经济快速增长的背后，加工制造业产能过剩，服务业能力不足，教育、医疗卫生等国民福利亟待改善，企业融资难，地区和城乡差距日益拉大等问题迫使结构调整成为新常态。转换发展动力，使创新驱动成为主引擎，优化产业结构，推进先进制造业和现代服务业的发展，实现有效益、有质量、平衡、协调、可持续的增长将是未来我国产业发展的必然趋势。因此，依赖人口红利、区位优势和政策倾斜在未来将不可持续，只有切实将科技创新落在实处，培育特色产业、打造支柱产业、充分鼓励企业的开拓创新，上海才能真正当好全国改革开放排头兵和科学发展先行者。

当前，我国已经是世界上具有一定影响的科技大国，但在科技创新能力上和发达国家相比还有很大差距，今后要加快实现从科技大国向科技强国跨越，在这个过程中建设具有全球影响力的科技创新中心是一项重要工作。放眼世界，全球科技创新中心代表着一个大国的科技创新能力。在上海科技创新中心建设的全面实施阶段，要持续推进科技创新，以产业技术的新突破带动商业模式的新提升，重构竞争优势，赢得转型主动，切实担负起国家赋予的历史使命，代表我国参与全球科技及产业竞争。着力增强上海科技创新的持续发展能力，深入推进科技管理体制机制改革，形成符合国际规则的创新制度安排。上海建设具有全球影响力的科技创新中心，是我国实施创新驱动发展战略的重大举措，不仅要从上海自身出发，更要从全国、全球的层面来谋划。上海要充分认识自身肩负的战略使命，从国家战略的大格局中定位自身，为我国实现创新驱动发展作出新的、更大的贡献。

参考文献

[1] 王拥军、张新强：《冷战下国际政治力量的重组与较量——两极格局下的世界》，载《历史学习》，2006（12）：8—13。

[2] 徐蓝：《试论冷战的爆发与两极格局的形成》，载《首都师范大学学报（社会科学版）》，2002（2）：87—95。

[3] 杰里米·里夫金：《第三次工业革命》，中信出版社2012年版。

[4] 杨慧、衣保中：《建国初期苏联对我国东北地区农业技术援助的研究》，载《农业考古》，2010（4）：72—76。

[5] 宋微：《建国初期苏联对华援助研究（1949—1953）》，黑龙江大学，2016年。

[6] 田伟：《建国初期苏联对华经济援助的再认识》，国史学术年会，2005年。

[7] 胡瑞涛：《对"一五"计划期间苏联经济援华的历史考察——兼对苏联经济援华行为的结构主义解释》，西北师范大学，2005年。

[8] 徐炳山：《美苏激烈争夺又一年》，载《思想政治课教学》，1984（12）：25—26。

［9］张也白：《评八十年代美苏关系的发展》，载《美国研究》，1987（1）：69—78。

［10］马特洛克，J.F.：《苏联解体亲历记·上卷》，世界知识出版社1996年版。

［11］俞邃：《苏联解体对中国的四点影响》，载《决策与信息》，2012（2）:46—46。

［12］刘祖熙：《东欧剧变的根源与教训》，东方出版社1995年版。

［13］《中国防伪报道》编辑部：《互联网的起源与影响》，载《中国防伪报道》，2016（12）。

［14］杜攻：《转换中的世界格局》，世界知识出版社1992年版。

［15］范新宇：《新旧格局交替中的世界经济》，载《世界经济文汇》，1991（6）：1—6。

［16］陈新明，Hsin-Ming Chen：《911事件后中亚地区恐怖主义发展与反恐之研究》，中兴大学国际政治研究所学位论文，2008年。

［17］刘建华：《恐怖主义对中国安全的影响》，中国人民大学，2004年。

［18］雷良海、魏遥：《美国次贷危机的传导机制》，载《世界经济研究》，2009（1）：24—31。

［19］黄小军、陆晓明、吴晓晖：《对美国次贷危机的深层思考》，载《国际金融研究》，2008（5）：14—21。

［20］陈雨露、庞红、蒲延杰：《美国次贷危机对全球经济的影响》，载《中国金融》，2008（7）：67—69。

［21］甄炳禧：《透视美国次贷危机及对我国的启示》，载《经济与管理研究》，2007（11）：9—16。

[22] 张明旭：《美国次贷危机对中国的影响及启示》，载《农业发展与金融》，2008（11）：54—56。

[23] 刘正山：《如何看待美国次贷危机对中国的影响》，载《学习月刊》，2008（9）：34—35。

[24] 郑国光：《解读〈哥本哈根协议〉：凝聚共识构筑新的起点》，载《中国应急管理》，2010（1）：9—10。

[25] 李威：《责任转型与软法回归：〈哥本哈根协议〉与气候变化的国际法治理》，载《太平洋学报》，2011，19（1）：33—42。

[26] 林建华：《世纪更替之际的社会变革与社会主义》，载《当代世界与社会主义》，1996（S1）：14—18。

[27] 张海宁：《国际技术环境与中国的技术发展战略》，载《未来与发展》，1985（1）：25—27。

[28] 简新：《全面增强党的建设　巩固党的执政地位》，载《现代企业》，2017（9）：20—21。

[29] 章猷才：《新中国成立以来重大历史事件》，中共中央党校出版社 2012 年版。

[30] 程国花：《十八大以来党治国理政的新理念、新实践与新方向》，载《社会主义研究》，2016（06）：31—39。

[31] 贺耀敏、武力：《六十年国事纪要》，湖南人民出版社 2009 年版。

[32] 张琼妮、张明龙：《新中国经济与科技政策演变研究》，中国社会科学出版社 2017 年版。

[33] 李明彧、张辉：《新常态、新机遇、新挑战：重构经济增长新动力——北京大学经济学院第四届"北大经济国富论坛"综述》，载《经

济科学》，2014（06）：5—12。

[34] 顾亚奇、常仕本、章晓宇：《伟大的历程——中国改革开放 30 年》，中信出版社 2008 年版。

[35]《经济观察报》：《开放中国：改革的 30 年记忆》，中信出版社 2008 年版。

[36] 总政治部宣传部：《改革开放三十年》，解放军出版社 2008 年版。

[37] 李文：《中华人民共和国社会史（1949—2012）》，当代中国出版社 2016 年版。

[38] 中共教育部党组：《人民教育奠基中国——新中国 60 年教育事业发展与改革的伟大成就》，载《求是》，2009（19）：37—39。

[39] 李哲：《从"大胆吸收"到"创新驱动"——中国科技政策的演化》，科学技术文献出版社 2017 年版。

[40] 刘瑾：《上海市科技创新制度环境研究》，上海工程技术大学，2015 年。

[41] 李凡：《技术创新政策研究演进》，经济管理出版社 2016 年版。

[42] 郑南磊：《科技金融：起源、措施与发展逻辑（上）》，载《公司金融研究》，2017（1）。

[43] 林伟光：《我国科技金融发展研究》，暨南大学，2014 年。

[44] 李真真、王超：《科技体制改革的历史背景与战略选择》，载《自然辩证法通讯》，2015，37（1）：123。

[45] 王冠丽：《〈科学技术体制改革的决定〉出台的前前后后——前国家科委副主任吴明瑜回忆〈决定〉的制订与内容详释》，载《科技中国》，2005（3）：78—81。

［46］吴莹：《中国科技金融的体系构建与政策选择》，武汉大学，2010年。

［47］本刊专题报道：《我国金融政策支持科技成果转化效果明显——兼述〈关于实施《国家中长期科学和技术发展规划纲要（2006—2020年）》的若干配套政策〉实施进展》，载《科技促进发展》，2015（1）：82—89。

［48］郑南磊：《科技金融：起源、措施与发展逻辑（下）》，载《公司金融研究》，2017（Z1）：74—112。

［49］李淑敏：《新时期我国科技价值观与科技投入政策研究》，郑州大学，2011年。

［50］张勤芬：《公共财政促进科技创新的作用与政策研究》，上海社会科学院，2009年。

［51］孙晓峰：《促进科技进步的财政政策研究》，东北财经大学，2001年。

［52］王琦：《我国财政科技投入的几种方式比较》，载《经济研究导刊》，2013（20）：152—153。

［53］陈雯：《创业投资业发展态势评价研究》，同济大学，2006年。

［54］陈峥嵘：《上海创业投资发展现状》，载《中国科技投资》，2005（2）：26—28。

［55］田增瑞：《上海创业投资业发展态势分析与建议》，载《华东科技》，2012（2）：43—45。

［56］上海金融研究院：《2013年上海科技金融发展报告》，上海：2013年。

[57] 陈共：《1994 年税制改革及分税制改革回眸与随感》，载《地方财政研究》，2005（1）：6—9。

[58] 梅月华：《关于促进自主创新的税收政策及相关税政管理体制研究》，财政部财政科学研究所，2012 年。

[59] 孙莹：《税收激励政策对企业创新绩效的影响研究》，东华大学，2013 年。

[60] 赵文超：《营改增：原因、难点、未来》，载《财会月刊》，2014（16）：105—107。

[61] 李宁：《促进我国科技创新的税收政策研究》，东北财经大学，2010 年。

[62] 于洪、张洁、张美琳：《促进科技创新的税收优惠政策研究》，载《地方财政研究》，2016，8（5）：23—27。

[63] 陈艳艳：《改革开放 30 年来上海科技创新体系的探索与实践上海科技创新基地和公共服务体系建设简要回顾》，载《华东科技》，2008（12）：20—22。

[64] 吕向阳：《上海市科技经费投入分析》，载《郑州航空工业管理学院学报》，2013，31（3）：109—114。

[65] 张蕴恒、徐长乐：《上海科技投入对国民经济拉动效应分析》，载《知识经济》，2016（3）：54—55。

[66] 施勇：《"世博科技专项行动"打造"永不落幕的世博会"》，载《中国科技产业》，2010（4）：32—33。

[67] 辛爱芳：《我国产学研合作模式与政策设计研究》，南京工业大学，2004 年。

［68］蔡嘉伟：《改革开放以来我国产学研合作政策的演变研究》，华南理工大学，2013 年。

［69］何爽、谢富纪：《我国产学研合作的现状与问题分析及相应政策研究》，载《科技管理研究》，2010，30（12）：2。

［70］刘瑞、吴静、张冬平、沙德春、王文亮：《中国产学研协同创新政策的主题及其演进》，载《技术经济》，2016，35（08）：7。

［71］许观玉：《基于产业集群理论的视角对上海产学研联盟的思考》，华东师范大学，2007 年。

［72］王素征：《上海市政府推进产学研战略联盟的相关政策研究》，华东师范大学，2006 年。

［73］陈畅、樊星、李司东、谭旻：《上海推进产学研结合的成效、问题与对策》，载《科学发展》，2017（09）。

［74］肖国芳、李建强：《改革开放以来中国技术转移政策演变趋势、问题与启示》，载《科技进步与对策》，2015，32（06）：2。

［75］邓练兵：《中国创新政策变迁的历史逻辑》，华中科技大学，2013 年。

［76］常旭华：《上海科技成果转化政策评价及建议》，上海：同济大学上海国际知识产权学院，2017 年。

［77］刘瑾：《上海市科技创新制度环境研究》，上海工程技术大学，2016 年。

［78］张仁开：《上海创新生态系统演化研究》，华东师范大学，2016 年。

［79］何爽、谢富纪：《我国产学研合作的现状与问题分析及相应政

策研究》，载《科技管理研究》，2010，30（12）。

［80］刘瑞、吴静、张冬平、沙德春、王文亮：《中国产学研协同创新政策的主题及其演进》，载《技术经济》，2016，35（08）：45—52。

［81］许观玉：《基于产业集群理论的视角对上海产学研联盟的思考》，华东师范大学，2007 年。

［82］王素征：《上海市政府推进产学研战略联盟的相关政策研究》，华东师范大学，2006 年。

［83］陈畅、樊星、李司东、谭旻：《上海推进产学研结合的成效、问题与对策》，载《科学发展》，2017（09）：2—3。

［84］肖国芳、李建强：《改革开放以来中国技术转移政策演变趋势、问题与启示》，载《科技进步与对策》，2015，32（06）：115—119。

［85］邓练兵：《中国创新政策变迁的历史逻辑》，华中科技大学，2013 年。

［86］常旭华：《上海科技成果转化政策评价及建议》，上海：同济大学上海国际知识产权学院，2017 年。

［87］刘瑾：《上海市科技创新制度环境研究》，上海工程技术大学，2016 年。

［88］张仁开：《上海创新生态系统演化研究》，华东师范大学，2016 年。

［89］黄少安：《产权经济学导论》，山东人民出版社 1995 年版。

［90］王建梅：《改革开放 30 年我国国有企业产权制度改革评述》，载《经济研究参考》，2008（49）：33—44。

［91］杜威漩：《论中国农地产权制度的变迁——以农地家庭联产承

包责任制的建立和变迁为例》，载《商业研究》，2009（02）：211—216。

［92］颜蕾：《我国产权制度的变迁及其趋势》，载《乡镇经济》，2004（11）：42—44。

［93］鲁志国、黄永康：《国有企业产权制度改革的现实路径》，载《江汉论坛》，2017（11）：30—34。

［94］王雪野：《从产权制度沿革看我国产权制度改革的途径与意义》，载《科学社会主义》，2005（02）：60—62。

［95］周杰普、何玉长：《论上海产权制度改革与法律支持》，载《上海财经大学学报》，2006（05）：26—32。

［96］王晓霞：《上海市农村集体经济组织产权制度改革的基本模式与问题研究》，上海交通大学，2014年。

［97］邱秀娟：《助力农村发展，推动上海市农村产权制度改革》，载《上海法治报》，2016-06-06（A07）。

［98］颜蕾：《我国产权制度的变迁及其趋势》，载《乡镇经济》，2004（11）：42—44。

［99］Coe，D.T. and E.Helpman and A.W.Hoffmaister. "North-South R&D Spillovers". *The Economic Journal*，1997，107（440）：134—149.

［100］吴汉东：《知识产权基础理论研究》，知识产权出版社2001年版。

［101］李宗辉：《历史视野下的知识产权制度》，知识产权出版社2015年版。

［102］陈美章：《对我国知识产权战略的思考》，知识产权出版社2004年版。

[103] 郑成思：《WTO 知识产权协议逐条讲解》，中国方正出版社 2001 年版。

[104] 王庆鸢：《新时期我国科技创新教育发展的思考》，载《中国科技信息》，2008（08）：244—245。

[105] 田正平、李江源：《教育制度变迁与中国教育现代化进程》，载《华东师范大学学报（教育科学版）》，2002（01）：39—51。

[106] 曹安照、徐荣：《从制度变迁视角看我国教育制度创新》，载《高等农业教育》，2005（06）：11—13。

[107] 王洪波：《试论大学生科技创新素质教育》，载《华中农业大学学报（社会科学版）》，2011（04）：119—123。

[108] 石婷婷：《高等教育制度变迁 60 年》，载《当代社科视野》，2009（10）：21—28。

[109] 李晓倩：《新制度主义视角下我国高等教育制度变迁》，大连：大连理工大学，2008 年。

[110] 卫玉彩、赵振军、张树彬：《大学生科技创新教育的现状和对策》，载《社会科学论坛》，2006（05）：127—131。

[111] 朱萍：《大学生科技创新能力培养的现状与对策研究》，扬州：扬州大学，2012 年。

[112] 彭红玉、张应强：《20 世纪 90 年代以来我国高等教育规模发展的政策文本与实施效果分析》，载《清华大学教育研究》，2007（12）：32—39。

[113] 罗英姿、方超：《我国研究生教育制度变迁的审视与反思——一个新制度经济学的分析框架》，载《江苏高教》，2006（03）：100—104。

［114］国务院：《国务院关于印发统筹推进世界一流大学和一流学科建设总体方案的通知》，［2015-10-24］，http：//www.gov.cn/zhengce/content/2015-11/05/content＿10269.htm。

［115］贺武华、高金岭：《高等教育发展的制度变迁理论解释》，载《江苏高教》，2004（06）：24—27。

［116］国家教育委员会职业技术教育司：《中国职业技术教育简史》，北京师范大学出版社 1994 年版。

［117］李岚清：《李岚清教育访谈录》，人民教育出版社 2004 年版。

［118］高书国：《中国教育国际化发展阶段与特征分析》，载《中国高教研究》，2016（12）：63—67。

［119］周满生、滕珺：《走向全方位开放的教育国际合作与交流》，载《教育研究》，2008（11）：11—18。

［120］朱文、张浒：《我国高等教育国际化政策变迁述评》，载《高校教育管理》，2017（02）：116—125。

［121］任友群：《上海"双一流"战略下高等教育国际化的未来发展》，载《中国高等教育》，2016（05）：15—17。

［122］许涛：《中国教育国际合作与交流新趋势》，载《中国高等教育》，2017（08）：4—6。

［123］傅禄建：《回顾与展望：上海基础教育发展分析》，载《教育发展研究》，2007（09）：46—55。

［124］王荣华：《认真贯彻党的十五大精神　扎实推进上海教育改革和发展》，载《上海高教研究》，1997（11）：4。

［125］晏开利、史雯婷：《上海高等教育的五年奋进之路》，载《上

海教育》，2017（28）：14—15。

　　［126］郎杰斌、杨晶晶、何姗：《对高校开展科普工作的思考》，载《大学图书馆学报》，2014（03）：60—63。

　　［127］李晓洁：《社会背景下的科普政策——以〈关于加强科学技术普及工作的若干意见〉为例》，载《沈阳大学学报（社会科学版）》，2017（02）：36—41。

　　［128］冯雅蕾、张礼建：《试析建国以来我国地方性科普政策演化特征》，载《价值工程》，2011（32）：324—325。

　　［129］杜颖、易继明：《完善我国科学技术普及法律制度——纪念〈中华人民共和国科学技术普及法〉颁布两周年》，载《科技与法律》，2005（02）：1—8。

　　［130］佟贺丰：《建国以来我国科普政策分析》，载《科普研究》，2008（04）：22—26＋52。

　　［131］朱效民：《30 年来的中国科普政策与科普研究》，载《中国科技论坛》，2008（12）：9—13。

　　［132］李黎、孙文彬、汤书昆：《科普产业的功能分析及特征研究》，载《科普研究》，2012（03）：21—29。

　　［133］郑建华：《新时期我国科技政策演变的价值取向研究》，重庆大学，2012 年。

　　［134］李志红、侯海燕：《我国改革开放初期（1978—1985）的科技人才激励政策研究》，载《科技促进发展》，2013（03）：81—84。

　　［135］朱传柏：《方向·时机·条件——学习国务院〈关于进一步推进科技体制改革的若干规定〉》，载《科学学与科学技术管理》，1987（06）：2—3。

［136］柏木：《科技迈向经济的又一步——学习国务院〈关于深化科技体制改革若干问题的决定〉的体会》，载《科学管理研究》，1988（04）：1—4。

［137］彭辉：《基于内容分析法的上海市科技创新政策文本分析》，载《大连理工大学学报（社会科学版）》，2017，38（01）：157—163。

［138］周小玲：《浅析上海科技发展模式的演变》，载《世界科学》，2011（08）：59—62。

［139］《〈上海市促进大型科学仪器设施共享规定〉解读》，载《解放日报》，2008-01-17（016）。

［140］张震：《"四个为什么"带你看懂社会信用条例的审议焦点》，载《上海人大月刊》，2017（04）：23—25。

［141］《2016 年全国科技经费投入统计公报》（国家统计局　科学技术部　财政部，2017.10）。

［142］《政府研究机构 R&D 活动统计分析》（科学技术部，2017.8）。

［143］曹晓冬：《公共管理视角下的上海信用制度建设》，上海交通大学，2010 年。

［144］闫金定：《我国科技信用体系建设现状及思考》，载《中国基础科学》，2007（03）：46—51。

［145］骆梅芬：《社会信用体系建设的经验研究——以诚信法治保障为视角》，载《中山大学法律评论》，2014，12（03）：22—32。

［146］徐华：《中国科技信用体系建设研究进展》，载《科学与管理》，2008（04）：9—12。

［147］李丽亚、毕京波、宋扬：《关于建立我国科技信用评价系统的

几点思考》，载《中国科技论坛》，2006（05）：47—51。

［148］陈黎明：《关于构建社会信用体系的思考》，载《湖南经济》，2002（06）：16—17。

［149］王洋、余田、杨雪峰、李聪、吴康：《关于加强科研单位信用管理的思考及建议》，载《中国标准化》，2018（01）：43—47。

［150］俞思念：《我国社会信用体系建设的进程探究》，载《学习论坛》，2016，32（02）：14—17。

［151］李治国：《上海推出"科技小巨人信用贷"》，载《经济日报》2011-12-16（007）。

［152］王春：《上海：试点科技型中小企业信用评级》，载《科技日报》2014-01-17（009）。

［153］刘立：《改革开放以来中国科技政策的四个里程碑》，载《中国科技论坛》，2008（10）：3—5＋23。

［154］方新：《中国科技体制改革——三十年的变与不变》，载《科学学研究》，2012，30（10）：1441—1443。

［155］金世斌：《新中国科技政策的演进路径与趋势展望》，载《中国科技论坛》，2015（10）：5—9。

［156］高峰、赵绘存、贾蓓妮：《我国科技创新政策演进路径研究——基于政策研究热点的视角》，载《情报杂志》，2017，36（11）：86—91。

［157］周柏春：《中国科技政策发展的历程、战略重点、存在问题及其对策》，载《科技管理研究》，2010，30（11）：21—23。

［158］黄萃、任弢、李江、赵培强、苏竣：《责任与利益：基于政策文献量化分析的中国科技创新政策府际合作关系演进研究》，载《管理世界》，2015（12）：68—81。

[159] 杜宝贵：《中国科技政策史研究论纲》，载《科技管理究》，2015，35（03）：39—41＋47。

[160] 郑巧英：《1978 年全国科学大会前后中国科技政策初探》，载《自然辩证法通讯》，2004（04）：56—62＋111。

[161] 李凡、李娜、林汉川：《中国技术创新政策的测度及演进研究》，载《软科学》，2015，29（11）：6—10。

[162] 彭纪生、孙文祥、仲为国：《中国技术创新政策演变与绩效实证研究（1978—2006）》，载《科研管理》，2008（04）：134—150。

[163] 朱正奎：《新中国科技创新政策的文本与实施效果分析》，载《科技管理研究》，2013，33（09）：18—22＋35。

[164] 江兵：《论我国科技体制的改革历程》，载《经济体制改革》，2000（S1）：142—145。

[165] 杜宝贵：《制度变迁视角下我国科技政策演进的路径分析》，载《科技成果纵横》，2011（03）：31—34。

[166] 程帅：《我国科技体制改革历程及评价》，载《中国集体经济》，2011（30）：66—67。

[167] 彭辉：《基于内容分析法的上海市科技创新政策文本分析》，载《大连理工大学学报（社会科学版）》，2017，38（01）：157—163。

[168] 常爱华：《区域科技资源集聚能力研究》，天津大学，2012 年。

[169] 刘瑾：《上海市科技创新制度环境研究》，上海工程技术大学，2016 年。

[170] 朱林楚：《上海经济年鉴（第十六编）》，2005 年。

[171] 张兆安：《上海经济年鉴（第十六编）》，2007 年。

[172] 赵开城：《上海经济年鉴（第二十二编）》，2013 年。

［173］何玲莹：《上海经济年鉴（第二十二编）》，2015 年。

［174］何玲莹：《上海经济年鉴（第二十二编）》，2016 年。

［175］邝颖颖：《上海经济年鉴（专题四）》，2017 年。

［176］陈真：《上海经济年鉴（第二十二编）》，2014 年。

［177］何玲莹：《上海经济年鉴（第二十二编）》，2017 年。

［178］姚昆仑：《中国科学技术奖励制度研究》，中国科学技术大学，2007 年。

［179］孙竞：《2017 年度国家科学技术奖揭晓　高校获奖占比超 7 成》，北京：人民网—教育频道，2018 年。

［180］邱均平、谭春辉、文庭孝：《我国科技奖励工作和研究的现状与趋势》，载《科技管理研究》，2006（09）：4—7。

［181］吴恺：《我国科技奖励制度研究》，武汉大学，2010 年。

［182］尹邦奇：《发挥科技奖励的引领作用　实现科技创新跨越式发展》，载《中国科技奖励》，2005，02：88—91。

［183］童自强：《上海市科技奖励工作的实践和探索》，载《中国科技奖励》，1996，03：28—31。

［184］尹邦奇：《改革奖励制度　推进科技创新——记上海市科技奖励制度改革》，载《中国科技奖励》，2002，01：54—55。

［185］张仁开：《上海建设国际创新中心战略研究》，载《科学发展》，2012（11）：79—89。

［186］楚天骄：《上海建设全球科技创新中心的目标与政策体系》，载《科学发展》，2015（3）：61—66。

［187］周静：《上海建设科技创新中心的产业选择深化研究》，载《上海经济》，2016（5）：68—84。

图书在版编目(CIP)数据

改革开放 40 年上海科技创新制度环境之变迁/陈强
等著.—上海:上海人民出版社,2018
(上海市纪念改革开放 40 年研究丛书)
ISBN 978 - 7 - 208 - 15465 - 0

Ⅰ. ①改… Ⅱ. ①陈… Ⅲ. ①技术革新-制度-研究
-上海 Ⅳ. ①F124.3

中国版本图书馆 CIP 数据核字(2018)第 224970 号

责任编辑　刘林心
装帧设计　人马艺术设计・储平

上海市纪念改革开放 40 年研究丛书

改革开放 40 年上海科技创新制度环境之变迁
陈　强　等著

出　　版　上海人民出版社
　　　　　(200001　上海福建中路 193 号)
发　　行　上海人民出版社发行中心
印　　刷　上海商务联西印刷有限公司
开　　本　787×1092　1/16
印　　张　26.75
插　　页　4
字　　数　296,000
版　　次　2018 年 10 月第 1 版
印　　次　2018 年 11 月第 2 次印刷
ISBN 978 - 7 - 208 - 15465 - 0/D・3287
定　　价　85.00 元